英语学习"漏屋"漫谈

Word Conquers
Learn English as a Natural Skill

词霸天下

像学语文一样学英文

漏 屋 / 著

研究表明，一般英语学习者把词汇目标定到17000就足够了，其学习过程大致可以分成学习特点显著不同的两个时期来实现：

第一个学习时期是针对5000个常用词。这在《词行天下》里我们已经做了详细介绍。

第二个学习时期是5000到17000以上的提高单词。此阶段的典型困境主要在"说英语的能力"和"词汇量"两方面。本书以提高"说英语的能力"为突破口，详细阐述"说英语"的原理和机制，并提出有针对性的训练方法，让读者迅速突破此阶段的困境并进入一个稳步上升的阶段；然后从词根与词缀、词组与搭配、精准发音等多方面来综合解决读者高级阶段"词汇量"迅速提升的问题。本书旨在帮助读者实现词汇量超过17000的目标，并具备相应的高水平综合英语能力。

北京市版权局著作权合同登记 图字：01-2018-6289

图书在版编目（CIP）数据

词霸天下：像学语文一样学英文 / 漏屋著. —北京：机械工业出版社，2018.7（2020.3重印）
ISBN 978-7-111-60935-3

Ⅰ.①词… Ⅱ.①漏… Ⅲ.①英语-词汇-自学参考资料 Ⅳ.①H313

中国版本图书馆CIP数据核字（2018）第213336号

机械工业出版社（北京市百万庄大街22号 邮政编码100037）
策划编辑：王庆龙　　　责任编辑：王庆龙
版式设计：张文贵　　　责任印制：孙　炜
保定市中画美凯印刷有限公司印刷
2020年3月第1版・第2次印刷
169mm×239mm・21.75印张・7插页・369千字
标准书号：ISBN 978-7-111-60935-3
定价：45.00元

凡购本书，如有缺页、倒页、脱页，由本社发行部调换

电话服务　　　　　　　　　网络服务
服务咨询热线：(010) 88361066　机 工 官 网：www.cmpbook.com
读者购书热线：(010) 68326294　机 工 官 博：weibo.com/cmp1952
　　　　　　　(010) 88379203　教育服务网：www.cmpedu.com
封面无防伪标均为盗版　　　　金 书 网：www.golden-book.com

漏屋自画像

非法非非法

在外语教学领域,有个著名的 Stevick 悖论:"学习方法 A 和学习方法 B 的理念相矛盾,那么如果使用方法 A 会成功,使用方法 B 则应该失败,反之亦然。但有的人使用方法 A 成功了,有的人使用方法 B 也成功了。这怎么可能呢?"提出这个悖论的著名语言教育家 Stevick 对此的解答是:从表面上看,不同的学习者可能使用的是不同的方法,但实际上学习取得成功者是在学习实践中使用了一套超越学习方法自身的深层实现方式(Stevick,1982)。

具体的学习方法只是表面现象。而实践中的**深层实现方式**,才是保证达到目标的"看不见的手"。对于本书各章内容的出发点和核心,我们通常称为学习"策略"和"原理",但实际上主要目的都是在帮助大家挖掘促使成功的深层实现方式。本书虽然涉及很多具体的学习方式,但实际重点并不是在讲学习方法,而且无时无处不在提醒大家**要摆脱对学习方法的执着,强调通晓了学习原理后,自然就知道适合的方法了**。所以尽管是在分析学习方法,但是实际上并不是在讲学习方法。

然而在实践时,道理研究得再深,还是无法脱离具体的操作方式。所以我们在分析和探讨学习的策略和原理时,仍然必须是落实在具体的操作方法上。本书就是以英语单词的具体学习过程为重点,以词汇在语言中使用的频率高低为线索,以不同学习阶段适合采用的单词学习手段为实例,从初级阶段一直讨论到中级阶段和现在的高级阶段的学习。在介绍具体学习手段的同时,我们都分析了使用每种具体方法的理由,以及使用过程中对学习起作用的机制,让我们更加容易通过现象看到学习中起到实际作用的深层实现方式。

说方法,非方法,是名方法。

> 从表面上看,不同的学习者可能使用的是不同的方法,但实际上学习取得成功者是在学习实践中使用了一套超越学习方法自身的深层实现方式。

目录

非法非非法

或跃在渊篇

话里藏阁局方解，言前有念形随现 ………… 003
 东青龙西白虎 ………… 006
 非词动非句动，说者心动 ………… 011
 弃我去者，昨日之时长 ………… 017
 乱我心者，今日之态短 ………… 022
 时时实事是事实世事 ………… 026
 不变能变可能变 ………… 034
 以前之前那之前 ………… 040
 做过做了做完了 ………… 049
 众里寻TA千百度 ………… 054

前瞻后顾两头忙，上传下达一身轻 ………… 060
 时不再来兮，分段传 ………… 061
 当下一念兮，顺序现 ………… 067
 苹果飞行像香蕉 ………… 076
 何须县官杀国材 ………… 084
 把将用，朝向往 ………… 092
 看见看到看得出 ………… 101
 何人何物何时何处 ………… 111
 尽管因为对，但是所以不 ………… 119

第四阶段小结：四多惧 ………… 131

飞龙在天篇

缘木求鱼微茫处,寻根探源依稀间 ········· 137
    大词昏昏兮,其义昭昭 ················ 138
    魔鬼藏在细节中 ······················ 143
    运用之妙,存乎一心 ·················· 155
    闲言碎语要多讲 ······················ 163
    小词琅琅兮,其义茫茫 ················ 170
    闻其声而观其义 ······················ 179

人艰不拆图森破,十动然拒我伙呆 ········· 189
    别把短语不当词 ······················ 190
    有词不乱配 ·························· 198
    有话不必直说 ························ 203
    相约不如偶遇 ························ 212
    精而不慢、泛而不滥 ·················· 222
    学院书不乏学院词 ···················· 228

第五阶段小结:五多功 ··················· 239

亢龙有悔篇

心是口非音似浊,字通词顺声得清 ········· 244
    乒乓兵浜八 ·························· 247
    清浊轻倾着 ·························· 251
    省气剩声弃 ·························· 254
    踢踏嘀哒呐 ·························· 260
    粘念联连链 ·························· 269
    剪减渐简俭 ·························· 274
    可砍克刻侃 ·························· 279

彩车紧敲先锋鼓，城头变幻大王旗 ·········· 284
　　红鸡公尾巴灰 ····························· 286
　　排排坐吃果果 ····························· 293
　　一二三万物 ································ 297
　　文化习俗 ··································· 303
　　半吊子的外来语 ·························· 307
　　充分利用网上资源 ······················· 314

第六阶段小结：上易知 ·························· 321

附录1　学院词汇表 ···························· 324

附录2　常用固定组合表 ······················· 328

参考文献 ·· 332

或跃在渊篇

著名的英语教育专家 Jack C. Richard 在《走出高原区》一书中，对英语中级以后的学习状况这样总结：**英语学习中级阶段后的典型困境，主要是在"说英语的能力"和"词汇量"两个方面。**很多人说出的英语不但不自然、不地道、结构太简单，而且还存在大量被固化的语法错误；在词汇量方面，主要问题是词汇量增长速度缓慢，新词汇学习效率低，整体学习进入了典型的"高原区"（Richard, 2008）。

大部分中国同学在学习英语时，都会体会到高原区中的困境。当我们的单词量达到 5000 左右时，基本上就是通过英语四、六级考试的水平，算是一个英语学习的重要里程碑了。但此时的英语在实际应用上仍然困难重重，最明显的特点就是说英语能力低下，连表达简单的内容都会结结巴巴且错误百出。阅读时会感觉尽管句子中大部分的单词都认得，但不时碰到的生词仍然非常影响理解。按说此时有了不错的基础，接下来的英语学习应该感到更轻松才对，但实际情况却并非如此。这时大部分同学面临的现实是在学习上投入很多但产出很少，进步和提高的速度都放慢了。

首先，此阶段任何课堂教学都很难体现出学习效果，主要是因为课堂上学习量明显不够；其次，此阶段似乎没有什么系统的具体学习手段可以遵循，感觉找不到适合自己的有效学习方式。事实上，这个学习阶段可以采用的学习方式是非常多样和灵活的，但这种自由反而让我们感到不知所措，就像长期受到约束的人突然获得自由，反而会感觉迷茫，很容易没有条理地乱学，或者不加分析地盲目模仿他人的学习方式，难以掌控自己的学习进程。

所以我们在行动之前，首先要了解这个阶段英语学习的特点，然后才能做到结合自己的具体情况，找到适合自己的有效学习策略。**此时非常可行的有效策略之一，就是以这个阶段最突出的"说英语的能力差"这个瓶颈为突破点**，通过找到说英语水平低的真正问题所在，有针对性地提高自己的英语水平。

话里藏阄局方解，
言前有念形随现

    在如何学习说英语这个环节上，中国同学最缺乏科学的认识和正确的实践指导。在我们讲解应该如何学习说英语之前，首先还是先要指出中国同学在说英语上存在的典型学习误区和错误的实践方式：过早开口和随意交流。

> 错误的语言形式一旦被使用者用于真实交流中，就很容易变成自己永久的表达方式，造成口语被固化在低水平状态难以改变，即出现口语的石化（fossilization）现象，给自己的英语能力造成难以逆转的伤害。

    不少同学听信了"学外语就是要大胆开口，不要怕说错"等说法，认为只要能多开口，比如找老外多用英语聊天，或多跟口语伙伴说英语，就能很快提高自己的口语能力。所以很多同学都是在不正确的时机过早地开口，在毫无准备的情况下随意用英语交流，说出来的一般都是胡拼乱凑的自创英语，其中存在大量的错误或不符合英语表达习惯的表达形式。尽管这样交流时对方有可能听得懂你的意思，但错误的语言形式一旦被使用者用于真实交流中，就很容易变成自己永久的表达方式，造成口语被固化在低水平状态难以改变，即出现口语的石化（fossilization）现象，给自己的英语能力造成难以逆转的伤害。哈佛大学心理学家 Steven Pinker 在《语言本能》一书中，对外语学习的石化状态这样描述："成年人的外语能力发展常会被固化在永久性的错误表达方式上，且通过任何教学和纠正手段都无法改变。"（Pinker，1994）

一些同学热衷于主动用英语交流的动机是，寄希望于在交流过程中让对方纠正自己语言中的错误。可惜这种想法很不现实。一方面是真实的交流中对方很少会指出你语言中的错误，因为这样既不礼貌又会打断正常的交流，所以只要是能听懂你表达的大致意思，就不去指出你的错误。另一方面是即使对方纠正了你语言中的错误，因为并没有发掘出你头脑中产生错误的本质原因，所以下次碰到类似情况，你的大脑仍然会采用同样的思路，即再犯同样的错误。因此**通过对话来纠正语言错误的做法，早已被证实效果很差**。

而一些同学认为说英语的困难主要是"张不开口"，这显然是没找对问题的根源。难张口只是最初尝试说英语时的感受，而在实践过说几句英语后就会发现，其实不敢张嘴的障碍很容易克服，而真正的困难是正确的英语句式和词汇不知道如何说，而不是不敢说。很多外教对中国同学说英语的普遍评价都是："敢说英语也爱说英语，但基本上说出的每句话中都有错误。"

难张口只是最初尝试说英语时的感受，而在实践过说几句英语后就会发现，其实不敢张嘴的障碍很容易克服，而真正的困难是正确的英语句式和词汇不知道如何说，而不是不敢说。

更多的同学则认为，英语说得越多，说英语的能力就会越高。直觉上会觉得这种想法有道理，然而这却是一个早就被语言教学专家们发现的外语学习悖论（paradox）。最早提出"外语石化现象"的 Selinker 博士是这样总结这个问题的："在学习说外语上存在着一个悖论现象，即虽然有必要通过练习来激发我们说外语，但是大量练习却并不能使我们的外语说得更好。"（Lawler and Selinker，1971）换句话说，**在培养说外语的能力这件事上，练习的数量并不能保证提高学习的质量，往往还会起反作用**。美国圣地亚哥州立大学的语言学教授 Higgs 和美国国防语言学院院长 Clifford 的共同研究显示，在外语教学中过分强调交流，以及在外语课上大量使用外语交流，正是造成学生的外语被高度石化的主要原因（Higgs and Clifford，1982）。

开始学习说英语，出现错误在所难免，我们并不是要对说英语出错感到紧张。但如果我们不明白说错的根本原因并尽快解决，以及不知道如何才能提高说英语的正确性和流利性，而只是一味地强调多开口练习说，必然会出现严重问题，导致即便是长期生活在英语自然环境中，说英语中的错误也无法得到改正。在外语学习研究领域，有一个对中国的留学生英语能力长年跟踪研究的著名案例：女留学生 Patty 高中时从中国大陆移居香港，高中毕业后来美国留学。先在美国上了 2 年的英语 ESL 语言课程，接着在美国读完了四年本科和两年研究生，毕业后在纯英语环境中工作，和美国人成家，在家中跟老公和孩子只讲英语。Patty 在英语环境下生活了 23 年后，英语交流很流畅，但表达中的动词时态使用错误非常普遍，只有 1/3 的动词正确使用了过去时。在长达 8 年的研究期间，这个症状完全没有改进的迹象，显然她的口语语法发展被固化了（Lardiere 1998）。然而一些通常被认为很难的语法结构，Patty 在交流中能长期准确地应用，并且她在写邮件时，基本都能做到正确使用动词的时态。所以可以肯定的是，她口语中的错误是语法知识以外的其他原因造成的。

> 自己学习和尝试说英语时，出现错误不要紧，可以不断改进。但若在真实对话时说出错误的语句，其中的错误就容易被固化而很难改正。所以不要随意开口乱说，要知道该说什么时才开口说。

我们来看一个中国的博士留学生和他的美国同学的对话片段：

中：*I buy a car yesterday.

美：Hmm? You bought a car or just went for a test drive?

中：Oh, I bought already. *I pick it up today.

美：Great! Did you drive it to school this morning?

中：Oh, I mean I am going to pick up the car this afternoon. Can you give me a ride to the dealership?

美：I sure can. You know, they will probably pick you up from home if you ask them.

中：OK. *I call them first.

这种典型的中国同学对话中都会出现的大量时态错误，并不是因为英语语法知识不够，主要是因为说英语时没有正确使用英语的思考方式，而是使用了汉语的思考方式。这是什么意思？难道说英语时的思考方式会不同吗？

东青龙西白虎

在澳大利亚著名的大堡礁附近的约克角半岛上，居住着热情友善的 Thaayorre 人。他们特殊的语言表达习惯和他们所具备的"超级方向感"近年来引起了科学界的围观。在 Thaayorre 的语言中，没有"前、后、左、右"等表达相对位置的词汇，而是完全使用"东、南、西、北，东北、西北、东南、西南，东北东、东北北、西北西、西北北、东南东、东南南、西南西、西南南"等十六个精确方向词来表达位置。比如："你的西北腿上有只蚂蚁"，"请把东南东的那个杯子拿给我"等。与这个语言特点相对应的，是所有的 Thaayorre 人都具备比信鸽还优越的方向感。他们无论是在自己的家乡还是外地，无论在室内还是室外，都能迅速指明精准的方向。如果他们当中有人想从事看风水的营生的话，可以连罗盘都不用拿了，闭着眼就能抄砂寻穴，指青龙认白虎。Thaayorre 人所具备的超级人脑指南针能力，在研究领域引起了不小的轰动。不但让长期以来认为人类已经丧失自然方向感的人类学家们大跌眼镜，更是吸引了很多认知领域的学者不远万里来采风。

具有超级方向认知能力的澳洲土著 Thaayorre 人（见彩插 1）

Thaayorre人语言中只使用绝对方向词来描述位置这个特点，显然与他们大脑的超强自然方向思维有着必然的联系。但究竟是他们在语言中使用绝对位置词汇表达方位造就了他们对方向的特殊思维方式呢？还是他们从小就培养出了明确绝对方向的能力，导致他们在语言中使用绝对方位词来表达方位呢？这个问题触及了"语言和思维谁决定谁"这个学术领域中"两条路线斗争"的"政治"问题。这个澳洲的神奇小部落，居然再次掀起学术领域在全球范围的江湖恶斗，令沉寂了多年的"剑宗—气宗"之争，重新进入舆论焦点。

"剑宗"——语言影响思维派，认为说不同语言的人，语言的差异会形成思维方式上的差异。讲不同语言的人虽然在客观感知（perception）上没有差异，但在主观认知（cognition）上会有区别。所以，Thaayorre人在语言中使用绝对方向词的特点，帮助他们在思维认知上建立了超级方向感。"剑宗"当前最活跃的人物是认知学领域的新星Lera Boroditsky，她23岁就被麻省理工聘为助理教授，现为斯坦福大学终身教授，是个高颜值美女学霸。她提出，如果想要学习说Kuuk Thaayorre语，光学会这种语言的词汇和句法是不够的，还必须在

Lera Boroditsky

思维方式上培养出方向感，在说话之前就要关注和获得准确的方向信息，不然就连简单的日常交流都无法实现（Boroditsky, 2001）。所以"剑宗"认为是不同的语言导致了思维方式出现差异，那么学习一门外语，就必须学习说这种语言的人的特定思维方式。

"气宗"——思维决定语言派，坚定地认为是"以气御剑"，即思维带动语言，而不是反过来语言带着思维走。所以，"气宗"认为说不同语言的人在思维认知上是完全相同的，语言差异不会造成思维差异。比如，虽然英语词汇中不存在汉语中"幸灾乐祸"和"围观"这两个独立含义的单词，但是并不等于说英语的人头脑中不会出现"幸灾乐祸"这种思维概念，也不是不懂"围观"的含义。这两种情况都是可以用英语来准确描述的，尽管文字上看起来会比较啰嗦。比如，"幸灾乐祸"大致的英文表达是：take

Steven Pinker

pleasure in someone else's suffering and at the same time feel satisfied that such a misfortune did not happen to himself/herself；"围观"可以是：join the crowd of bystanders who are standing in a circle and watching but not involving in the event happening within that circle。因为这两种情形在英语文化社会中出现频率比较低，所以没有在语言中产生独立概念词汇的需求。而在汉语文化社会中这两个现象很普遍，如果缺乏对此的专有词汇的话，会造成交流中的不便，所以出现了专用的词汇。这样解释起来，语言的差异应该主要是被不同的文化背景驱动，而使用者在思维上没有产生差异。既然说不同语言的人在思维上没有差异，学外语也就不必改变思维方式。"气宗"的代表人物 Steven Pinker，是认知领域的大牛，也曾经执教过斯坦福和麻省理工，现为哈佛大学心理学系教授，是个"披头式卷毛蜀黍"。

其实多年来在语言认知领域，有一位会讲八种语言（English, German, Dutch, Yiddish, Russian, Spanish, French, Turkish）的大侠，一直置身于江湖宗派纷争之外，巧妙地从语言输出的心理机制上，用说话之前的"思考过程"，成功地绕过了"语言—思维"这个夹缠不清的难题，另辟蹊径开宗立派，提出著名的"为说而思考"（Thinking for Speaking）的理念。他就是加州伯克利大学心理学系的 Slobin 教授。Slobin 认为，"语言—思维"的问题很难解释，因为这个概念本身就很模糊且无法测量，所以大家在这个问题上长期缠斗没有意义；但人在说话之前，为准备语言输出而进行的"在线思考"（online thinking）过程，却是个可观察和测量的具体现象。这成了他多年的核心研究课题。他的研究显示，说不同语言的人，"为说而思考"的过程存在很多显著差异。

DaCn Slobin

有趣的是，在这三位著名犹太裔学者中，只有 Pinker 一人不会任何外语（只会讲英语），其他两位都会多种语言。优秀的语言学家并不一定要会说外语，但作为研究不同语言和思维关系领域的心理学专家，自己不会外语就是个很不利的条件。如果 Pinker 会讲一门外语，也许他"语言对思维没有影响"的立场就没有这么坚定了。

> 在学外语的实际操作层面，你不是简单地在学习一种新的说话形式，而是不可避免地在学习一种新的思考方式。学习外语，不仅是要学习这门语言的词汇，还需要我们对特定的相关信息进行关注，以便我们在说话的时候能把这些正确的信息包含在语言中。

Slobin 的"为说而思考"，得到了两派的共同认可。Pinker 虽然不同意语言会影响思维，但也承认人在说话的时候，不同的语言会导致人对现实世界有不同的概念化认知方式（Pinker，1989）。Borodisky 则更是明确地支持"为说而思考"的观点。她提出："在学外语的实际操作层面，你不是简单地在学习一种新的说话形式，而是不可避免地在学习一种新的思考方式。学习外语，不仅是要学习这门语言的词汇，还需要我们对特定的相关信息进行关注，以便我们在说话的时候能把这些正确的信息包含在语言中。"（Borodisky，2001）

说不同语言的人在思考方式上的差异，主要体现在对事物的概念化方式和信息归类方式上。比如说英语的人在对动作和事件的思考中，需要对时间信息进行归类；而大部分亚洲的语言思考中的动作并不带有时间概念信息，所以在语言表达中也没有时态形式变化。这一概念思考上的差异，正是中国同学说英语的"罩门"所在。如果从语法知识方向来尝试解决这个问题，阅读能力可以有一定提高，但说英语时的大量错误却无法避免或纠正。中国同学学习说英语，必须从一开始就建立起"为说英语而思考"的思考方式，才能保证说英语的正确性。

> 中国同学学习说英语，必须从一开始就建立起"为说英语而思考"的思考方式，才能保证说英语的正确性。

说不同语言的人，思维方式虽然相同，但在思考中对事物和行动的概念归类方式不同，语言表达中指代事物和行动的信息包装方式就不同。学一门外语，不但要学会这门语言本身的内容，还需要掌握使用这种语言时对事物和行动的概念归类思考方式。

我们知道时间是个抽象概念，所以我们都是借助空间这个具体概念来思考时间的。比如用"长时间、短期、提前、以后、接近、寸光阴"等空间尺度和空间方向的概念来表述时间的概念。但使用不同语言的人，用于表达时间的空间尺度和方向则会不同。比如说英语的人，习惯上表述时间的流向是从左至右行进，这与英文是从左向右写的书写顺序相吻合。如果按年龄先后顺序排列下面几个小孩成长的图片，说英语的人会这样排：

而说阿拉伯语和希伯来语的人，会反过来从右向左排，因为他们的文字是先右后左来书写的。所以如果你把上面这张图中的排列顺序拿到阿拉伯国家去，那里的人看过后会感觉非常别扭，因为他们认为这种排列成了逆生长的"本杰明·巴顿"，即人越长越小。

那说汉语的人会怎样呢？说汉语的人，既可以从左至右，又可以从上至下来排列卡片。这是因为说汉语的人对时间的流动方向的认知，既可以从左到右，又可以从上至下。比如汉语中的"上周""下个月""上半年""下学期"等，就是从上至下表达时间方向的。随着对西方文化的接触增加，现代的中国人越来越趋向于按照从左向右的方式思考时间方向了。

Thaayorre人会如何排列卡片的顺序呢？研究发现，Thaayorre人在被要求按时间顺序排列这些图片时，无论他们面朝哪个方向，他们永远是按从东向西的绝对方向顺序来排列这些图像的。也就是说，如果他们面朝西，就会把这些图片从离自己近的地方向外排；如果面朝东，则会从远处往自己身体方向排；如果面朝北，则会从右向左排；如果面朝南，则会从左向右排。因为在Thaayorre人的思维中，时间的运动方向是跟太阳的运动方向一致的，所以东边表示过去，放小孩的图片；西边表示未来，放大人的图片。Thaayorre人语言中不用相对方位词而使用绝对位置词的特点，凸显出他们在时间概念思维和语言之间的相互关联。

中国同学该怎样做到用"为说英语而思考"来说英语呢？要搞清楚这个问题有很高的难度，首先就是必须了解英语输出过程的心理语言学机制。

非词动非句动，说者心动

语言是如何从"想法"变成"说法"的呢？普朗克心理语言学院院长Levelt博士提出的语言输出机制，是当今公认的对语言输出过程的权威描述。简单来讲，语言输出是通过三个模块顺序处理实现的：

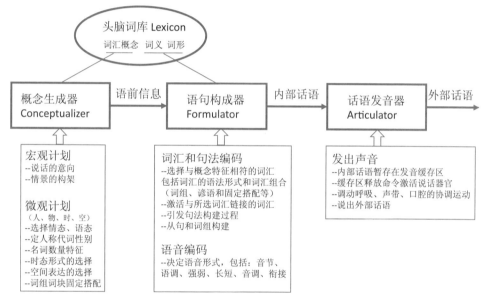

Levelt 的语言输出流程图

1. **概念形成模块**，负责"想说什么"，即产生表达意图的概念内容。它是在概念生成器（conceptualizer）中完成的，产物为"语前信息"（preverbal message）。

2. **词句编码模块**，负责"怎么说"，即在表达语句中选用词汇、构成句法和产生发音计划。它是在语句构成器中（formulator）中完成的，产物为"内部话语"（inner/internal speech）。

3. 发音输出模块，负责"说出声"，即控制发音器官、气流和口腔运动，把内语发声说出来。它是在话语发音器（articulator）中完成的，产物为外部话语（overt speech）。

我们举例说明。比如想要用英语表达这样一件事："这位父亲给他儿子买了一辆豪车。"

第一步：概念形成

在"概念生成器"（conceptualizer）中，产生说这句话的说话动机和计划，生成这句话内容的完整概念，形成语前信息（preverbal message）。详细的流程如下：

首先是形成概念的宏观计划（macro-planning），主要是确定交流的意图，包括尚未语言化的交流内容，说话的表达情绪和方式（描述、讽刺、道歉等）。

接着是形成概念的微观计划（micro-planning），主要是产生对人、物、时、空的思考和信息分类方式。在这句英语表达的微观计划中，包含确定下面的内容：

1. 动作的施予方和承受方。（谁给谁买了车?）
2. 情态、语态和逻辑关系（被动/主动，转折/递进，命令/恳请，嘲笑/讽刺）等。
3. 是否引用相关概念和用语。比如成语、习语或类比等（是否想要引用类似"拼爹""坑爹""熊孩子"之类的流行词语?）。
4. 描述事物与说话者的距离关系（"这里"还是"那里"?）。
5. 名词的可数性的确定（句子中人物和汽车可数，钱不可数）。
6. 确定动作和事件发生的时态（一般过去时）。
7. 交流中是新内容还是旧内容的继续。（这将决定句子中的主语是使用名词、名字还是人称代词。）
8. 人物的性别信息（爹是男的，儿子是男的，使用人称代词时会用到此信息）。

概念生成的微观计划，是"为说而思考"的核心内容，而正是在这个环节上，汉语和英语存在巨大的差异。对此我们后面章节中还会详细介绍。

概念形成中明确了想要叙述事物的内容和成分之间的逻辑因果关系，但头脑中还没有出现具体的词汇和句子结构，只有想表达的概念。所以我们就用图像来演示概念形成所产生的语前信息：

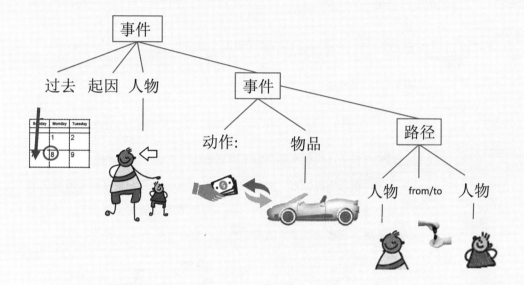

概念形成模块的最终产品是语前信息。语前信息形成后就被送入下一个词句编码模块。

第二步：词句编码

语前信息进入"语句构成器"（formulator）中，进行词汇、句法和语音的编码，生成内语（inner/internal speech）。

所谓词汇和句法的编码，主要就是两个任务：选择词汇和构建句子结构。词汇的选择，即从头脑词汇库（mental lexicon）中选择出符合本句语前信息的词汇（father, son, car, bought, luxury 等）。句子构成，先是选中词汇自动形成句子的结构组件，比如名词短语 NP（比如：the father, his son, a luxury car 等），动词短语 VP 和从句等；随即组件在句子含义逻辑关系驱动下排列，形成句子结构。整个词句编码过程的自动化程度很高，并不需要思考语法结构。关于句子形成的具体实现机制和生成过程，我们在后面章节中会详细介绍。句子构成如下图：

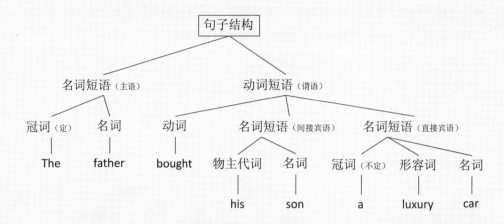

词汇和句子结构都有了，接下来是进行语音编码，即明确词汇的发音、需重读的词在句中的位置、句子的语调和音量。语音编码完毕，就产生出了带有语音、语调计划的完整的内语。完整的内语即使不说出来，也可以在自己头脑中"播放"了。这句话的内语是这个样子的：

ðə 'fɑːðər bɔːt hɪz sʌn ə 'lʌkʃəri kɑːr

第三步：发音说出

内语进入"话语发生器"（articulator）中，产生外部语言。

这个过程需要调动喉部、口部等发音器官的肌肉，控制气流和声带振动，把带有语音、语调的内语念出声音，转换为我们听到的"外部语言"。第三步的内语转换为外部语言的过程不是我们这里介绍的重点，所以在此不做详细描述。

好啦，"The father bought his son a luxury car."这句话从"想法"到"说法"的输出过程介绍完了。相信大家对这个英语句子的输出过程会有很多疑问。对中国同学来说，首先最为突出的一个问题就是：既然词句编码步骤中没有主动地思考语法规则的过程，那是什么决定了在句子选择动词时用过去时 bought，而不是用原形 buy 呢？

如果大家仔细看前两个模块就会发现，对句中动词使用什么时态的"决定"是在第一步的概念形成中，即在"想说什么"的阶段就明确了，而不是等到第二步的词句编码模块中才去考虑的。也就是说，选择词汇之前，"买"的动作"发生于过去"的概念，已经被思考过并包含在语前信息中了。这样随后第二个模块的语句构成器才会"知道"要从头脑词库中选用 bought 这个单词形式，而不是先选择单词 buy，然后再根据语法规则进行时态变位。这个关键点，绝大多数中国同学和英语老师都不了解，**普遍认为说句子的正确时态来源于对语法知识的了解，以便造句时使用正确的语法规则，这种想法就无法避免在说英语时大量出现时态错误。**

大部分中国同学在说英语的第一个步骤形成概念时，使用的是汉语的思考方式，即动作的思考中不带时间性。这样到了接下来的词句编码步骤时，语前信息中没有时态信息指示，语句生成器就无法从头脑词库中选择相应的动词时态形式，那么最可能选用的就是动词原形，导致时态使用错误！美国的语言学家在对正在美国上大学的，母语为汉语、日语、韩语、越南语和阿拉伯语的留学生的研究中发现："尽管他们接受了很多年的英语语法培训，但由于在他们语言的时间概念思考上与英语存在巨大差异，造成他们读或听到英语时对时态不敏感，以及输出中产生大量错误。所以用讲述语法规则的教学方式来讲解英语时态，对说这些语种的学生收效甚微。"（Hinkel, 1992）

既然语法教学对口语时态的正确性不起作用，那如果到国外去生活，长期浸泡在英语环境中，是否就能解决这个问题呢？这个问题的答案是：**外语环境对儿童有效，对成年人则基本无效。**语言学家对生活在英语环境的中国移民进行测试后发现，如果是在 6 岁以前就来到英语环境中生活，基本上都能自动掌握英语的时态。但如果是 12 岁以上才来的，就很难通过语言环境自然掌握时态。下图是纽约城市大学心理学系的专家针对 5~16 岁来到美国且连续在美国英文环境上公立小学和中学 5 年（60 个月）的说汉语的中国移民过去时英语规则动词使用情况的跟踪测试。测试发现，5~8 岁年龄组（下页上图），在英语环境生活 5 年后，过去时使用正确率平均接近 70%。但 12~16 岁年龄组（下页下图），在英语环境连续生活 5 年后，对动词过去时使用的平均正确率还不到 40%（Jia and Fuse, 2007）。

> 说句子时，句子中"语态、时态、单复数、人称、性别"等几个关键的语法特性是在表达最初阶段的"概念思考"中就完成了，而不是在"遣词造句"的时候才去考虑和选择的。所以对这几个方面的语法知识的了解，并不能保证说话时就能对其正确运用。

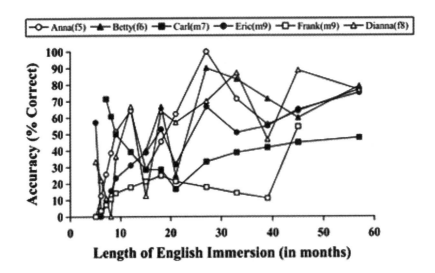
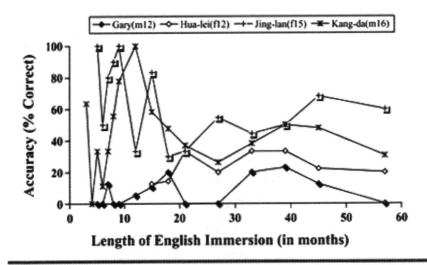

The scatterplot of length of second language (L2) immersion and regular past tense morpheme production accuracy of the younger arrivals (top) and older arrivals (bottom).

上图摘自 Journal of Speech, Language, and Hearing Research. Vol. 50. October 2007

提出"为说而思考"理念的 Slobin，认为在学外语过程中，"句子中的动词是具有时间形式和状态特征的，对于学习第二语言来说，这是最难掌握的地方 (Slobin, 2003)。"所以我们本章重点解决这个学外语过程中最难掌握的，同时也是中国同学在说英语中出现问题最严重的关键点。

如何让我们这些习惯了汉语思考方式的人形成对动作的时态概念思考呢？下面我们先来介绍英语时态的思考具体内容是什么，然后在后面的章节中会详细介绍输出中正确使用时态的有效训练方法。

弃我去者，昨日之时长

针对中国同学的英语学习，美国密歇根大学的语言学教授 Guiora 的评论是：说汉语的人在学习英语时，面对的挑战是需要整体建立一套对时间的全新认识和描述 (Guiora, 1983)。中国同学建立对英语动词时间性的概念思考的前提是，要认清汉语和英语在对动作发生的时间概念的思考内容上有何具体差异。

我们先从动作思考的信息归类的角度来解释到底什么是英语动词的时态。所谓时态，其实是"时"(tense) 和"态"(aspect) 两个不同但紧密相关的概念，我们需要分别介绍。

> 说汉语的人在学习英语时，面对的挑战是需要整体建立一套对时间的全新认识和描述。

动词的"时"，描述的是动作在时间轴上发生的具体位置 (location)。说起来，英语的"时"这个语法概念非常简单，严格说英语只有两个"时"，即"过去时"和"非过去时"。所谓的"将来时"只是"非过去时"的一个部分，是通过 will, be going to 等助词来表明，而动词的形式仍是原形，并没有变位。但在外语教学中，为了教学方便，适合把"将来时"分离出来单讲，这样就有了大家习惯的"过去"(past)、"现在"(present) 和"将来"(future) 三个时。但中国同学在将来时的使用上一般不出错，因为英语的将来时的应用方式跟汉语非常类似，所以我们学说英语，只要重点关注"过去"和"现在"概念的差异即可。不是还有什么"进行时"，"完成时"吗？这些其实都不是"时"，而是"态"。

> 我们学说英语，只要重点关注"过去"和"现在"概念的差异即可。

所谓动词的"态",是动作发生和发展的"形状"(shape)。"态"跟动作发生的具体时间并没有直接关系。英语的"态"主要有三个:"一般态"(simple),"进行态"(progressive)和"完成态"(perfect)。但在同一个动作中,"完成"和"进行"两个态可以同时具备,所以又分离出了一个独立的"完成进行态"(perfect progressive),变成了四个常用的态。

对什么是英语的"时",什么是"态",什么是"时态",国外的语言学界一直以来都有多种不同的说法,所以造成汉语的学术翻译也跟着出现概念混乱。从英语学习的角度来说,上面两段中对"时"和"态"的介绍,被公认是最简单和最实用的定义方式。所以在由美国 UCLA 的 Celce-Murcia、密歇根大学 的 Larsen-Freeman 和哥伦比亚大学的 H. Williams 三位知名的外语教学专家合作编写的广受全球英语教师膜拜的《语法书》(The Grammar Book)中,也明确建议广大英语教师用上面这种对"时"和"态"的定义方式,把一套简单明了的"三时四态"的英语语法体系介绍给学英语的学生。英语所有的动词在句子中,都是以同时有时又有态的状态出现的三个时与四个态组合,就有了 12 个"时态"。如下图。

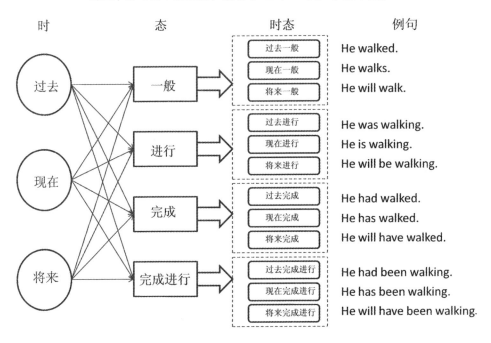

相信中国同学对这个英语时态体系的描述非常熟悉。即便是初学者也不会感觉有什么难度。很多同学把以前学过的大部分语法知识都忘掉了,但这个时态体系大都没有忘记。问题是,对这个英语时态体系再熟悉,也无法保证口语中能正确运用。在说英语时,一定要在概念生成时思考动作发生的时间和状态,才能在接下来的词句编码中选用动词的正确时态形式。但是习惯说汉语的人,对动作和事件的描述缺乏时间信息。而追究其终极原因,则是说汉语的人在对动作或事件发生的时间性的认知方式上,和说英语的人有很大的差异。

> 想要说英语时正确运用时态,必须在概念思考层面建立起一套对时间的全新认识体系。

我们首先来看在对"时"的认知上的差异。语言学家通过对用不同语言表达相同事件的对比研究实验发现,同样背景条件下的动作,在说汉语的人头脑中的动词指代的时间跨度,比说英语的人头脑中同样含义的动词指代的时间跨度要长(Chen, Su, Lee and O'Seaghdha, 2012)。如下图:

> 在说英语时,一定要在概念生成时思考动作发生的时间和状态,才能在接下来的词句编码中选用动词的正确时态形式。

A. The "Extended Present" time frame of Chinese

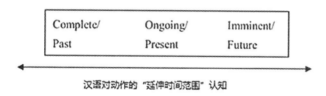

汉语对动作的"延伸时间范围"认知

B. The "Segmented" time frame of English

英语对动作的"分段时间范围"认知

Chen, Su, Lee, and O'seaghdha. Bilingualism: Language and Cognition 15. 02 (2012): 413-421

说英语的人,在概念中把"过去""现在"和"将来",使用"间隔分段"(segmented)的方式进行概念化思考,每个动作的发生都要归类于某个具体时间分段中,每个时间分段的跨度较小,动词发生具体时间概念较精细;而说汉语的人,把"过去""现在"和"将来"的时间概念,看成是一个不可分割的延续的整体,对动作发生的具体时间归类跨度大,可以把发生在过去和将来的事件,都容纳到"现在"的时间概念中去思考,对动作发生的具体时间的思考笼统而含糊,被称作"延伸当前"(extended present)的思考方式。

汉语

语言学家认为，汉语里无论事件是何时发生，在概念思考中都被默认为现在。

所以说汉语的同学有喜欢用英语动词原形的习惯，是源于说汉语的人认为所有动作的发生，都可以笼统地归类于"当前"。这种"穿越式概念认知方式"正是根源所在。举一个汉语故事的例子：

从前有个山，山里有个庙，庙里有个老和尚在讲故事。讲的什么呢？从前有个山，山里有个庙，庙里有个老和尚在讲故事。讲的什么呢？从前有个山，山里有个庙，庙里有个老和尚在讲故事。讲的什么呢？从前有个山，山里有个庙，庙里有个老和尚在讲故事……

这个故事汉语可以用一模一样的词句不断地重复讲下去。不管各种动作发生于何时，说汉语的人在思考中都可以一直保持着"当前"的观察角度，跟随着故事的情节发展，当前观察点自动能穿越到"过去"的和"过去的过去"的"当前状态"，经过N个不同的时间点，登上N座不同的山，进入N个不同的庙，听N位不同的老和尚讲故事。

同样一个故事，如果用英语来讲，讲故事的人思考中的时间观察点是固定在"真正的现在"不能移动的，故事中不同事件的发生，都是相对于当前固定观察点的不同的时间段，所以用英语讲出来是这样儿的：

A long time ago, there was a temple on a mountain. In the temple there was an old monk telling a story. What did he tell? He told that a long long time ago, there had been a temple on a mountain. In that temple there had been an old monk telling a story.

What had he told? He had told that a long long long time ago, there had had … ?!

说到这里，讲故事的人就已经崩溃了。

有些文化学者认为，时间描述的模糊性，是汉语文化的思维特征。以至于一些在时间尺度上明显不合逻辑的观念，却仍能被一些说汉语的人接受。从语言学角度来讲，这是因为汉语思考中对动作的认知概念，是只关注动作结果，而对动作发生的过程和具体时间不关心。举例来说，说汉语的人很喜欢说："是就是，不是就不是。"对于说汉语的人来说，"是"的引申含义为"过去是，现在是，将来永远是"。所以过去某段时间内有效的状态，也可以作为现在也有效的证据，比如动不动就说什么东西"自古以来就是"，丝毫不觉得这句话中有什么逻辑错误。而以这种思维去表达英语，就会经常出现问题。比如汉语："爱因斯坦是个伟大的科学家"，其中动词"是"的概念涵盖了"过去、现在和将来"，所以中国同学在英语表达时，按照汉语"延伸当前"的思考方式，就会把这句英语说成："*Einstein is a great scientist."中国同学在听到这句英语时也不会感觉有什么问题，但英语是母语的人，听到"*Einstein is a great scientist."当即就会感觉很别扭，因为 is 的时间概念为当前，这样表达意味着爱因斯坦现在还活着，这显然是谬误。大多数情况下，英语应该说成：Einstein was a great scientist. 同样，中国同学把将来的事情也用现在时表达。比如"今晚会有暴风雨"的英语，经常被中国同学说成"*There is a storm tonight."。准确的表达形式应该为："There will be a storm tonight.""There is going to be a storm tonight."或者"There's gonna be a storm tonight."

在英译汉的时候，情况是倒过来的。在翻译成汉语时，需要丢弃英语中的时态造成的时间分割，放大动作发生时间的概念跨度。比如英文儿歌"There was a farmer (who) had a dog, and Bingo was his name-O." 翻译成汉语后普遍都是这个版本："有个农夫养了条狗，狗的名字叫宾果。"通过动作的"延伸当前"，笼统地涵盖了过去和现在。歌词中的"养了"这个动词尽管带"了"，但汉语"他养了条狗"一般是表示他当前还在养着这条狗，并不表示"过去的事情"。如果非要尊重英文原文的准确时间分段，表明每个动词的时间性，就会翻译成："过去有个农夫，他养过一条狗，宾果曾经是它当时的名字噢。"

> 要做到使用英语进行正确的时态表达，难道一定要在思维认知层面，建立起对动作发生具体时间的概念思考吗？的确如此。

要做到使用英语进行正确的时态表达，难道一定要在思维认知层面，建立起对动作发生具体时间的概念思考吗？的确如此。研究发现，英语水平高的中国同学，在对动作时间的思考方式上发生了变化，甚至在理解汉语的时候，也出现了关注动作发生具体时间的思考习惯，所以对汉语中动作发生时间的判断也很高。而英语水平低的同学，在听到或读到同样的汉语内容时，对动作发生时间的判断准确度很低（Chen, Su, Lee and O'seaghdha, 2012）。

我们怎么才能建立起对动作发生具体时间的概念思考呢？在讲具体时间性概念思考的训练之前，我们还要弄清楚汉语和英语中动作发生的时间概念的另一个差异，即动作的"态"。因为英语动词的"时"和"态"永远是同时出现的，无法分割开来独立使用，所以以下一小节中我们先来介绍"态"的概念思考特点，然后把"时"与"态"结合起来给大家介绍如何从认知上建立起英语时态的概念思考。

中国同学必须尽量放弃对任何时间发生的事物都使用"默认当前"的观察视角，在概念思考中增加事物是发生于"现在"还是"过去"的概念区别。

乱我心者，今日之态短

前一节主要讲的是英语动词的"时"与汉语的认知差异。那么英语动词的"态"又是个什么情况呢？汉语语法中有明显的"态"，但动词本身并无变化，而是用"着、了、过"等助词来标注"态"的。而且汉语"态"的概念，也与英语有所不同。研究发现，说汉语的人与说英语的人对动词"态"的概念差异，与对"时"的认知情况刚好相反。比如**说汉语的人头脑中"进行态"所指代的运动过程的时间跨度短，而说英语人头脑中"进行态"指代的动作延续时间跨度长**

(Chen, Su, Lee and O'seaghdha, 2012)。

比如说英语和汉语的人，同样看到上页这个图画时，汉语是："他（正）在踢一个球"。英语是：He is kicking a ball.

对比研究发现，说英语的人头脑中 is kicking 所指代的这个动作的持续时间，比说汉语的人头脑中"正在踢"所指代的时间跨度要长。英语中 is kicking 是描述了整个持续一段时间的动作过程，而汉语的"正在踢"，在概念上则是一个动作的"快照"，并不表达运动的过程。汉语中的"正在"，强调的是"当下发生"，并不具有英语进行态的动作延续和事件发展变化过程的概念。这一点造成中国同学对英语动词指代的动作持续时间的理解出现偏差。所以中国同学认为对英语的进行态很熟悉，但使用中却经常拿捏不好。比如英语中类似 "I am coming down with the flu." "The car is running low on gas." "He is having trouble sleeping." 等常见的过程描述，中国同学普遍将其理解为静态形式，在表达时基本局限于只使用："I have a flu." "The car needs more gas." 的形式，甚至还会说出 "*He has trouble to sleep." 的别扭表达形式。因为在中国同学的思考概念中，"汽车缺油了""我得了流感""他睡眠有问题"都是典型的事物当前状况，而不是一个可持续的动作发展过程。

为什么英语中能够把正在发生的动作状态进行延长时间的思考呢？原来这是思考中对动作发生的观察角度不同，造成的对动作发生过程的认知方式不同。**说英语的人，对一个动作可以从动作的内部和动作的外部两种不同的观察角度来认知，从内部观察就会带有过程感，而从外部只能进行整体描述，很难进行过程描述。**我们来解释一下两者的区别。如图：

比如我们要描述从 A 点出发到 C 点去，使用"内部"与"外部"两种不同观察角度，对这个运动过程的认知不同，描述方式也会不同：

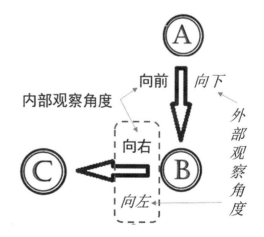

1. 从动作外部观察，即目光方向与地图垂直，居高临下看这张图，用手指着图上的标注位置描述动作：先从 A "向下"到 B 点，到 B 点后，再"向左"到 C 点。

2 从动作内部观察，则要想象我们进入地图内部，目光方向与地图平行，从"地面观察"的角度沿箭头往前看，所以类似于坐在行进于图中街道上的小车中，用 GPS 来指路。GPS 对行程的描述会是这样的：从 A 点"向前"直行到 B 点，到 B 点后"向右转"开到 C 点。

同样一个过程，从两种不同观察角度，描述方式就不同。在描绘从 B 到 C 时，一个方式说向左，另一个方式说向右。怎么会左＝右？其实都没有说错。这就是不同观察角度在认知上的差异。

《老友记》中 Joey 不会从外部观察角度解读地图，只好站到地图上换成内部观察角度。

英语动词的"一般态"，是从外部角度对动作进行观察，动作是完整的和不变化发展的。英语的"进行态"则是从动作内部进行观察，视点跟随动作而发展变化，所以进行态就具备了延续感和过程感。而汉语对动作几乎全部都是从外部角度进行观察和描述的，没有内部观察角度。正是这个差异，造成了汉语思考中对正在发生和进行过程中的动作，在观察认知上不带有延续性。反应在表达上，即在说英语时，在概念思考中必须先确定对动作是从内部还是从外部进行观察，这样在下一步编码中才能"知道"该使用什么态。如果在概念思考中缺乏这个信息，等到了编码时才去想具体用什么态，就好比是在给人指路之前没有明确是相对于地图来说还是相对于实际路面来讲，肯定会出现左右混乱。

英语的"进行态"是从动作内部进行观察，视点跟随动作而发展变化，所以进行态就具备了延续感和过程感。而汉语对动作几乎全部都是从外部角度进行观察和描述的，没有内部观察角度。

在说英语时，在概念思考中必须先确定对动作是从内部还是从外部进行观察，这样在下一步编码中才能"知道"该使用什么态。

了解英语动词进行态的语法规则还不够，还必须在概念上改变对动作的观察角度才能准确使用进行态。而对动作从内部角度进行观察的思考方式，很容易被当代中国的年轻人接受，甚至很多人都能感觉到这种表达方式能够传递出更多的信息。比如首先是日语的"动词+中"的形式，比如：营业中、施工中、手术中等，从港台地区传入大陆被广泛使用。随着英语的影响力增加，网络语言中开始出现了一个有趣的语言现象——在汉语词后面加 ing。比如"努力 ing，学习 ing，郁闷 ing，思考 ing，忙乱 ing，大家围观 ing，红包派发 ing"。这种做法的好处是，一方面可以省略掉那个听起来很啰嗦又不生动的"正在"两字，另一方面，用这种方式才更能准确表达经历一段时间的动作过程，而不仅是当下这一刻的"快照"状态。用加 ing 的方式把词汇变成了进行态，不但有效地起到了延续动作过程的作用，还反映出当代中国的年轻人更重视个体感受的思考方式变迁。比如在对一些沿海发达城市的八零后家长的调查中，他们在给孩子选择幼儿园时，是把"给孩子最开心的经历"作为首要衡量条件，而不再盲目追求什么"不要输在起跑线上"之类的目的性和功利性的目标。随着"重在参与，注重过程"文化氛围的逐渐形成，从内部观察事物的概念思考方式也在被越来越多的人采用，甚至对汉语也出现了从内部进行观察的表达需求。在语言应用上，显示出从内部对动作进行观察的认知习惯的形成。

> 中国同学要在概念思考上，增加"从动作内部"来观察动作发展过程的新视角，才能学会正确使用英语的"进行态"。

 转换

对事物运动状态和运动过程的语言思维差异，同时也反映在文化上。在大量的东西方文化对比研究中，普遍显示出说汉语的人更注重结果，注重整体环境，注重描述对象与周边人或物的关系，而不关心个体的感受。而说英语的人，则更加注重事物本身的运动和发展，尊重个体的感受、个体的经历，重在参与。比如中国人去

旅游，热衷于在景点拍照和刻字留念，而对旅游过程和经历并不注重，对沿路的美景无动于衷；可以为省钱一路吃自带方便面，然后到目的地后买个巨昂贵的名牌奢侈品带回去。而老外则更加注重人的感受和经历，情调非常重要。中国同胞去吃自助餐，临行前会嘱咐"多拿些大虾！"而老外去吃自助餐，多半会说"Enjoy your meal."。在教育方面，中国家长更注重结果，希望小孩子考高分，将来能找到挣钱多或体面的职业，孩子是否喜欢这个专业无所谓。而老外则更注重孩子个体感受和体验，希望孩子儿童时代开心，长大后能做自己喜欢的工作。

英语中有些动作的过程，只能是瞬间完成，比如闪光灯闪一下的时间，拍手拍一下的时间等。典型的这种词汇有：blink, flash, flick, clap, swat, click, snap, sneeze 等。但对这些动词的进行态又该如何理解呢？比如"The light was flashing.""They are clapping their hands.""He is blinking."，原来此时的进行态，是表达这些瞬时动作重复进行了多次，所以是靠次数来延续发生的时间过程。这些瞬时动词汉语中也有，如果需要延长过程，汉语则是加修饰副词"不停地""连续地"来实现的，比如：flashing 是"在不停地闪"。汉语还可以通过叠词来实现这个功能，比如："闪闪""闪了闪""闪了又闪""闪呀闪呀闪"等。所以英语的 blink 对应的汉语是"眨眼"，其现在分词形式 blinking 则是"眨眨眼""眨了眨眼""眨巴眨巴眼"等。在这种用法上，显然汉语生动有趣得多。当代汉语中的"啪啪啪"一词，完败英语中对应的 banging 和 shagging。

介绍了说汉语和说英语在"时"和"态"的概念思考上存在的差异，下面就来看一下这在实际语言应用中有何体现。

时时实事是事实世事

中国同学要学会正确使用英语的时态，必须首先从概念生成开始，在对事物发生的思考方式上引入时间概念，进而在接下来的词句编码过程中，才有可能赋予动词正确的时间信息，从而选用正确的时态方式。怎样才能有效地实现这个目标呢？

Acts, not tenses! —Francois Gouin

> 中国同学要学会正确使用英语的时态，必须首先从概念生成开始，在对事物发生的思考方式上引入时间概念，进而在接下来的词句编码过程中，才有可能赋予动词正确的时间信息，从而选用正确的时态方式。

一百多年前，那位最先对传统的语法翻译教学法宣战的古恩老师，在《语言教和学的艺术》中写道："是行动，不是时态。语言中动词之所以有不同的时态形式，是为了表达行动的不同含义。所谓的时态，是语法学家创造出来的术语，为什么要用这些专业术语来把学生搞糊涂呢？"这个简单清晰的逻辑，在100年前是个超越时代的见解，在现在看来仍然具有先进性。**建立对行动时间状态的概念思考的最有效的方式，就是巧妙地利用动词不同时态形式所带有的时态含义。**时态还具有含义？我们先给大家介绍两个由动词时态引发的惊天大案。

案例一　浑水摸鱼

每当听到"又一官员因与他人发生不正当关系被双开"的时事报道时，都自然会联想到当年令美国政局产生地震的克林顿"实习生门"事件。克林顿东窗事发，被检控官质询"是否与莱女士有不正当关系"时，他是如此回答的：There is no improper relationship.（没有不正当关系。）后来斯塔尔报告显示的确"有不正当关系"，小克随即被追究"向陪审团说谎"的罪行，差点被弹劾。但要赶他下台的理由是对此事"说谎"，而不是因为"生活作风问题"。最后怎么没下台呢？原因之一是：严格来说，可以认为他当时没有说谎。怎么没说谎？俗话说"有就是有，没有就是没有"，不但是白纸黑字，当时听证过程还是录了像的"有图有真相"，这如何抵赖得掉？检控官当时也是这样义正词严地发出质问："总统先生，你当时提供宣誓证言时，明明说的是'没有（there is no）不正当关系'，现在看起来这纯属谎言！"。此时克林顿嘴角露出了一个只持续了十分之一秒长的掩盖不住的得意笑容（a smirk），接着立即又一脸严肃地说："这就要看'is'是什么意思了。"

"is是什么意思"是什么意思？克林顿淡定是说：

If "is" means is and never has been, that's one thing. If it means there is none, that was a completely true statement. ... I mean that at the time of the deposition, it had been—that was well beyond any point of improper contact between me and Ms. Lewinsky. So that anyone generally speaking in the present tense, saying there is not an improper relationship, would be telling the truth if that person said there was not, in the present tense; the present tense encompassing many months. That's what I meant by that.

It depends on what the meaning of the word "is" is.

此段汉语译文大致如下：

如果"is"的意思为是（一般现在时）且从来没有过（现在完成时），那是（一般现在时）一种情况。但如果它的意思为'现在没有'（一般现在时），那就是（一般过去时）完全真实的声明……我的意思是说当时听证的时候，那时已经是（过去完成时）——我和莱女士之间已经很久没有（一般过去时）不正当关系了。所以任何人如果用现在时泛泛地说没有（一般现在时）不正当关系，都算是（过去将来进行时）在讲实话，如果这个人说当时'没有'（一般过去时），用了现在时；这个现在时涵盖了好几个月的时间嘛。那就是（一般过去时）我当时的意思。

检控官倒!

克林顿的这段回答，现被语言学界公认为是有史以来在英语动词**时态含义**应用技巧上展现出的最高境界。由于 is 这种时态的精确含义为"当前是"，there is none（没有）的精确含义即为"现在没有"。听的人如果没有特别深究其准确的时态含义，就被蒙混过关了。而汉语动词"有"和"是"，只表明结果，不管发生的时间。所以如果国内的官员们被请去喝茶，当被问到"你和某电视台女主持人有没有不正当关系"时，克林顿的这招儿就不能用了。如果回答："现在没有"或"最近一段时间没有"，等于是不打自招说"过去有"。但如果简单地回答说"没有"，就是连过去也否认了。等证据表明"过去曾经有"时，就会因没有老实交代被"抗拒从严"了。

案例二 欲盖弥彰

英语动词时态的含义，不但能被利用于混淆真相，还会暴露出说话者试图掩盖的事实真相。1994 年 10 月 25 日，七零后单身母亲 Susan Smith 报警称自己的两个孩子被一抢匪连车带人劫持了。面对蜂拥而来采访的媒体，她在摄像机前发表声明，通过电视转播恳求绑匪放了自己的孩子。她当时是这样说的：My children wanted me, they needed me. 使用的是动词的一般过去时 needed, wanted。而孩子父亲在一旁安慰时却是这样说的：There're OK. They're going to be home soon. 使用的是非过去时 are 和 are going to be。正是 needed 和 wanted 这两个动词时态的使用，引起了警长的怀疑。经过讯问，警方很快拆穿了 Susan Smith 的谎言。原来是这个毒妇自己杀害了两个孩子，然后把汽车和孩子沉入湖中藏尸灭迹后报假案。案情的揭露震惊了全美，而该案用动词时态破案的经过，也成了美国"供状分析学"（Statement Analysis）中的经典案例。美国联邦调查局的审讯课程教官，是这样给在 Quantico 基地培训的 FBI 学员讲解这个案例的："被绑架的孩子们现在应该是需要他们的母亲的。但 Susan Smith 在说话中使用的 needed 和 wanted 却是过去时，其时态含义表示孩子们现在已经无法需要她了，那原因就只能是他们已经不在人世了。"（Adams, 1996）说话者会下意识地根据实情思考事件的真实时间，随即生成了相应的动作概念，进而在语句编码时自动选用了动词的过去时形式，就这样无意中暴露了真情。在当时所有人都还不知道孩子下落的时候，只有罪犯本人才确切知道孩子已经不在世了。而孩子父亲说的是"They are OK.",使用的是一般现在时,表现出对事件的时间概念思考完全不同。事后也证明他当时对孩子的下落的确毫不知情。

这两个案例,充分展现了时态形式本身能够向听众和读者传递深层次的含义信息。

时态含义不仅能够通过句子提供信息,还能通过整段文字的时态使用方式,给听众和读者造成心理状态差异。比如使用一般现在时描绘一系列动作,会给听众和读者带来很强的"当前"和"真实"的感受。所以在体育解说中,就使用一般现在时。例如:"David gets the rebound, passes the ball to Johnny. Johnny shoots — and misses again. The team is losing momentum." 严格地讲,David 抢到篮板球并把球传给 Johnny,已经是发生过的事情了,按理是可以使用过去时的:David got the rebound and/then passed the ball to Johnny. 但如果使用过去时,则会让听众感觉是很久以前发生的事情,一下子就失去了"现场"效果。如果都换成现在进行时 David is passing the ball to Johnny... 听众的观察点则被安置到了动作过程中,会感觉这个球还没传到队友手中。所以除非是某个动作或状态能够持续比较长的时间,在动作持续性和未完成性的含义概念带动下,才应该使用一般进行时态。我们看解说中的最后一句:The team is losing momentum.(这个队刚才的冲劲儿现在越来越弱了),就符合可发展的含义,所以使用了现在进行时。

FBI 供状分析教程中用动词时态分析罪犯心理的章节

时态的输出方式,反映了语言表达者内心对动作和事件的时间概念化方式和对动作的观察角度;反过来,特定时态形式的输入,也限定了语言接受者对动作和事件的观察角度和现实感受。

现在时带有现场感，所以在讲笑话和写剧本时，也会用一般现在时，让语言具有很强的舞台戏剧性，从而给读者和听众带来生动的体验感。 对事件进行报道或描述，到底应该使用哪种时态，并没有严格的语法规定，经常会取决于作者的选择。用不同的时态会产生不同的阅读感受。比如我们来看下面这个报道：

> The largest study to date, a joint project last year by the NIH's National Cancer Institute and AARP that follows 400,000 men and women ages 50 to 71 for more than 10 years, finds that those who regularly drink coffee — either decaf or regular — have a lower risk of overall death than do nondrinkers. In particular, the coffee drinkers are less likely to die from heart disease, respiratory disease, stroke, injuries and accidents, diabetes, and infections.

作者是在描述一个跟踪调查了（followed）40万人的有关饮用咖啡的研究项目，发现（found）长期喝（drank）咖啡的人，有（had）相对低的死亡风险，特别是（were）死于心脏病、呼吸病、脑血栓、伤害事故、糖尿病和感染的风险小。该报道通过现在时"当前真实"的含义，确立了内容的权威性和可信程度，同时也引导读者在心理上把文章内容接受为事实。所以通常学术论文或学术研究著作，都会用这种一般现在时的形式来写作。

用过去时描述过去的事情，是典型的事件新闻报道写作方式，读者会自然把这个事情当作一个发生于过去的事件来对待。比如过去时的形式为：

> The largest study to date, a joint project last year by the NIH's National Cancer Institute and AARP that followed 400,000 men and women ages 50 to 71 for more than 10 years, found that those who regularly drank coffee — either decaf or regular — had a lower risk of overall death than did nondrinkers. In particular, the coffee drinkers were less likely to die from heart disease, respiratory disease, stroke, injuries and accidents, diabetes, and infections. (Candy Sagon, 2013. Healthy Living, AARP.ORG)

尽管没有明文规定，但**讲故事、写小说和媒体新闻，一直以来的习惯都是使用过去时来描述**。故事和新闻报道是讲过去的事件，而小说中的故事不但是过去的，更是虚构的事件，所以写小说使用过去时是理所当然的。然而近年来，用现在时写小说，突然成了流行趋势。最近五年高居畅销排行榜的小说中，竟然有一半是用现在时写的。比如《五十度灰》（Fifty Shades of Grey），就是从女主角第一人称的角度，使用的一般现在时来叙述："... He opens the door and stands back to let me in. I gaze at him once more. I so want to know what's in here. Taking a deep breath I walk in..." 用现在时来描写女主角走进男主角卧室的过程，具有身临其境的高度体验感和期待感。另一个三部曲小说《饥饿游戏》（Hunger Games），也使用的是第一人称一般现在时的写作手法：

> Now's my chance to finish him off. I stop midway up the horn and load another arrow, but just as I'm about to let it fly, I hear Peeta cry out. I twist around and see he's just reached the tail, and the mutts are right on his heels. "Climb!" I yell. Peeta starts up hampered by not only the leg but the knife in his hand. I shoot my arrow down the throat of the first mutt that places its paws on the metal...

一个动作接着另一个动作的紧张快节奏的，正在进行中的生死搏斗场面的刻画，让青少年读者看得激动兴奋、血脉贲张。现在时让读者感觉事情正在发生，结局还无法预知。

然而不是所有人都愿意接受这种"新潮"写法。一些读者很反感这种现在时的写作方式，认为其格调不高，是作者运用动词时态含义绑架了读者的视角。比如美国《作者文摘》网站上的一则对使用现在时态写小说的评价如下：

> I loathe present tense in books and stories. It irritates the crap out of me... I am not the only one. I have only one friend who will even try to read these books anymore.

很多作家和读者，更是联名对这种潮流口诛笔伐，甚至组织对出版商的抗议示威，要求"立即把过去时还给读者"。如果不是因为不同时态会对听者和读者心理产生巨大影响的话，人们是不会为此大动干戈的。**事实告诉我们，英语的时态不仅是个语法条目，它还能通过其带有的含义来影响听读者的概念思考。**

抗议标语上写的是："我们要什么？过去时！""我们什么时候要？现在要！"

> 英语动词的时态含义，是外语教学中帮助学生掌握和使用英语时态系统的极其重要的工具。

由于很多人对此缺乏认识和了解，时态含义在英语学习和教学中一直没有得到广泛应用。近年来，越来越多的外语教学专家认识到了英语动词的"时态含义"在外语教学中的作用。著名的《语法书》（The Grammar Book）中也明确地指出：英语动词的时态含义，是外语教学中帮助学生掌握和使用英语时态系统的极其重要的工具（Celce-Murcia and Larsen-Freeman, 1999）。《语法书》中对多年来众多语言学家研究英语动词时态含义的成果进行的评价和总结如下：

> 当代语言学家认为英语的时态不仅是一种语法描述，而且其本身就带有准确的含义。所以可以借助不同时态的含义来建立相关的概念思考，从而实现在表达中正确应用。

- **现在时**（present tense），是"当前/近期的真实性"（immediate factuality）的含义（Lewis，1986）。
- **过去时**（past tense），核心含义是行动"遥远感"（sense of remoteness）的概念（Knowles，1979）。
- **将来时**（future tense），核心含义是对行动的"预言"（prediction）。
- **一般态**（simple aspect），是把行动概念化为"不允许继续发展的完整体"（complete whole, not allowing for further development.）的含义（Hirtle，1967）。
- **进行态**（progressive aspect），核心含义是行动"未完成的、临时的和继续的"（incomplete, temporary and ongoing）的状态（Celce-Murcia and Larsen-Freeman，1999）。
- **完成态**（perfect aspect），其核心是描述行动"在过去发生的但影响持续到此刻",即"回顾此刻之前"（retrospectively referring to a time prior to now）的含义（Celce-Murcia and Larsen-Freeman，1999）。

对于中国同学来说，建立起自己语言中原本不存在的思考方式，其难度的确很高。但如果能借助不同时态形式在描述行动时的不同核心含义，就能够有效地帮助大家建立动词所带有的时间性的完整概念思考。接下来我们将详细讲述这种思考的具体实践过程是如何建立起来的。

不变能变可能变

我们先来看英语中比较容易的，发生在"非过去"的动作时间描述，即"现在时"和"将来时"的表达形式及其对应的思考概念。我们来讨论英语的"现在时"的时候，需要先跳过"现在完成时"这个时态形式。因为所谓的"现在完成时"，虽然名字中带有"现在"，然而行动的时间概念却是发生于过去，所以是个很特殊的时态形式，我们在后面会用一个小节专门来进行分析。

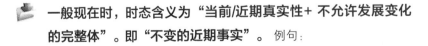 一般现在时，时态含义为"当前/近期真实性 + 不允许发展变化的完整体"。即"不变的近期事实"。 例句：

◇ He works in the library. 他在图书馆工作。

时态含义反映出，他的这份工作是个稳定的长期职位，即不变化的事实。

◇ The earth moves around the sun. 地球围绕太阳转。

这是比较大时间尺度的"不变的当前/近期事实"的含义。大部分同学在学语法时，曾经学过"描述真理或自然现象要使用一般现在时"，其本质原因正是由"不变的近期事实"这个时态含义所决定的。

◇ He lives in New York. 他住在纽约。

目前的不变事实，表明他的长期固定住址是纽约，尽管此时此刻他本人不一定身在纽约。

◇ He speaks English. 他会说英语。/他平时说英语。

不变的当前/近期事实，表示说英语是他的能力或习惯，一般来说他的英语水平应该不错，但他此时此刻并不一定正在说英语。

📧 **现在进行时，时态含义为"当前真实性+ 不完整的、允许有限发展变化的状态"。即"发展变化中的当前/近期事实"。** 例句：

◇ He is working in the library. 他在图书馆工作。

时态含义反映出，他在图书馆工作的性质是发展可变的，可能是个临时工作。

◇ The earth is moving around the sun (now). 地球正在围绕太阳转。

现在进行时的含义，是"当前/近期的真实性" + "未完成、不完整和允许有限发展变化的状态"，从时态含义的角度来说，这个句子不是在描述真理和自然现象，而是在讲述当前的一个正在发展过程中的行动。

◇ He is living in New York (now). 他现在住在纽约。

是会变化的目前事实。虽然他此时住在纽约，但可能是短期行为。

◇ He is speaking English. 他此刻正在讲英语。

一个发展变化的行动。说英语是个短期行为，可能不久就会转成说其他的语言。有可能他英语能力并不高，或者平时并不说英语。

一般现在时和现在进行时在表达含义上的主要区别是，前者表达的事件短期内不能和不会发生变化，而后者描述的动作和事件是短期内可以发生变化或是正在变化过程中的。

✓ **灰色地带**

在非过去形式中,中国同学容易糊涂的一种情况,是现在时被用于表述将来的情况。只要符合时态的含义,英语中的现在时,就能够被用于描绘其他时间状态的行动,并不一定局限于表达现在发生的事情。我们来看下面三个现在时描述未来行动的情况:

1 未来的行动如果是客观的、既定的行程、固定不变的计划,就符合了"不变的当前/近期事实"的含义,就要使用一般现在时。例句:

◇ The English class starts at 9 am tomorrow.
（课表已经定了,不能变）
◇ The train leaves at 8 pm tonight.（火车时刻表已经定了）
◇ When do we board the train?（已经安排好了行程）
◇ The new movie releases next Friday.（电影上映时间早就计划好了）

2 如果出现在条件从句中表达未来的行动,比如 when, after, before, as soon as, until, if 等词的后面,通常要用一般现在时。例句:

◇ I will go home when the class ends.
主句 I will go home 是一般将来时,表示为愿望而不是事实。从句 when the class ends 是一般现在时,表式以不变的事实作为条件。

又如下面的句子:

◇ You will feel better after you drink some water.
◇ I will start cooking as soon as I get home.
◇ He will finish the report before he leaves.
◇ The car will stop when there is a red light.
◇ The plane will not take off unless the pilot gets a permission from the control tower.
◇ She won't get her drivers' license until she passes the driving test.
◇ I will go if you go, too.
◇ I will if I can.

细想一下不难发现，尽管是描述还没有发生的将来的事情，但在从句中被作为"前提条件"，即符合了"不变的当前/近期事实"的含义，所以要用一般现在时。主句表达的是愿望，且时间顺序是发生于条件句行动之后，自然要用将来时（"一般现在"的将来，当然是"一般将来"啦）。当明白了这个"条件为真即符合一般现在时含义"的道理，以后在听力和阅读中碰到条件句时，就会发现条件句的这个一般现在时的形式，以前自己居然没有留意，而此时会觉得这种形式在这里非常有道理。以前说英语会出现的诸如"I will call you as soon as I will get there."之类的错误，以后就再也不容易犯了。

很多中国同学对条件从句的语法规则非常熟悉，还能背诵诸如"主将从现"之类的语法口诀，即"主句用将来时，从句用现在时"。但如果不结合时态含义从概念上真正实现"为说英语而思考"，在实际对话的时候，哪有时间去想这个口诀呢？肯定会张口结舌、错误百出的。

3 对决定了且进入准备实施状态的未来行动，可以用现在进行时。

例句：

◇ I'm meeting Jim at the airport.

Jim 也知道这个安排，我俩已经说好了不见不散。

◇ I am leaving tomorrow.

下了决心非走不可。若明天买不到票，就是走路也要离开。

◇ We're having a staff meeting next Monday.

下周一的会是开定了，谁也不能改时间！

◇ I am getting a new iPhone!

我就是要个"爱疯"。肾已经卖了，现在谁也别拦着我！

某个未来的计划，从现在这一刻起已经进入了不以主观愿望而改变的实施状态，即已经成为了事实。进入了准备阶段，必然是需要经历一个发展变化的过程，所以符合现在时和进行态的含义。

上面这些用现在时表示将来事件的例句，如果全部使用将来时，语法上是正确的，但含义却会有所不同。

一般将来时，时态含义为"预言+完整的未来的行动"。

◇ I will go to meet Jim at the airport tomorrow.

◇ I am going to meet Jim at the airport.

我明天跟 Jim 在机场见面。

这是对未来"见面"这个完整行动的预言。

一般将来时的含义和用法都比较简单，所以一直都被中国同学认为是比较容易掌握的时态形式。

使用将来时，更倾向于表达说话人的主观意愿，而没有"客观的不会发生变化的当前事实"的概念，所以是不同的含义表达方式。

比如"I will meet Jim at the airport."只能表达我的想法，但很可能 Jim 还不知道这个安排或者还没同意这个约定，事情的变数就比较大，不如"I am meeting Jim at the airport."的确定性高。

"I will leave tomorrow."也只表达主观愿望，而不是当下就进入了准备离开的客观状态，确定性和离开的决心都比"I am leaving tomorrow."弱。

"We will have a staff meeting next Monday."对开会事件的描绘，含义中带有一定程度的"打算做"的性质，比"We are having a staff meeting."的确定性要低。

有趣的是，将来时中使用的 will 这个助动词本身，就是"愿望"的含义。所以带有 will 的将来时形式的句子，就带有很强的"主观愿望"的含义。前面说过将来时的核心含义是对未来行动的"预言"。而 be going to 是现在的决定或情况的延续，从客观上将导致发生这个行动，而不单纯是主观愿望实现的。所以从含义上来讲，be going to 指代的行动会发生的确定性，比现在进行时低，但比 will 高。

◇ He will become a famous writer.

◇ He is going to become a famous writer.

be going to 和 will 在句子中表面含义相同，但 be going to 更加客观，所以同样作为预言，可能发生的准确度比 will 高，很可能是在获悉他的书初期销售很好的信息后才这样说。

对比下面这几组句子：

> 将来时的含义，是对未来事情的"预言"，具有不确定性。will 的词义是"主观愿望"，所以不确定感高于客观预估的 be going to 形式。

◇ He will accept that job offer.

◇ He is going to accept that job offer.

◇ The bomb will explode.

◇ The bomb is going to explode.

◇ I will give you an iPhone.

◇ I am going to give you an iPhone.

◇ I am giving you an iPhone

灰色地带

前面讲过现在时用来表达将来动作的情况，反之，也有将来时表达现在动作的情况。比如某些表达习惯行动和现在行动的情况，如果符合将来时的预言含义，就可以使用将来时，类似于汉语"会"的含义用法：

◇ Oil will float on water. 油会浮在水上。（当下真实情况）

◇ He will now vote for Trump. 他现在会投特朗普的票。（现在行动）

◇ In winter, she will always wear a red hat. 冬天她总是会戴个红帽子。（习惯）

用英语表述将来概念，中国同学在使用中一般不出错，因为汉语中也使用"要，会"等助动词来表示将来，在语言使用形式上跟英语有类似之处，所以说英语时不需要在概念步骤中进行调整。中国同学需要做的，是学会处理几个特殊的情况：

1. 把用一般现在时来表达未来行程和条件句中的未来行动这两种情况融入到对未来行动的概念思考中。

2. 对于使用现在进行时表达比较确定的未来行动的情况，中国同学在实践中使用频率过低，普遍只使用将来时。比如"He is moving out."，中国同学只使用"He will move out."或者"He is going to move out."等形式。好在这并不是一个错误。大家平时多关注英语原文中的这种形式，在合适的场合尝试使用就好。

弄清时态含义，有助于帮助大家澄清这些灰色状态的用法。

◆ **将来进行时，时态含义是"预言 + 发展变化的状态"。**

◇ We will be offering a computer programming course this summer.

我们今年夏天会开一个计算机编程课。

预言一个发展状态的行动，带有一定的变数。

相对一般将来时"We will offer a computer programming course this summer."来说，将来进行时带有更大的不确定性，有很大的取消开课计划的可能性。比如选课的人数太少等原因。

跟使用过去时增加遥远感而显得礼貌的情况类似，将来进行时通过降低将来事件的确定性来让语言更礼貌，给别人改变计划留有余地。心理学家对这种使用方式的解释是：故意用将来时来暗示在事情的发展进程中会随时征求对方意见，让听者感觉某个计划貌似是可以根据自己的意愿来改变的 (Pinker, 2007)。在服务行业，我们经常会碰到在介绍产品和服务项目时，有大量使用将来进行时的现象。比如服务生会说：We will be offering three kind of bread. The chef will be preparing it on a freshly baked potato. How will you be paying for your bill?

以前之前那之前

对发生于过去的行动，汉语主要是通过句子中具体的时间词汇，配合"着，了，过，完，在，正在，一直在，已经，刚刚，才，先前，此前，那之前"等副词来定位行动发生的时间和状态的。而英语则是靠动词的时态形式来描述行动发生的时间和状态。最常用的几个描述过去行动的时态为一般过去时、过去完成时和过去进行时等。

◆ **一般过去时，时态含义为"不发展变化的完整体 + 遥远感"，即"已经结束的遥远行动"。**

◇ He worked in the library for two years. 他以前在图书馆工作了两年。

时态含义反映出，在图书馆工作两年是个不再改变的历史，他现已不在图书馆工作了。

◇ He wrote a book last year. 去年他写了一本书。

时态含义反映出，写书的行动已经结束，在过去某个具体时间书写完了。

一般过去时在英语中所有过去时形式中的使用比例最高。在对行动进行概念归类时，一旦意识到行动符合"结束的遥远行动"的含义，就可以引导出一般过去时的形式。

灰色地带

在前一小节中我们看到过，受到时态含义的主导作用，"现在时"有时可能突破"现在"的时间限制，用来描述未来的事件。在"过去时"的使用中，同样有类似的时态含义超越时态形式的现象。我们来看几个过去时不表示过去事件的例子：

◇ Did you want a receipt?

◇ I was calling to inform you a change in your flight schedule.

这两句话都是当前正在跟对方说的话，描绘的也是现在的事情。说话的人利用过去时的遥远感含义，能让语言变得间接和婉转，会感觉比使用现在时的形式有礼貌。所以服务人员在向顾客询问和告知顾客信息时，经常会使用过去时而不是现在时。

在请求对方做事情的时候，过去时的遥远感也被用来让语言因为不直接而显得更礼貌。Could you open the window? 并非表示过去的事情，而是比 Can you open the window? 更间接和客气。如果再想更加礼貌一些，就只能在过去时之外再加上假设，来进一步增加遥远的程度了：If you could open the window, that would be nice.

过去完成时，时态含义为"遥远感+ 回顾之前"，即"过去时的过去时""在那之前结束的行动"。

◇ He had worked in a library for two years before he became a famous writer. 在他成为知名作家之前，他在图书馆工作了两年。

在某个过去的时间参考点之前，他的行动状态为在图书馆工作。过去完成时也是带有"结束的遥远行动"这一含义，与一般过去时不同的，是增加了一个过去的时间参考点。同样是结束的遥远行动，一旦增加了某个过去时间作为参考点，即成了比过去概念更过去的行动，就引导出了过去完成时。

◇ I had written a book before he moved to New York City.

他在搬去纽约之前写了一本书。

他搬到纽约是个过去的遥远行动，但搬家之前写书这个更加过去的遥远行动已经结束了。

> 在含义角度，大家要把"过去完成时"看成是"过去时的过去时"，而不要把它当作是"现在完成时的过去时"。

很多中国同学往往根据语法定义，片面地把"过去完成时"理解为是"现在完成时"的过去形态。其实从时态含义来看，更应该是从时间概念角度上，把它看作是"过去时的过去时"，这样才会在实际使用时更加准确和顺畅。我们看下面两个带从句的例句：

◇ The thieves **had already gone** when the police arrived.

贼逃跑的时间，比警察到来的时间更早，即警察来时，贼早就跑了。

◇ The police **had already arrived** when the thieves fled the scene.

警察赶到现场的时间，比贼逃跑的时间更早，即贼从警察眼皮底下跑了。

上面两个例句中，过去完成时描述的行动，发生时间是比从句中过去时的行动更往前，所以是"过去时的过去时"。

再来看一下引语中时态形式的变化：

一般过去时：This massive tower *collapsed* in 1902 and the only casualty *was* a cat.

过去完成时：He *found* it hard to believe that this massive tower had collapsed in 1902 and the only casualty had been a cat.

上面两个例句，对发生于过去的塔倒塌事件，描述的实际发生的时间（1902 年）是完全相同的。但因为在第二句话中多了个时间参考点，交代

了事件发生于他 found it hard to believe 这个行动之前，所以含义就成了"过去的过去"，即使用"过去完成时"。注意，is 的过去时是 was，其过去完成时是 had been。

既然过去完成时是"过去时的过去时"，那么我们在听到或读到以过去完成时开始的句子时，听到前半句，就会在头脑中开始期待着某个过去时刻的时间参考点的出现。最典型的是当听到类似：I had finished my homework... 的时候，头脑中就开始预估后面跟着的是 when something happened 之类的时间描述。认知学的研究显示，这种预估现象的自然出现，有利于对后半句话理解的速度和准确度。

过去进行时，时态含义为"遥远感 + 可发展变化的"含义。即"某个结束了的过程"。

过去时和过去完成时，如果用来描述发展变化的行动，即成为具有进行态的"过去进行时"和"过去完成进行时"。此时"遥远感"的含义仍存在，只是换成了从内部角度来观察延续进行的行动。

◇ He was working in the library a year ago. 一年前他正在图书馆工作。

在某个遥远的时间段呢，他在图书馆持续工作，该状态已结束。

过去进行时对中国同学来说比较容易理解和使用，学习运用也不难。

过去完成进行时，可以简单理解为过去的过去进行时。

◇ I had been cleaning my room when you called me yesterday.

你昨天给我打电话之前，我一直在打扫着我的房间。

昨天你来电话时，我已经打扫完了。

对比下面的过去进行时：

◇ I was cleaning my room when you called me yesterday.

你昨天给我打电话的时候，我正在打扫着我的房间。

昨天你来电话时，我正在打扫中，还没打扫完。

这两句话的差别，正是通过时态含义反映出来的。过去进行时是某个过去行动的过程，从句 when you called 这个事件，打断了当时那个正在进行的行动（在……时，我正在……）。而过去完成进行时，则是表示 when you called 这个时间点之前的某个过去行动的持续状态（在……之前，我一直在……）。有讽刺意味的是，这两个英语时态含义的差异，用英语很难解释，反而是用汉语更能清楚地阐明。

 虚拟语气（如果，如果真的，如果当初）

虚拟语气的概念思考，跟过去时和过去完成时的关系最紧密。所以我们把虚拟语气的介绍放在这里。狭义来讲，虚拟语气主要是指带有 if 的各种条件句。英语中 if 条件句的使用非常普遍。英国爱丁堡大学的 David Maule 做了一个统计，发现英语电视节目中，平均大约每 10 分钟就会听到一个 if 真实条件句（Maule, 1988）。而在现实生活中，if 条件句出现更加频繁。统计结论显示，在每 1000 个单词的语言内容中，对话中会出现 4.2 个 if 条件句，印刷文字中会出现 2.7 个 if 条件句（Hwang, 1979）。也就是说，用正常的语速讲话，平均不到 2 分钟就会说一个 if 条件句。在普通英文小说中，平均每一页有一个 if 条件句。

中国同学对 if 条件句普遍感觉头大。很多同学在国外留学多年后仍然搞不清 if 条件句的基本形式。语法规则中介绍的"与现在事实相反，与过去事实相反"等说法，在真实使用的时候概念很模糊，而且语法结构描述的"时态后退"等说法，应用时更是很混乱。但如果大家借助时态含义来建立概念思考，以此来学会使用虚拟语气，则应用起来会感觉容易很多。根据假设条件的不同（就是 if 后面的内容），虚拟语气分为三种情况：

✓ 第一种情况，"如果"类条件句

条件句中的行动发生的确定性高 = 当前真实感含义 = 现在时

比如天气预报说明天会下雨，我们可以认为下雨的可能性很高，就可以把对明天下雨的假设当作事实对待，现在时的时态含义就自然出现了：

◇ We will stay at home if it rains tomorrow.

◇ If it rains tomorrow, we will stay at home.

又比如：If he gets the offer, he will accept it. 他是否已经收到录取信，这个事情我们并不知道，事件时间并不能确定。但既然把这个事情当作事实来假设，就用一般现在时。可见从含义角度讲，真实条件句更关心真实性，而不是发生时间性。

这个所谓的"真实条件句的虚拟语气"，其实就是我们在前面一小节中介绍一般现在时的时候讲过的条件句（if, before, when, after, until...），句子使用的语法形式完全一样。把条件当作事实，尽管事情可能已经发生或者还未发生，也都要用一般现在时。而主句表达的事件是在条件事件之后发生，所以主句会比条件句前进一个时态，就自然是将来时。比如：

条件句是一般现在时：if/when/after/before he COMES back，主句是将发生于这个 comes back 事情之后的事件，所以是：I WILL call you.

实战练习：

> 发嗲："老公，你这次去欧洲出差，给我买个爱马仕包包嘛。"
> 答应："I will buy one if I have time."

这是出发前的交流内容。这种一般现在时的回答表示事情会发生的真实度很高。你这样说得跟真的似的，人家也就当真了，期望值也很高。如果到时候没给人家买包包，就要好好想个理由来辩解了。

✓ 第二种情况，"如果真的"类条件句

条件句中的行动发生的确定性不高 = 遥远感含义 = 过去时

如果确定性不高呢？天气预报都说了明天要下雨，但我们还报一线希望，想讨论一下"如果真的"不下雨怎么办。这时就要把不下雨当成是一个希望不大、距离现实比较"遥远"的事情对待。所以不论此时发生还是在将来才可能发生，都要使用带有遥远感含义的一般过去时：

◇ If it did not rain tomorrow, we would go to the park.

主句 go to the park，是在条件句这个一般过去时 did not rain 之后才发生，当然用过去的将来时，即 would go。

对这种假设方式，语法解释通常描述为"非真实条件句的虚拟语气"，有的语法解释说这个事情"与当前事实相反"，但如果认为这个事情不会发生，理解就太局限了，很容易影响实际使用。实际上这种假设方式，有时的确可以认为假设跟现在情况相反，比如：

一个人说"If I were a millionaire, I would buy a yacht."时，他现在不是百万富翁，自己现在"如果真的是百万富翁"就会怎么怎么样，这个假设的确与现实不相符。

但有时仅表达说话者认为离现在比较遥远或可能性不高，并非与事实相反或不可能发生。比如：

一个小孩说：If I became a millionaire, I would buy a yacht. 句子中became本身就带有将来才发生的含义，如果真的自己成了百万富翁会如何如何，这个事情发生是有可能的。

又比如：If he got the offer, he would accept it. 如果他真的接到录取信，他会接受的。说话者认为他接到录取信的可能性不高，但仍然有可能会发生。这句话的关注点是这个假设的事情发生后他的行动会是什么。

实战练习：

> 纠缠："老公，你这次去欧洲出差，给我买个爱马仕包包嘛！"
> 推脱："I would buy one if I had time."

同样作为条件，此处仍然是在说将来的事情，但使用过去时的形式，把条件变为"遥远"的情况了，说明现在太忙，很难抽出时间，真实感降低。尽管语法书上管这个叫作"非真实条件"，但仍然有一定的发生可能性，所以并没有完全拒绝人家。但这样说的效果，就是在提前打预防针，我虽然没拒绝你，但你的期望值不要太高。

我们以前感觉语法诡异和应用混乱的虚拟语气，如果基于时态含义来理解，就变得容易多了。从含义出发进行概念思考，以此来带动应用，表达就会快速、自然和正确。

What if I told you... 中的动词过去时told，就是个典型的利用过去时的"遥远感"时态含义的应用实例。told并非过去发生的事情，因为"假如告诉"实际上还没告诉，是个未来事件。明明可以直接告诉你，偏要绕着弯子尝试着说"假如"我要是告诉你，是故意与现实拉开距离，产生遥远感，来观察对方的反应。这也属于典型的"假设"类虚拟语气。

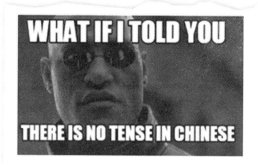

这是美国科幻影片《黑客帝国》（The Matrix）里面的 Morpheus（名字来源于希腊神话中的梦之神。词源 morphe 是"形状"的意思，指梦中看到的事物形状）。影片中大侠 Morpheus 跟 Neo 见面的时候，大侠说 Neo 其实是生活在一个虚幻的世界中的。原片中并没有出现 What if I told you that you are living in a dream world. "如果我跟你说你是生活在梦想的世界中（你会怎样想）"这句台词，但不知为何，很多观众却留下了他说过此话的印象，至少是这段场景表现出了这个意思，所以网上整出了段子，逐渐成了一个流行的"如果我跟你说体"（"what if I told you" meme）。被网友热捧的有下面这些段子：

◇ What if I told you the side with the USB symbol will always be the top side.
◇ What if I told you ctrl + shift + esc opens task manager.
◇ What if I told you there are not hot singles in your local area looking to hook up.
◇ What if I told you that we do sweat while taking showers.
◇ What if I told you that you are wasting your time reading this.

✓ 第三种情况，"如果当初"类条件句

条件句中的行动在过去可能发生的时机已过

= 遥远感 + 回顾之前 = 过去完成时

一个应该发生在过去的事件却并没有发生，过去已经无法改变，完全没有发生的可能，现在只能是"回顾"过去，用"如果当初"来设想事情如果曾经发生，结果会如何。"回顾 + 遥远感"，即完成时与过去时的结合，理所当然要用"过去完成时"had done。条件句是用"过去完成时"，主句的内容是在条件之后才会发生的，那么"过去完成时"的"将来时"就是"过去将来完成时"，即 would have done（可以理解为 had done 前面加 would。但 would 后面的词要用原形，所以变成了 would have done，这样很容易记住）。

◇ If she had worked harder, she would have passed the exam.

后悔之前没有努力。假如当初努力了,情况会不一样。但现在想努力已经晚了,不可能改变过去,只能"回顾＋遥远的假设"。

实战应用:

> **质问**:你说这次去欧洲出差,为什么没给我买爱马仕?
> **辩解 1**: I would have bought one if I had not lost my wallet.

人已经回来了,绝对无法改变的过去事件。回顾这个遥远的"没买爱马仕事件"的条件,丢钱包是个客观理由,如果当初没丢钱包就一定会买,可以原谅。

> **辩解 2**: I would have bought one if I had had time.

回顾看似客观的过去事件,理由却可以解释为当初主观上没有努力,找骂。

> **辩解 3**: I would have bought one if you had reminded me.

找抽。

英语是通过时态变化来改变假设条件的真实程度的,汉语的时态变化没有英语丰富,但通过助词,也能清楚地对应英语的三种主要不同虚拟语气的概念,即"如果""如果真的"和"如果当初"。如果使用这几组汉语词汇的含义来思考一下英语的几种虚拟语气(要注意是概念思考,不是汉语翻译!),是有助于我们建立相关表达概念的。

最后需要指出的是,各种 if, when, before, after, until 等词连接的各种条件句式(包括所谓虚拟条件句),主句和从句各自的时态,在实际应用中会根据含义不同、强调事物不同而有很多种时态变化,并非前面介绍的这几种方式。这些具体的变化形式,需要靠大量接触真实语言并且关注语言形式与准确含义之间的关系,才能逐渐掌握。

做过做了做完了

现在完成时,是个既不像"时"又不像"态"的四不像。连搞语法研究的学者都对这种时态如何定义和归类感到非常头疼,学外语的人当然也会更纠结。一些语法对现在完成时的解释是"过去行动对当前的影响",然而这个解释对行动发生的时间无法定位,所以很难在实际应用中对我们有所帮助。

但如果我们先避开语法分析,从它的时态含义的角度去体会,对行动的时间和状态的概念进行思考,就能抓住现在完成时的本质,让学习变得顺利。也只有这种学习方式,才能让我们实现顺畅交流。

现在完成时的时态含义,是现在时"当前真实"加上完成态"回顾此刻之前"。

既"当前"又"回顾",看似在描绘行动的时间上"脚踩两条船"。因为该时态是站在现在这个时刻的角度来描述行动,所以其名称中有"现在"这个称呼,并且大部分语法书也都把它划分在"现在时"的分类中。然而在真实语言应用中,现在完成时的真实价值,却等同于过去时(Inoue, 1979)。所以从时态含义角度出发,大家需要明确现在完成时是在描绘过去的行动,在概念思考方式上应该更近似于过去时,而不是现在时。

> 在概念思考和语法含义上,大家要把现在完成时等同于过去时来看待,而不要当成现在时来看待。

真正造成混淆的主要原因,是因为现在完成时在概念思考上,行动允许有"结束"与"未结束"两个不同的情况,相当于出现了两种不同的态。之前我们学习的各种时态形式,都是具有单一的态,要么是描述行动完整的状态(比如一般过去时),要么是行动发展进行的状态(比如过去进行时)。而现在完成时,却会因描述的行动性质不同,以不同的态的形式呈现在概念思考中,每次使用都需要在两种情况间进行选择。

✓ **第一种情况:延续的行动**

(1) He has lived in New York City for two years. 他在纽约住了两年了。

从现在这个时刻回顾过去,住纽约是个发生于过去的行动,但该行动一直发展和持续到现在，并未结束。因为行动带有持续状态，所以使用形式上就会配合标注时间长度的词汇和短语，比如 for two years，或 "since October 1, 2014" 等。

既然是一直延续的行动，那么在行动的状态思考上，不成进行态了吗？这种情况下的确是可以这样认为。所以 "He has lived in New York City for two years." 和 "He has been living in New York City for two years." 这两种表达方式，对行动的发生时间和状态，在概念思考上是非常类似的。尽管 "He has lived..."（现在完成时）在语气上侧重时间长短，"He has been living..."（现在完成进行时）更带有行动的体验感和侧重阐述发展过程，但在实际使用中，特别是对 live, know, own 等本身就有状态特征的动词来说，两种表达可以认为是能够互换的，并没有实质的差别。

所以对于现在完成时描绘未完成的行动，大家在时间概念思考上把它当作起始于过去但一直在持续发展的行动，即"现在完成进行时"来对待，反而能更准确地体会出它的实际应用特点。

✓ 第二种情况：完成的行动

(2) He has written a book. 他写了一本书。

回顾写书这个发生于过去，且已经结束的行动。written a book 是个遥远的且完整的行动，在时间和状态的概念思考上，跟"一般过去时"几乎完全一致，区别只是这种表达并没有明确时间点。

所以在实际使用中，特别是美式英语中，"He wrote a book." 也跟 "He has written a book." 的表达应用差不多，两者只存在一些微小的差异：现在完成时更强调过去的行动的结果，一般过去时强调过去发生的行动本身；现在完成时是从当前时刻回顾过去某个不确定的时间完成的事情，不能明确行动开始和结束的具体时间，也不能衡量行动持续的时间长度，所以不能与时间词连用，不能说 "He has written a book last year." 也不能说 "He has written a book for a year."，而一般过去时则可以确定行动发生的时间，可以说 "He wrote a book last year."。

简单地说，在描绘过去结束的行动上，把现在完成时在时间性的概念思考上等同于一般过去时，能更准确地体会它的实际应用特点。

现在完成时的学习策略

现在我们清楚了,学习现在完成时的时候,首先是要在时间的概念思考上建立过去的概念。接下来是根据具体行动的性质,判断是哪种状态分支:是在过去就结束了的行动,还是仍在持续未结束的行动。如图:

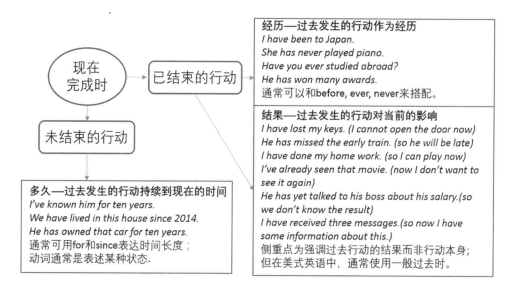

简单地把现在完成时中的行动划分为未结束行动和已结束行动两大类

对于仍在持续的未结束的行动,即可认为能用时间长度衡量的概念,可在头脑的概念中先明确从发生到现在的时间长度,随即可在下一步的词句编码中,引导出描绘时间的具体词汇和 for, since 等连接词。

对于已经结束的行动,又可以进而分化为两类。

✓ **第一类是结束的行动表示经历**

表达经历类型的行动,近似于汉语中带"……过"这个副词的句式。比如"一起同过窗,一起扛过枪,一起喝过酒,一起分过赃""和某人有过不正当关系"都描述的是可以"记录一笔的过去行动"。这种情况下,一般可以带有 before, ever, never 等副词。即便不带这些词,往往也是因为可以省略。这种情况跟汉语概念生成相似,所以中国同学学起来并不费力。

把现在完成时当作过去时看待,进而在含义上分为"已经结束"和"还未结束"两种情况,就容易学会正确使用了。

✓ 第二类是结束的行动表示结果

对于非经历型的已经结束的过去行动,现在完成时强调的是过去行动的结果,一般过去时强调的是该行动的本身。在当代美式英语中,这种差异很小,所以在概念生成中时间和状态的思考,此时跟一般过去时很类似。在美式英语中,对大部分非经历型的过去结束的行动,都普遍会倾向于使用一般过去时形式,而且这种趋势逐年递增。在美式英语中,我们经常会听到"I saw that movie already." "I never saw that movie." "Did you have dinner yet?" "I just finished my homework."等在英式英语中要求必须使用现在完成时的情况。甚至明明对方问句是"Have you had dinner?"这种现在完成时形式,美国人也经常会用一般过去时"Yes, I did."来回答。

✓ 美式英语的特点

英国和美国在现在完成时使用上的差异,并非只是表达习惯的问题,而是美国人对现在完成时表达含义的理解,与英国人不同。比如典型的现在完成时"I have lost my keys.",这样说英国人认为表明说话人钥匙丢了后现在还没找到;而"I lost my keys."则只能说明丢过钥匙,现在有可能找到了。如果你询问美国人,就会发现他们大都并不认为这两种表达方式有这样的差别。难怪很多英国人对美国微软 Windows 系统中出现的美式英语"Did you forget your password?"表示抗议。因为在英国人看来,一般过去时表示以前忘记密码的事件已经结束了,并不表示现在仍然是忘记的状态,所以这样提问没有道理。在英国人看来,正确的英语应该是:Have you forgotten your password? 这才能表明密码忘记的状态持续到现在。

语法书中也提到,通常对于刚发生的事情,可以使用现在完成时。然而在美式英语中,这种对刚发生的事情使用现在完成时的情况的确有,但可以使用的有效期非常短暂。比如新闻实况报道中会使用现在完成时:A fatal accident has just happened on Highway 90. 但往往是在事故发生后很短时间内的情况,特别是将伤者从现场撤走后,就立即转换成了一般过去时的形式:A fatal accident happened on Hwy 90. 而英国人则会在事件发生的一天之内都使用现在完成时,第二天才会用一般过去时的形式来描述。

近年在美式英语中,对刚发生的事情也越来越倾向直接使用一般过去时了。比如"I have just arrived."这种典型现在完成时的句式,也越来越被使用一般过去时的"I just arrived"的形式来替代。下图是谷歌统计的美国文学作品中"I have just arrived."与"I just arrived."两种句式使用频率变化的对比：

(见彩插2)

可以看出从90年代起，美式英语中即便是更为正式的书面用语，使用一般过去时"I just arrived."的比例，也超过了现在完成时的"I have just arrived."，且上涨速度很快。

那什么情况下，对过去结束的行动，美式英语中也会主要使用现在完成时呢？可以这样认为，**尽管是刚结束的行动，但显然在强调事情的结果，类似于汉语中使用"过，完"来形容动作的句子，此时美式英语也倾向于使用完成时。**

> 美式英语中，能用过去时的地方，就不用现在完成时。

比如：

◇ I have cleaned my room... so I want to watch TV now. 我打扫**完**我的房间了（强调一下这个结果），所以现在我可以看电视了吧。

◇ I cleaned my room. 我打扫了我的房间。（不强调结果，现在并没什么条件要讲）

◇ I have eaten already... so I am not hungry now. I do not want to eat now. 我吃**过**了/我吃**完**饭了。（所以现在不饿）

◇ I ate already.（讲个事实而已，没引申跟现在的关系）

◇ I have seen that movie... so I don't want to watch it again! (我看**过**这个电影了，所以表明这个电影的情节我知道了。或者说现在不想再看一遍，换个别的片子看吧）

◇ I saw that movie. 我看了那部电影了。(尽管这句话本身的含义就是在讲事情的结果，但并非在强调该结果对我们现在要进行的行动的影响，所以就不倾向于使用现在完成时)

借助汉语的"过，了，完"来帮助思考态的概念，只是作为帮助我们建立概念的辅助，而不能把汉语和英语一一对应。但从学习角度讲，用含义来对应用，的确可以简单总结为：对于可持续的过去行动，使用现在完成时，同时引入衡量时间；对于非持续的、结束的过去行动，如果是经历"过"和结果"完"的概念，应用现在完成时形式；如果是过去行动但不强调结果，只是通常结束"了"的概念，则可以效仿美式英语习惯，使用一般过去时形式。

众里寻 TA 千百度

人物的性别信息是中国人说英语时需要在概念生成阶段就要进行"思考"的另一个语言要素。大部分中国人在说英语时，第三人称代词出错比例都很高，经常把 he 和 she 混淆，连带着把 him 和 her，以及 his 和 hers 也跟着说错。比如："昨天是我妈生日。她很高兴。"很多同学都会说成："Yesterday is my mother's birthday. He is very happy."即便是被老师指出错误后，下次再说的时候还是可能犯同样的错误。如果询问这些同学相关的语法规定，所有人都很清楚 he 和 she 的区别。所以这种错误跟语法知识毫无关系。现在我们知道了，这是概念形成中"为说而思考"的过程出现了问题，语前信息中缺失人物的性别信息，所以在下一步语句编码时，由于没有信息指导，造成从大脑词库中胡乱选用人称代词的现象。如果不从概念思考上入手，接触英语再长时间也无法解决这个问题。

若谈话中出现人物，母语为英语的人在"为说话而思考"的过程中，头脑中会一直关注人物的性别信息。(P55)

Slobin 总结道：**为说话而思考，主要是收集概念形成所需的特定信息，为后面的词句编码做准备。**不同的语言，这种信息特点就不同。若谈话中出现人物，母语为英语的人在"为说话而思考"的过程中，头脑中会一直关注人物的性别信息。Slobin 接着举了一个说英语的例子："如果我说话中提到了我的'一个朋友'a friend，你就会期待着很快能从语言中发现这个朋友的性别，因为你知道后面出现的人称代词会带有性别信息。但如果我接着一直用'my friend''this person''they'之类的说法，你就会开始怀疑我是在故意隐藏这个人的性别。"（Slobin, 2003）所以说英语的人在交流中的思考是随时在关注人物性别的，而汉语则不存在这个特点。

我们中国人的语言交流，从对话本身是不能获得性别信息的（人称代词的发音无法区分性别），只能从交流的背景文字或交流双方默认的前提中去推断人物性别。所以用汉语正常交流时，我们平时并不关注人物的性别特征，也不期待从句子中获得此信息。比如一个人说这句汉语："刚被双规的那个市委书记，是我同学（tā）爸。"听这句话的人，对句子中（tā）的性别无从知晓，但同时也并不关心。除非听的人因特殊原因很想得知，就需要通过特地追问来获知。比如："哎哟！看你一副惋惜的样子。是你什么同学呀？是个女同学吧？如果她爸不被双规，你是不是还惦记去入赘豪门啊？"此时辩解也无法用人称代词澄清，只能专门解释："别，别误会。是个男的，男同学，纯爷们儿。"

想要做到关注语言中人物的性别信息，对中国人来说并不容易。因为汉语交流中不要求把性别信息概念化，所以语言中即便出现了人物性别信息，中国同学往往也不会关注和经常意识不到。真的是这样吗？台湾成功大学的两位教授，在对英语为母语和汉语为母语的两组学生进行了相关的语言认知对比研究，证实了这个论断。测试发现，在听到同样内容的故事后，说英语的同学对故事中人物的性别判断迅速而准确，而说汉语的同学判断速度慢且错误率高。甚至当中国同学在听故事的时候，看到过被谈及的人物是男还是女的照片，或听到带有很强性别特点的人物名字（比如：律师小强，医生翠花）后，仍然存在高比例的错误判断。这说明说汉语的人对语言中人物的性别信息非常缺乏关注。只有当在描述语言中增加了特定的表达性别的标志词（比如：男律师小强，女医生翠花）时，中国同学对人物性别的判断正确率才有所提高（Chen & Su, 2011）。

> 人最典型的特征是性别。只要头脑中出现了人，首先就要把性别概念明确，然后才去考虑这个人如何如何了。等到开始说句子时再去思考人物性别和选用相对应的代词形式，就已经来不及了。

> 学习正确地说英语人称代词的最佳学习时机，是在最一开始实践说英语的时候。

语言专家对说汉语的中国同学的研究证实，学习正确地说英语人称代词的最佳学习时机，是在最一开始实践说英语的时候。设立于广东外语外贸大学的"国家外国语言学和应用语言学研究中心"，在对中国同学在说英语时出现 he, she 错误的测试后发现：中国同学说英语时出现 he, she 错误的严重程度，跟被测试者的英语水平和口语流利程度没有关系。但同时还发现，说英语的经验越多的中国同学，这个错误也就越难改正。结论就是中国同学应该在最开始学说英语的时候，就要解决这个人称代词性别的问题。中国同学开口说英语之前，必须先有意识地做到自动处理人物性别信息，这样说英语时才能避免出现 he, she 错误（Dong et. al, 2015）。

> 中国同学开口说英语之前，必须先有意识地做到自动处理人物性别信息，这样说英语时才能避免出现 he, she 错误。

练习方法：

我们在开始学习说英语的时候，头脑中要随时紧绷"男女有别"这根弦。无论平时是听汉语还是听英语，随时需要了解语言内容中出现的人物的性别。在英语的听说读写时，有意增加对性别信息的关注，逐渐让"为说话而思考"中没有中性人，到处都是"男人"和"女人"。

首先进行自下而上的训练，即先从词汇到概念。需要先建立对英语 he, she, him, her, his, hers 等词汇的性别敏感度。通过形象辅助思维的方法最为简单实用，效果也非常显著。我们需要平时主动把 he, she 等词汇进行"声音"与典型"形象"的对应训练。比如听声音的同时，观察和想象其对应图像；或者看到图像或人物时，思考 he, she 等词的声音。当这样做了一段时间后，头脑中对 he, she 的词汇含义就慢慢建立了性别特征的敏感度。而这种敏感度的增加，又会反过来影响到我们对交流内容中人物性别信息的关注。（见彩插 3）

he, *him*, *his*, MAN, BOY, MALE   *she*, *her*, *hers*, WOMAN, GIRL, FEMALE

其次是进行自上而下的训练，即从概念到词汇。 我们在平时听说读写英语时，可以从几个方面来训练对语言中涉及人物的性别信息的敏感度：

1. 在准备说英语之前，要先主动思考人物的性别信息。概念形成步骤中，对要说的句子中人物的性别差异进行关注，甚至要主动给人物增加带有性别的标注。比如 the doctor 标注为 this male doctor. 把 the news reporter 标注为 that female reporter 等。这种做法起到了一个临时的"拐杖"作用。当我们逐渐建立起对性别信息的敏感度后，就可以扔掉拐杖，不必刻意花时间去这样做了。

2. 在平时做英语跟读和复述练习时，对文中出现的已经可以明确性别的人物，可以主动改为用英语人称代词转述和复述。比如：

   ◇ My uncle bought a new car yesterday. 在理解后的转述变为：He bought a new car.

   ◇ A boy was stung by a bee while playing in the backyard. 可以复述为：He got stung by a bee.

   ◇ Mary dropped off college and opened an online store with a friend. 可以转述或总结为：She quit school. She started a company with her friend.

3. 做汉译英练习时，通过补充在汉语中被省略掉的人称代词和物主代词来增加对性别差异的关注。比如这个汉语句子:"如果翠花没开(她)自己的车,那(她)一定是开的是(她)男朋友的车。"汉语中的人称代词"她"完全可以省略不说。而英语则一般不做这种省略,会说成:If Cuihua had not driven her own car, she must have driven her boyfriend's car. 所以我们在汉译英或在说和写英语的时候,要把习惯省略掉的这些词汇添加回来。在这个添加的过程中,需要特别关注其性别信息。

说起来汉语中"她"的故事,背后的一些逻辑比较让人脑洞大开。简单来说,事情是这样的:我们知道汉语第三人称单数代词,无论男女的发音都一样地是(tā),文字上原来汉语中也没有"她",只有中性的"他"。话说到了20世纪初期,中国当时的一些知识分子在开始接触英语时,对英语中he, she是区别男女的这件事感到很新鲜,一些人突然对汉语中只有一个中性的"他"无法区别性别感到很纠结,说什么翻译英语时很难,对she, her只能翻译成"他女"、"那个女的"。其实按汉语习惯直接翻译成中性的"他"并没有问题嘛。但文人有时一根筋,按字面翻译时弄得满篇文章到处都是"这个男的"、"那个女的",让人看着很倒胃口。加上一些提高妇女地位的呼声,于是很多人哭着喊着要在汉语中整出个女性人称代词出来。结果是提出的很多建议都不能被采纳,一些被采纳的也很短命。比如中小学生现在还能在学鲁迅的文章的时候,看到"伊"这个词代表女性第三人称代词,也是当年时代的产物,后来惨遭淘汰。整来整去,最后是同音不同形的"她"被接受。当初刘半农推销这个"她"字时,本来是建议读音为tuo,成为一个独立发音和独立语义的新词,但这种做法很难被大众接受。语言的发展一般都具备这个特点,人为创造的新词,特别是日常语言中的词,很难硬性推广。于是"她"字在读音上进行了妥协,不改变大众的语音思维,只在文字上区别"他"和"她",这样既没有冲击语言思维,又丰富了文字形式,于是被大众接受了。但从"为说而思考"的角度来说,这个"她"则是个半成品。因为没有独立的发音,所以说汉语的人在声音思考时,仍然不主动进行性别信息的解码和编码,而只是在付诸文字时才会关注一下性别信息。然而对于我们学英语来说,我们却可以巧妙地利用"他"和"她"这个半成品在文字上带有性别信息的特点,把一定内容的汉语转成英语输出,这样来训练在英语思考中带有性别信息。

"她"的故事讲到了今天，剧情狗血了。因为当初在汉字中引入"她"的理由，是因为英语中有 she，且是为了提高妇女地位而体现性别差异，在汉字中给"她们"一个独立的、专享的、显示性别差异的人称代词。然而到了现代，事情出现了 180 度的逆转。东西方的女权主义者又闹着要消灭性别差异了。最先出现问题的也是英语。英语中有区别两性的 he，she，却没有中性词。但人在说话的时候，总会碰到泛指第三人称代词但不需要或者无法明确性别的情况。比如：If anyone wants to borrow a book, he (or she) should apply for a library card. 最初都是使用 he，但之后遭到女权主义者强烈反对，所以现在一般都要写成 he or she，或者 he/she，才能保证"政治正确"，不得罪人。但这样一来，无论是阅读还是口头说明，都会非常别扭。比如："If an MP steals taxpayers' money, he or she should be ashamed of himself or herself."（如果一个人民公仆贪污纳税人的钱，他或她应该对他自己或她自己感到耻辱）。这样一来，人们开始高呼需要发明一个中性的（tā）。但提出了很多方案，比如 zhe, ze, zir, shi, hir, xe, ve, peh, one, thon 等，结果命运跟一百年前在中国碰到的情况相似，没有一个能被接受的。Steven Pinker 在其新作 Sense of Style 中，既想避免"he or she"的这种难看写法，又不得罪女权主义者，于是在泛指第三人称时，采用的是奇数章节用 he，偶数章节用 she 的娱乐方式来写作。看来英语中的这个文字纠结，还要持续相当长的一段时间。

　　与此同时，在汉语中也发生了戏剧性的变化。随着网络的普及，网上文字交流的增量，造成在汉字层面也产生了需要中性"他"的纠结。结果是跟一百年前的情况刚好反过来，解决方法是用汉语拼音（tā）缺乏性别信息的特点，来反向实现消除文字中"他/她"的性别信息。于是在网络语言中的"他/她"，借助汉语拼音"复辟"，成功推出了"TA"。比如："你加 TA 为好友了吗"，"你今天想 TA 了没有""请对 TA 进行关注"等。

　　真是三十年河东，三十年河西啊。

前瞻后顾两头忙，上传下达一身轻

前面一章介绍了语言输出是经过"概念生成""词句编码"和"发音输出"三个模块顺序进行的信息处理过程，并且介绍了说英语和说汉语在概念认知上的主要差异，重点分析了"为说而思考"这个环节对中国同学正确说英语时态的影响，以及如何借助动词的时态含义，来帮助中国同学建立英语中关于时间概念的思考方式。接下来我们继续介绍英语句子的输出过程，包括词汇的选用和句子的构建过程。

对说英语句子最典型的错误观念，是认为"说英语句子的方法是要先把词汇找好，然后用语法规则来组织词汇进行造句"。一些人用盖房子来比喻说英语，把单词想象为砖瓦，把语法知识想象为黏结砖瓦的水泥和构架，那么说英语就是要学会用构架和黏结材料来把砖瓦结合起来；一些老师把单词比喻是一颗颗珠子，把语法比喻为穿珠子的线，用线把珠子串起来就能成为项链，那么说英语就是要用语法去串联单词成为句子，所以得出结论是要多背单词和多熟悉语法才能把英语说好。这些想法是不正确的。

首先，句子中要使用的词汇的选用方式，并不是在头脑的记忆词库中逐一进行查找，而是通过发散激活机制对相关的词汇网络进行激活，然后根据相关词汇的激活程度高低进行选用；其次，人在说话时，主要的精力都是放在表达含义的构思和表达概念的生成上，在句子结构生成上能够使用的头脑资源非常有限。头脑只能做到关注当下正在表达的少量信息，不可能去考虑整体句子结构，也不可能去参考语法知识。**在正常语速情况下，在说句子前一部分的时候，根本不知道句子的后一部分会使用什么词汇和什么句子结构。所以句子中词汇出现的顺序与彼此间的呼应，必须是一个自动化局部衔接的过程。**即句子的整体结构，不能提前准备好，而是随着语言输出中概念的逐一出现，逐渐递增成长而成型的。很多中国同学不知道这个英语句子的生成过程，造成说英语的方式始终不正确，即便是掌握了相当的词汇量和语法知识，以及经过多年刻苦的训练，仍然说不出完整而正确的句子，说英语的能力也就一直培养不出来。

本章我们就来详细分析说英语时的词汇选用和句子结构的生成过程，以及如何把握英语句子生成的核心技巧。

时不再来兮，分段传

我们先来做个试验：3×3 等于几？3×5 等于几？太简单了，三三得九，三五一十五。我们来增加几位数，比如 153×243＝？只许用心算：三三得九；三五一十五，进一；一三得三，加上刚才的进一……？！几秒钟后就乱套了。相信大部分人都是再努力想几分钟也很难得出正确结果。

这个题目很难吗？用一支铅笔和一张草稿纸，小学生一两分钟就能算出结果。计算过程非常简单，无非就是一位数乘法结合简单的加法。心算不成功的主要原因，是我们对中间计算结果记不住，并不是题目不会解。好不容易心算出第一步的中间结果 459，会被下一步 6120 覆盖掉，再也回想不起来了，于是计算无法继续进行。如果能分步进行计算，并且写下每步计算的中间结果，则小学生都能算出来。但如果不分步进行且没有草稿纸，这个简单任务就很难完成。

运算过程中总共也就出现有限的几个数字，但我们却算了后面忘前面，头脑中就是容不下这个简单的算式。我们真

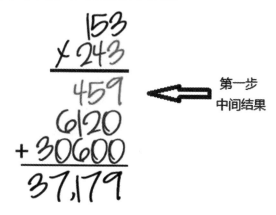

（见彩插4）

的如此健忘和愚钝吗？正是如此。人脑的一个最典型的思维认知特点，是记忆知识和生活经历的长期记忆区容量巨大，但平时用于临时存储、分析思考和处理信息的工作记忆区容量却非常小。小到什么程度？<u>一次只能存储和处理4~7个字符左右的信息容量。</u>也就是说，容量小到了一个普通的手机号码，如果别人只跟你说一遍，你就很难重复出来的程度。对听到7个单词以上的句子，想必情况是一样的。实际语言交流中，一些只有几个单词长度且常用的固定日常用语，比如"What's up?""Where are you from?""I don't know.""Nice to meet you.""See you later."等，说这种句子相当于做1位数的乘法，背过乘法口诀表的人都能不假思索脱口而出。但这种句子在真实对话中占的比例很小，且一般是发生在对话开始时。一旦进入交流正题，大部分句子都是全新的且具备一定长度的。统计显示，现代英语对话句子的平均长度为14个单词。如果刨除一些短小的固定日常用语，20个词汇以上的句子是相当普遍的。比如下面这两个大学生的校园对话的片段：

A: I guess I don't have to tell you about the concert at the campus pub on Saturday. It's supposed to be the best show of the year.

B: I know. I wish I could be there but I already promised professor Mathers that I'd have all of the quizzes graded by Monday. I'm afraid I'm going to be stuck in my dorm all weekend because I look after three tutorial classes including yours.

A: Why did you offer to do that? Did you forget about the concert, or do you really need the money?

B: Actually, I really need to concentrate on academics this year. If I want to get into the education program, I have to prove that I am serious about being a tutorial leader. It's not about the money. We don't get paid much considering all of the hours we put in.

对于这些大量的长句子，在听语言时，如果要等对方把整句话说完才开始解读，头脑中就只能残存整句话中最后几个单词的印象，前半句话的内容已经回想不起来了；说句子的时候，如果先在头脑中把整句的所有词汇都选择好，然后再把整个句子结构组合好，最后才开始说话，那么在想出句子后半部分内容时，前半句内容已经从头脑中消失了。这跟心算多位数乘法计算时头脑中无法记住中间结果的情况是类似的。所以在语言交流时，我们通常一次只能思考和处理一句话的部分内容，如果不随时随地对当下正在听和说的少量信息（一般只有几个词汇的长度）立即进行处理或记录，就会被后续进入的信息覆盖而永久丢失，造成无法理解或输出整句语言内容，这就是人脑处理真实语言的"时不再来瓶颈"（now-or-never bottleneck）。

大脑工作记忆区的容量小这个硬件条件限制，直接决定了我们说语句的方式。既然大脑存在"时不再来瓶颈"，那么要表达的整句话就不可能在头脑工作记忆区中一次合成，而是必须对当下想到的少量信息立即进行处理，一小部分一小部分地分步完成，并且必须随时记录或存储分步处理的结果，否则这些"中间结果"就会丢失，这就需要在语言理解和输出中采用"分段与传递"（chunk and pass）机制。"分段"就是把要表达的内容按照一定方式，分为多个信息量较小的段（chunk），以段为单位分步进行加工处理；前一个段的内容在第一个模块（概念生成）处理完毕后，立即传递（pass）到第二个模块（词句编码）进行处理，随即再传送到下一个（发音输出）模块中，变成语言声音立即说出。说出去的部分内容，就相当于传递和记录了中间计算结果，清空了工作记忆区，这样才可以继续处理下一个段的内容。**由于语言表达是连续的，所以表达意图中陆续生成的一个个概念，在这个输出流水线上顺序排列的三个输出模块中是同步在进行着加工处理的，并逐步地增长成为整句，这个过程被称为句子生成的"递增过程句法"**（incremental procedural grammar）机制。下图显示了一个句子的递增过程生长：

> 在语言交流时，我们通常一次只能思考和处理一句话的部分内容，如果不随时随地对当下正在听和说的少量信息（一般只有几个词汇的长度）立即进行处理或记录，就会被后续进入的信息覆盖而永久丢失，造成无法理解或输出整句语言内容，这就是人脑处理真实语言的"时不再来瓶颈"。

> 既然大脑存在"时不再来瓶颈"，那么要表达的整句话就不可能在头脑工作记忆区中一次合成，而是必须对当下想到的少量信息立即进行处理，一小部分一小部分地分步完成，并且必须随时记录或存储分步处理的结果，否则这些"中间结果"就会丢失，这就需要在语言理解和输出中采用"分段与传递"（chunk and pass）机制。

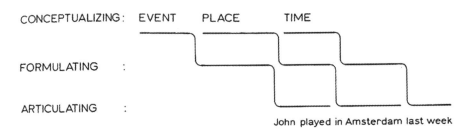

同步分散处理和递增过程生长
(Speaking—From Intention to Articulation, W. Levelt, 1989)

John Played in Amsterdam last week 这句话的生成，是顺序产生了时间（time）、地点（place）和行动（event）三个表达概念，这三个概念被分段和连续传递到语言输出的不同模块中进行处理。在某个时刻可以观察到，表达 TIME 的概念刚开始概念生成，之前的 PLACE 概念，已经完成了概念生成，其处理结果已经被下达到词句编码模块中进行编码处理，而此时最早形成的 EVENT 概念，已经完成了词句编码处理，被送达发音输出模块中处理，已经开始发音说出了。整个句子中的全部信息，同时被分散在各模块中进行同步处理，并逐步递增生长成句子。

总之，**句子的构成，不是一个按照整体语法方案组装的过程，而是每次只能关注和处理当前少量内容的"局部加工"操作。**我们用实例来解说一下。比如机器人领域专家 Henrik Christensen 博士在《2016 美国机器人发展前景》演讲中说的一句话：

> 无论是听还是说，大脑都不是整句进行理解或表达的，而是一次只能实时关注和处理句子的一个片段，最多一个短语的长度。然后用接力传递的方式，一段一段地处理整句内容。所以关于整句结构的语法知识，在应用中不起作用。

In the morning, I would like to be able to <u>get out of bed</u>, <u>get dressed</u>, <u>take a shower</u>, *not necessarily in that order*, and then be able to <u>prepare meal</u> and be able to have <u>participation in social activities</u>.

看这个大叔掰着手指头边说边想的架势，我们也知道不可能是把句子内容和结构全部想好才开始说。神经语言学的研究证实，我们在说话中列举一系列事项的时候，人们通常只提前思考一个短语长度的内容（Konopka，2012）。说一个短语时才开始想下一个短语的概念，所以教授嘴里在说"起床"（get out of bed）这个短语的时候，心里想着"穿衣"（get dressed）这个短语的概念；等到了嘴里说出"穿衣"时，头脑中正在想"洗澡"（take a shower）的概念。很明显他在开口前，这几个概念应该用哪个顺序来表达并没有计划，所以当 take a shower 说出口时，自己听出有点滑稽了，怎么能先穿衣后洗澡呢？同时意识到听众也会有同感，为了避免大家哄笑，于是他当即在概念思考中临时产生了一个修正的概念，并选用了一个常用固定短语 not necessarily in that order（不必按此顺序）。

研究证实，说话人在说话的过程中，随着新概念信息的产生，同时会逐渐添加和调整自己的语句内容（Brown-Schmidt & Konopka 2015）。这个 not necessarily in that order 的"修补"过程快速而自然，明显是此刻临时出现的，开始说这句话时完全没有计划到这个内容。但由于突然出现了这个内容，对句子的宏观计划就都需要进行调整。句子最初开启的列举事项的表达方式，是用 be able to 来携带一系列同等地位的短语：1) get out of bed, 2) get dressed, 3) take a shower, 4) prepare meal, and 5) participate in social activities。但此时被临时插入固定表达 not necessarily in that order 给打断了，后面就无法按原方案来表达了。试想如果他说 "not necessarily in that order, prepare meal..."，就失去了连贯性，且语义上会出现混乱。于是他立即在概念生成中调整表达计划，重新再生成一个 be able to 的概念来引导后面的列举项目。但为了照顾刚才的按时间排序的做法，他还需要一个转折概念 and then，所以实际上说的是 "and THEN be able to prepare meal..."。在这个实例中我们可以清楚地实时观察句子分段逐渐增长的动态过程。

> 说话人在说话的过程中，随着新概念信息的产生，同时会逐渐添加和调整自己的语句内容。

说英语句子的核心技术

每个英语句子都形成于数个连续发生的"当下一念"。而说句子的技术核心，就是在说出当前一个词汇（或短语）的同时，当即知道下一个应该使用的词汇（或短语）的概念、形式和跟前一个词的衔接方式。简单讲，说句子是个提前没有结构规划、也不参考语法规则的事，是一个只关心如

> 说英语句子的过程，不可能提前想好整句结构，也不是想好所有部分后进行整体组装，而是想好一段说一段，再同时去想下一段的内容。长句的生成没有整体计划，而是一个单元段一个单元段地逐渐增长成型的，关键技术是单元段之间的衔接。

每个英语句子都形成于数个连续发生的"当下一念"。而说句子的技术核心，就是在说出当前一个词汇（或短语）的同时，当即知道下一个应该使用的词汇（或短语）的概念、形式和跟前一个词的衔接方式。

何加工处理当前在头脑中出现的局部信息的操作过程。这听起来就好像是说"盖楼房不要结构图，也没有建筑设计师，只需要建筑工人关注自己当前手头儿的活儿，大楼就能逐渐自动搭建成"一样难以接受。然而人类大脑工作记忆区容量的局限，决定了语句的生成只能使用这种机制。

在 MIT 出版社出版的《语言的创建过程》一书中，康奈尔大学的 Morten H. Christiansen 和伦敦大学学院的 Nick Chater 两位作者提出：说句子的主要过程，就是对分段传递信息的处理过程的控制。而所谓的句法结构，只是一种"信息处理的历史痕迹"，即我们以往听说语言的一贯方式，会自动引导我们在应用中对句子成分进行顺序排列（Chrinstiansen and Charter, 2016）。新兴的突现论学派（emergentism）的代表、美国语言学家 William O'Grady 在他的新作《句法的木工手艺》一书中，生动地把句子的结构搭建过程比喻为"**只有木工，没有建筑师**"。他对句子的生成过程是这样分析和解释的：<u>由于人脑的认知特点和工作记忆区容量的局限，句子在构建过程中，不但不需要句法，而且是根本没有句法。所谓句法，只是大脑在从左至右逐一加工处理词汇时，满足最能减轻工作记忆负荷，和实现最高表达效率的处理方式的衔接痕迹而已。如果问语言使用者需要"知道"关于语言的什么知识，回答是只要知道词汇的特性就可以了。</u>学习说句子的过程，主要就是学习"如何用特定的词汇形式和词汇顺序，来表达特定含义"的操作，和"局部信息加工处理"的习惯路线，而不是学习整体句法知识（O'Grady, 2005）。

我们在接下来的几个章节中，会详细讲解我们如何来培养和掌握这种"发生于当下一念间的局部信息处理"能力。

> 说句子的主要过程，就是对分段传递信息的处理过程的控制。

> 学习说句子的过程，主要就是学习"如何用特定的词汇形式和词汇顺序，来表达特定含义"的操作，和"局部信息加工处理"的习惯路线，而不是学习整体句法知识。

人对连续视觉信息的接收，也充分表现出受到工作记忆区容量限制而执行局部信息处理的特点。在《词行天下》中就给大家介绍过，虽然我们的大脑"告诉"我们看到的整个图像都是高清的，但眼睛实际观察到的却不是这样。我们的视野中只能是最中间几毫米的图像是高清的，视野中其他部分的图像都是模糊的，这样大脑才能利用有限的工作记忆容量集中处理非常少量但最重要的信息。比如我们在阅读连续文字的时候，每次眼睛停顿凝视（fixation）时，也只能看清数量非常少的文字信息，然后要把眼睛往下扫（saccade），再凝视后面的新信息内容。而之前刚看清的内容迅速从视野中模糊并消失，随即也在几分之一秒内从临时记忆中被后面进来的新信息清除。如果对刚看到的信息没有实现理解，就会像没有被记录下来的中间计算结果一样立即丢失。

当下一念兮，顺序现

　　前一节我们讲到，在说英语句子的过程中，无法提前考虑句子的整体结构，也不能主动参考语法规则，头脑每次只能专注处理数量很少的词汇，同时又需要实时照顾词汇之间适当的前后衔接的动态连续操作过程。这个过程可以用一个最形象的动作来比喻：juggling（这个表达"用手连续不停抛接多个物品"含义的英文词，居然没有合适的对应汉语词）。

　　我们想让多个球都在空中，但我们只有两只手，一次能抓在手里的球的数量有限，所以就必须用连续抛接球的方式，每次只接和抛一个球，这就是juggling。我们说话的过程也是如此。我们想表达一个多单元的长句，但短期记忆区容量有限，每次只能考虑一个单元左右长

度的内容，所以只能用 juggling 的操作方式，抛出一个单元，然后再去抓和抛下一个单元，而不是把全部的单元及其中词汇顺序都整理好后一次抛出。

juggling 时先抓和抛哪个球，接下来再抛哪个球，这个顺序是如何确定的呢？即句子中单元成分的分段处理的顺序如何确定？研究发现，句子成分输出的顺序，大部分是符合概念生成中概念产生的顺序的。少数情况下一些概念提前产生但当下不适合输出，会在某个模块处理完后临时"保持"（hold）一阵，等适合的时候再输出。那么概念的生成顺序是如何产生的呢？

> 句子成分输出的顺序，大部分是符合概念生成中概念产生的顺序的。少数情况下一些概念提前产生但当下不适合输出，会在某个模块处理完后临时"保持"（hold）一阵，等适合的时候再输出。

神经语言学领域有一句俗话："是人在说话，不是语法在说话。"人在运用语言表达时的思考逻辑，通常是先思考表达的主体，即动作的施予者（谁），然后思考动作（干了什么）。根据行动的特点，经常还需要动作作用的客体，即动作的承受者（对谁干的）或者是对动作的结果或实现方式进行补充说明。

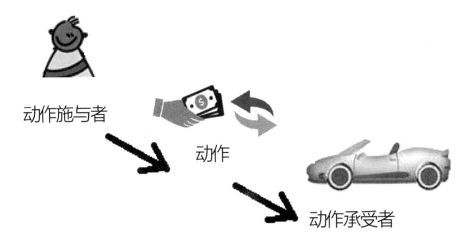

句子中词汇的排列顺序，主要就是取决于这种表达逻辑中概念出现的顺序。与概念相对应的词汇就是句子结构的基础。英语句子表达逻辑概念的顺序，最典型的就是"主语＋谓语＋宾语"的顺序结构，简称 SVO。

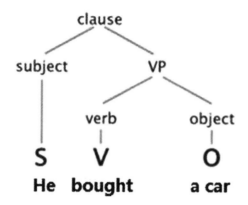

表达内容增多,单词数量很多,但句子的基本表达结构仍然不变,只是句子的分支成分增加了。所以英语句子结构不是一个链条,而是一棵倒过来的树(Pinker, 1994)。比如:

◇ The black cat very quietly caught a little mouse in the backyard.
这只黑猫悄然无息地在后院抓到了一只小老鼠。

句子中单元段的先后排列顺序,通常跟表达时头脑中概念出现的先后顺序相符。一旦从含义角度理解和适应了表达顺序的排列特点,今后表达中概念的顺序就会自动出现,从而带动句子的逐渐增长过程。

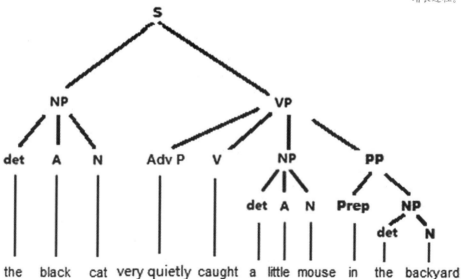

S 是句子结构。the black cat 是个名词短语(NP),做主语,动词短语(VP)做谓语,主要包含的是动词 caught 和名词短语(NP)the little mouse。另外,此句动词有个副词短语(Adv P)very quietly,句子后面有个介词/副词短语(PP)in the backyard。

英语的基本句子结构，在表达概念中的出现顺序是这样的：

1 主语概念最先出现。

在表达意图的概念思考中，最显著和最具有活力，往往也是最先出现的主导性概念，是人或具有高活力的动物或事物，通常就是句子中起主语作用的要素。思维概念中一旦做主语的语言要素被确认，句子后面的结构语序排列机制就被引发启动了（Bresnan 1982）。比如上句中的 the black cat，通常是在表达概念中最先出现。

2 谓语动词紧跟主语。

当作主语的词汇被激活确认后，在主语词汇含义和整体表达逻辑的带动下，大脑会立即自动开启寻找谓语动词的过程。谓语动词通常是紧挨着主语。谓语动词需要使用的时态，是概念生成中动作的时间信息所决定的，这个内容上一章有详细描述。除了时态以外，还有动词和主语的衔接方式需要立即处理，这个内容我们下一节详细描述。

3 宾语或其他补充成分。

当谓语动词的时态和衔接处理完后，表达概念中需要的宾语成分或对动作补充说明的成分概念随即产生。语法书中对这些成分的分类方式比较混乱，学习说句子时，也是这些成分把握起来比较有难度。但实际上，这些成分的排列顺序和衔接方式，都是在谓语动词的词汇含义驱动下来实现的。只要掌握了这个原则，对这些成分的学习和使用就容易多了。具体的的使用过程，我们在后面的章节中会详细讲解。

读过多本不同语法书的同学，就会发现不同的书中对英语句型有不同的归类。比如通常的分类为：

主语＋谓语（S＋V）：He jumped；主语＋谓语＋宾语（S＋V＋O）：He ate a cake；

主语＋谓语＋补语（S＋V＋C）：You look tired；

主语＋谓语＋间接宾语＋直接宾语（S＋V＋O＋O）：He gave me a book；

主语＋谓语＋宾语＋补语（S＋V＋O＋C）：We made him captain of the team.

但有的书上讲主系表结构 He is a student. 有的还细分为"主＋谓＋形容词""主＋谓＋副词"等。

如果感觉理不清头绪，建议大家不必为此烦恼。英语基本句子的类型很简单，这些分类都是大同小异。大方面只要知道基本句式是"主语＋谓语＋宾语（S＋V＋O）"的结构（有时不需要宾语）就可以了；其他的都是主语和谓语产生之后才出现的，对句子起到补充说明作用。

下面我们来对表达中句子成分概念的出现顺序和输出顺序做进一步说明：

用主动语态还是被动语态

主动语态（The black cat caught a little mouse.）和被动语态（A little mouse was caught by the black cat.）在含义上是一样的。英语的被动语态，中国同学在使用中很少出错。但我们现在想要知道，说话时使用哪种语态是如何选择的呢？

前一章中介绍概念生成模块时指出，语态选择是发生在概念生成的微观表达计划中的，所以仍然是概念思考来决定的。决定语态的思考原则如下：

- 表达概念中希望强调的事物主体放在前面，然后再根据动作的执行者和承受者的关系来决定语态。比如事件是贼偷车，但表达中想强调车，则需要把车的概念放在前面，就自然会选用"His car was stolen by a thief."这种被动语态形式。又如，想强调可怜的小老鼠，就说：The poor little mouse was caught by a cat.
- 如果没有必要强调哪个名词，则相比之下越是活力高的名词，就越会首先出现于概念中而成为主语。这种选择是在思维概念中自动实现的，比如：人的活力比动物高，动物的活力比机器高，机器的活力比不能运动的物品高。所以通常我们会说"A man is driving a car."而不说"A car is being driven by a man.", 会说"A man was hit by a car."而不说"A car hit a man.", 会说"A man was bitten

by a dog." 和 "A man kicked the dog." ，而不说 "A dog bit a man." " The dog is kicked by a man." 。（微软文档软件中经常出现的"不要用被动语态"的语法提示，完全没有照顾到人的这种基本思维认知特点，所以它的这类建议通常没有什么参考价值）

- 如果既不需要强调某个事物，而两个名词的活力又都差不多，那么<u>形式越简单的名词或名词短语，越有可能放在前面作为主语</u>，从而决定了语态的使用。比如 "A mouse was chased by two black cats." 会比 "Two black cats chased a mouse." 更为普遍。

所以说，一句英语应该使用哪种语态，是表达意图带动概念生成，进而在词句编码中自动形成的，并不需要参考语法规则来决定使用哪种语态。至于被动语态的使用形式和词汇衔接方式，中国同学并没有感觉有很高难度，在此就不多介绍了。

并列成分如何安排先后顺序

如果句子某个成分中有多个并列的词汇，比如多个名词或名词短语同时作为主语（或宾语），句子生成时如何排列它们的顺序呢？无论是主语还是宾语成分中，在不刻意强调其中某个词汇的情况下：

- **形式简单的词汇表达顺序优先**：一般会说 "A cat and two nosy little dogs are chasing a mouse." 而不说 "Two nosy little dogs and a cat are chasing a mouse." 。一般更倾向于说 "He bought a hammer and a dozen round head nails." 而不太倾向于说 "He bought a dozen round head nails and a hammer." 。

- **词汇含义活力高的表达顺序优先**：一般会说 "A man and a dog were in that room." 而不说 "A dog and a man were in that room." 。一般会说 "He drew a cow and a barn." 而不说 "He drew a barn and a cow." 。

描述动作发生状态的成分

有时在"主+谓+宾"的基本构架上，还带有表达行动发生的时间、地点、方式和频率等具有补充说明作用的评价修饰词或状态短语。这些补充说明成分在句子结构中放置的位置，也是由词义和概念思考决定的。跟汉语不同的是，英语句子中这些补充说明成分位置确定的原则是，**越想强调的内容一般越会倾向于放在句子最后**。如果修饰成分出现在句子最前面，则是因为主语还没有出现，即句子主体的表达实际上还没有启动，在思考和表达上就需要一个停顿，所以这种先出现的修饰成分后面通常要带个逗号。

例句：The black cat caught a little mouse in the backyard.

补充说明事件发生地点的短语 in the backyard 在句子中的位置，由以下因素决定：

- 如果是用来设定和描述行动的背景和前提，一般放在句子最前面，但要带逗号：In the backyard, the black cat caught a little mouse.
- 如果需要强调事件的地点，一般放在句子后面：The black cat caught a little mouse in the backyard.

例句：Quietly, the black cat caught a little mouse.

修饰和补充说明动作状态的副词 quietly 或副词短语 very quietly 的位置怎么放？

- 可以放在整句子最前面修饰整句，定事件的"调子"，即描述事件的整体背景状态，而不是描述具体动作发生的特性。此时修饰词后面需要用逗号：Quietly, something happened.
- 如果修饰词只是用来描述动作本身的发生特点，则 quietly 的位置就可以放在紧挨着动词的前面：The black cat quietly caught a little mouse. 显然它在修饰动词时是个概念顺序衔接的连续思考，不能加逗号。
- 如果是起强调作用，把动作发生的特点作为表达的重点，则可把 quietly 放在句子最后面：The black cat caught the little mouse quietly.

同时有 quietly 和 in the backyard 两个补充成分，一般最想强调谁就把谁放最后。

从上面几种情况看，使用中主要是表达意图决定了修饰成分的位置。但修饰词本身的词汇含义，对其正确位置起着关键的决定作用。比如有些修饰词从含义上明显是只适合对整个行动的背景做说明，而不适合对动作进行描述，在这种情况下，修饰词就只能放在句子最前面。比如 ironically, to everyone's surprise, remarkably, believe it or not 等概念，紧靠动词就不适合。所以不能说 "＊The lazy cat ironically caught a big mouse."。即使把副词短语放在最后（＊The lazy cat caught a big mouse ironically.）也很别扭。虽然有时会听到此类词汇在句子最后出现的说法，但多半是说话人说到句尾临时才想起这个概念，又懒得另起新句才会这样做。而在书面写作中就不能这样使用了。

是什么使我们能成功做到把 ironically 这种含义的修饰词放在句子最前的位置的呢？原来是该词汇的含义导致它成了表达中的突出概念。前面讲过，含义突出和显著的概念通常会最先出现。可以想象一下，大家都认为这只懒猫平时连小老鼠都不抓，结果却抓到了一个大老鼠，的确非常"具有讽刺意味"，甚至"非常搞笑"。讲述这个事情的核心意图，就是突出这个事情的"奇特"之处，所以这个 ironically 的概念自然会最先出现，根本不用大家参照语法去安排其顺序，况且语法书上通常也没有这样的使用说明。

语法知识并不参与句子结构的生成过程，即说句子时并不思考语法规则。句子中正确词序产生的核心动力是词汇的含义概念，而不是句法规定。

句子结构的本质，是词汇含义和词汇搭配方式，而不是句子的语法规则。

学好语法知识，对于我们更好地掌握句子的各种正确形式肯定是有很大帮助。但我们必须知道，语法知识并不参与句子结构的生成过程，即说句子时并不思考语法规则。句子中正确词序产生的核心动力是词汇的含义概念，而不是句法规定。所以当前在世界上很多地方开始流行的词汇中心教学法（Lexical Method），其教学核心也是强调："句子结构的本质，是词汇含义和词汇搭配方式，而不是句子的语法规则。所以只有语法化的词汇，并没有词汇化的语法（Lewis, 1993）。"以词义为核心，表达意图中概念的出现顺序和句子中词汇的排列顺序具有高度的相关性和一致性。

中国同学在学习英语句子输出时,要注意的一点是,英语句子表达的逻辑构成特点跟汉语有很大区别。《中式英语之鉴》的作者 Joan Pinkham 在书中这样对比英语和汉语的句子:普通英语的特点是以动词为基础,句子结构简洁而有活力,特别是含义非常清晰;而中国同学习惯了汉语句式,所以在写英语时喜欢堆积大量的名词,烦琐、啰唆且语义含糊。跟汉语相比较来说,英语句子有时会很长但表达逻辑和句子结构仍然很清晰,而汉语句子太长则限定关系就变得很诡异。所以汉语会普遍使用短句而避免长句。我们来看下面这个表达意图(见彩插5):

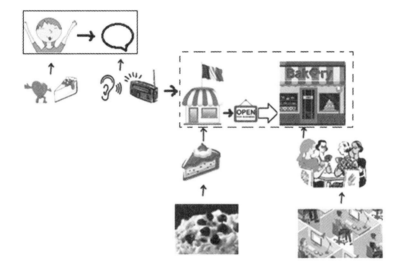

如果用一个整句子表达,英语是这个样子的:

> As a hardcore cheesecake lover, Mary was very excited about the news *that* she heard earlier on the radio that morning regarding a famous French bakery, *which* sells cheesecakes *that* are made of low-fat chocolate chip cookie dough, has just opened at a new location *that* is very close to the club she goes to every weekend *where* she plays poker with her former co-workers.

用一个整句子表达,汉语是这个样子的:

> 作为一个铁杆的奶酪蛋糕粉丝的玛丽在从广播的早间新闻中听到那个著名的卖低热量甜点的法国饼屋刚在那家她每周末都跟她以前的同事一起去打牌的俱乐部的旁边开了一个新的分销店的消息后很激动。

我们介绍了表达时句子成分是如何按照一定顺序出现的，下面我们来看成分之间的词汇句法衔接是如何进行的。

苹果飞行像香蕉

Time flies like an arrow.

"时间飞似箭"这句英语谚语其实是山寨版的中国成语"光阴似箭"。这个成语自古以来就在汉语中使用。早在唐朝诗人韦庄的诗句中就有"但见时光流似箭，岂知天道曲如弓"。在大约200年前，才被时任香港总督的英国外交官戴维斯引进到英语中。汉语的成语并不需要形成完整的句式，其中也不必有动词。而英语中的谚语则大多都是必须具有动词的完整句子。

Time flies like an arrow. 这句话还深受研究英语的语言学家们的钟爱。因为它不但是最典型的英语句式，而是还可以有多种语义。有个语言学家居然一口气把这句话解析出了五十种不同的含义（Altmann, 1998）。比如：

- 把 time 当作动词用是"计时"的意思，这句话就成了：TIME flies like (the way you TIME) an arrow "像给箭计时一样地给苍蝇计时"；
- 把 fly 当作名词用时，是"蝇"的意思，time fly 就成了某种叫作"时间蝇"的昆虫，like 作为动词是"喜欢"。这句话就成了：Time flies LIKE an arrow "时间蝇喜欢箭"；

但英语是母语的人，即便不知道"Time flies like an arrow."是一句谚语，在听到这句话后，也会因为英语表达中最普遍的"主+谓+宾/补"的结构，把它优先理解为"时间飞逝如箭"这个含义，而不太会去按其他方式解析。俗语中与这句话经常在一起出现的，是这个句子：

Fruit flies like a banana.

如果仍然按照"Time flies like an arrow."的逻辑表达模式来解码这个句子，把最先遇到的名词 Fruit 指定为主语，并迅速寻找它最近的动词形式 flies 并将其作为谓语，理解出来是含义是"水果飞翔像香蕉"。虽然符合语法，但含义很荒谬。如果把 fruit 和 flies 放在一起作为主语名词"果蝇"的复数形式，把 like 作为动词"喜欢"的意思，这个句子含义成了："果蝇喜欢香蕉"。此时含义解释才合理。

这两句话体现出这样一个道理：同样的词汇和相同的排列顺序，可以出现不同的理解方式。根据不同的词汇含义，就相应地有不同的语法解释方式。所以对语句的理解是取决于词汇含义而不是语法规则。在神经语言学领域，越来越多的研究证据都显示出，对句法的分析和解释，主要是依赖于说话者对具体词汇的运用。所以词汇既是句子的组成部分，同时又是句子的构架（Langacker, 1991；Tomasello, 2003；Elman, 2009）。

"Time flies like an arrow." 这句话的一个显著特点，是谓语动词的形式 flies。因为主语名词是第三人称单数，所以需要在动词后加 s 来与其进行正确的衔接搭配，被称为"主谓一致性"（subject-verb agreement）。

上图来自 SpecGram Vol. CLIII, No. 4, Cartoon Theories of Linguistics（见彩插6）

> 对语句的理解是取决于词汇含义而不是语法规则。对句法的分析和解释，主要是依赖于说话者对具体词汇的运用。

在说句子时，需要我们随时处理的语言信息内容，主要就是两个方面。一是词汇顺序，二是词汇的衔接方式。在"Time flies like an arrow."中，主语是名词 Time，按表达逻辑顺序，接下来的词汇是谓语动词 fly。而衔接方式是什么呢？fly 在其概念生成过程中具备了"现在时"的信息。现在时形式的句子实现编码操作时，需要"向左看"来照顾主语名词。作为一般现在时的动词 fly，一旦发现前面主语名词是第三人称且单数，就立即需要决定用 flies 的形式。这个操作只要求思维中关注当前两个词汇之间的关系，是一个非常"局部化"的信息处理环节，并不需要提前预知句子结构或语法特征。这很像拼接两块乐高积木，只需要查看两个需要直接拼在一

句子中各单元段之间的衔接，是一个当下的局部信息处理过程，在说句子之前不可能计划到；而是说完前一个单元段时，当前的单元段"向左看"来选用能够与之前单元段正确搭配的形式。最典型的就是动词的形式要符合之前单元段的单复数形式。

起的积木块的衔接部件，而不必关心其他已经搭接好的和尚未搭接的积木块的排列方式。

如何能证明这一点？研究发现，如果主语名词和动词之间出现其他的词汇，说话的人就需要在工作记忆中 hold 住主语的信息，等待动词的出现。但由于工作记忆区的容量有限，一旦插入的词汇数量比较多，即便是说母语的人，也会出现衔接错误。比较常见的有以下两种情况：

1 主语和谓语动词的距离

在句子生成过程中，动词概念出现时与主语间隔了一些词汇，动词在"向左看"时没找到主语，而说话者又没有在工作记忆区中 hold 住主语信息，这时衔接就会出现障碍。比如研究显示，对下面这些句子，native speakers 出现搭配错误的比例也很高。且主语名词距离谓语动词越远，出错比例越高。比如：

◇ The key to the cabinets are lost.

　　真正的主语名词是 key，但动词衔接习惯上是向左看相邻的名词，刚好是复数形式的 cabinets，说话人随即使用了 are，出错。

◇ A pair of worn out ragged pants hang in the closet.

　　真正主语名词是单数（a pair），因为距离远，局部信息处理时误把最近处的 pants 当作了向左看的目标，正确搭配形式 hangs 被整成了 hang。

◇ Efforts to make English the official language is gaining strength throughout the US.

　　Efforts 是个复数名词，但因为距离谓语动词太远，工作记忆 hold 不住这个信息，出现错误。统计显示 native speakers 在说这类句子时的出错比例非常高。

有时主语名词和谓语动词之间是以从句相隔。尽管从句中单词的数量很多，但这种情况下却不太容易出错。一方面是因为从句中重复体现了主语的人称和数量信息，比如：The person *who is in charge of the team* speaks four languages. 使得主语人称和数量信息被延续到动词附近。另外一方面是从句在概念思考中不影响主句结构。说话者表达完从句后，思考概念会立即跳回主句的主语概念上（回到 the person），而随后出现的正是谓语动词，从而造成事实上的主语名词和谓语动词相邻，主谓搭配错误反而很少。

2 there's 表达的数量

从主谓衔接搭配的过程来看，是处理谓语动词时"向左看"，根据主语的含义（和数量信息）来决定谓语动词的形式。但如果句子是 there 开头，there 作为一个虚主语（dummy subject）在含义上是"有……"，其概念不带有单复数信息，此时随后的 be 动词"向左看"无数量信息，而是需要"向右看"，根据所描述对象的数量来决定使用形式（is 还是 are）。但句子生成是从左至右，经常是说出一个词后才去思考下一个词。这样一来如果说话起头过快，在后面表达对象的数量概念，甚至词汇还没有弄清楚之前就开始输出了，就很容易发生主谓不搭的现象。近年 there's two 和 there's several 的语言形式，在英语中的使用比例逐年递增，甚至在各种纸质媒体中都普遍出现，已经超过了 there are two, 和 there are several 的使用形式（见下页图）。

又比如近年的某电视广告中的一段话："*Wait, did I say there was only three special editions？There's actually five！*"说的内容就是多个数量的东西相比，3 册和 5 册，明明心里清楚都是大于一的复数，却明知故犯，偏要说 there's 的形式。

探寻 there's many 的原因，应该是在长期高频使用的条件下，there's 形式被固化，说话者在已经决定选用这个形式的时候，并不考虑其后名词的数量，导致其后出现单复数名词都被接受。所以中国同学在对话中使用 there's 形式时，也可以不必顾及后面名词的数量。但如果是慢语速，使用完整形态的 there is，或者是写作和考试时，还是要注意主谓搭配的一致性。

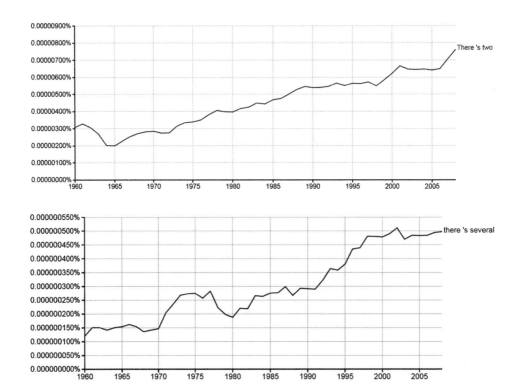

Google books Ngram Viewer 对 there's two 和 there's several 在纸质媒体中的使用频率统计

There's Three Of Us, But We're Not The Beatles: The Ten Most Illogical Rap Lyrics In History

| OCTOBER 17, 2011 | 5:30AM

《洛杉矶周报》某段新闻的大标题

以上两个实例，充分说明主谓一致的衔接，实际是到了说这两个词的时候当场进行的，而不是说句子之前提前准备好的。那么正确处理主谓衔接的时机，通常就是在说出主语名词后而未说出谓语动词之前，需要在思考中对主语的人称和数量进行观察，然后进行相应的衔接。

多年来外语教学领域公认，英语中第三人称单数的主谓一致搭配，是语法知识最简单但实际应用最难的。无论是否教语法或按什么顺序教语法知识，所有学习者都是最晚学会使用第三人称单数，即符合"拉森弗里曼语法习得次序"。中国同学在说英语时，第三人称单数的主谓一致语法规则几乎人人都知道，但在实际使用中的错误却非常普遍。现在我们清楚了，第三人称单数的主谓搭配一致，主要取决于主语名词的含义和紧随其后的谓语动词的词汇特性。要实现正确使用，自然就是关注二者的搭配使用。

总之，主谓一致的衔接是当下的局部信息处理，跟句子结构无关。明白了这个道理，中国同学需要在说句子开始阶段最初形成主语概念的时候，一旦发现主语是第三人称且单数，要立即提高警惕在思考中 hold 住这个信息。随后的动作概念如果为现在时，当即调用相应的词汇-s 形态，以保证准确衔接。Slobin 和 Levelt 对此的评论是：**说英语的人必须长年累月地、每天成百上千次地"考虑"他们要说明的事物是"一个"还是"多于一个"**。每次这种"考虑"的工作量尽管非常小，但总是一桩麻烦事。说汉语的人在语言表达中完全没有这个要求，所以我们开始学说英语时，说每句话时都必须"自找麻烦"来照顾一下主谓搭配，以保证随时满足这个要求。这就要求在开始实践说英语句子时，千万要慎重开口，尽量不要出现主谓搭配错误。如果一开始实践说英语时急于开口交流而不注意主谓搭配形式，就很容易固化为习惯，即便是多年生活在英语环境中也难以改正。前面提到的中国留学生 Patty，在美国生活 18 年时做的测试显示，她说话中第三人称单数主谓搭配错误比例高达 98%（Lardiere, 1998）。

说句子时，如果不引入说动词时向左看去衔接主语单复数形式的机制，那么说出的句子肯定会出错，无论在英语语言环境中生活多久都改不掉。

练习方法：

1 从上至下。就是从概念和含义出发，带动正确形式的使用。

从主语成分来说，英语的名词词汇含义中不但包含了所指代事物的概念本身，还包含了数量信息。我们需要从一开始实践英语输出时就非常注意进行特定的训练。对此的训练起点，就是需要对出现的每个名词，特别是一句话一开头就会使用到的主语的名词（或代词）考虑数量信息。这里所谓的名词数量的概念，并不是需要真正去计算实际数量，而只是要在思考阶段区分出是"一个"还是"一个以上"的概念，然后把这个信息传递到后面的词句编码中去处理就可以了。

需要注意的是，所谓名词在概念上的数量，取决于概念的含义而不是其词汇的语法形式，比如可数名词是否有后缀 s，并不能说明名词的单复数情况。举例来说：

◇ The family are all here.

　　此时 family 尽管形式上是单数，但在为说而思考中是指各个成员都在这里，含义概念为复数。

◇ My family is from Italy.

　　此时的家庭是一个单元，为单数概念。

◇ Ten thousand dollars is a lot of money.

　　此时 dollar 本身是复数，因为是 1000 元。但 ten thousand dollars 在概念上却是单数（一大笔钱），所以后面动词用的是 is。

◇ Those ten thousand dollars are gone.

　　此时 ten thousand dollars 是逐渐花掉的一张张钞票，就成了复数概念。

◇ The team has won all its games.

　　队伍作为整体进行的比赛都胜利了，队伍为一个单位，概念是单数。

◇ The team have won all their games.

　　队伍中所有成员各自参与的不同比赛项目都胜利了，此时队伍的成员们概念是复数。

2 从下至上，就是从使用形式入手，加强概念之间的联系。

固定搭配训练：

　　关于词汇搭配，越是使用频率高，搭配形式就越固化，使用过程也就越迅速，出错概率就越低。所以我们对大量的常用搭配，都应该尽量将其作为整体来学习，而不是分析其语法形式。比如对下面的内容读后或听后要认真地进行多次复述：

Here it comes. Here it goes. It comes to my attention, It goes without saying, It takes, it smells..., it stinks, it sucks, it works, it rhymes with, he does, she likes, he loves, who knows, who cares, who wants..., says who, that sounds good/interesting, that looks good, that hurts, that sucks, that rocks, this job/task requires..., the car needs..., our economy has..., dinner's ready

在我们接触的各种形式的英语原文中，对很多类似的高频出现的固定搭配，我们已经通过长期输入不知不觉地熟悉了其搭配形式。比如在 he is, she is, it is, he was 等搭配使用上，中国同学几乎没有出错的现象，（没有人会出现 he are, we is, they was 的错误）。我们现在的任务，就是通过有针对性的主动练习，把一些出现频率不是很高的搭配进行接触和熟悉，随后这些内容就会在交流过程中自动迅速地出现在头脑中。

组合训练建议：

Levelt 等专家建议的一个有效的训练方式，是把主语单元段和谓语单元段组建为句子，逐渐来学会建立一个"第三人称单数"的使用程序。我们完全可以拿出一系列含义相关的、具有典型单复数变化的名词或代词来进行排列组合训练。比如：

- ◇ The tie goes well with the shirt.
- ◇ The shoes go well with the coat.
- ◇ The shirt goes well with the pants.
- ◇ The pants go well with the shoes.
- ◇ That pair of shoes looks good on you.
- ◇ Those shoes look good on you.
- ◇ She respects them, and they respect her.
- ◇ Sometimes it rains, sometime it doesn't. When it does rain, it pours.
- ◇ She hates tea. What does she want? She wants coffee. As she wishes.

记忆和尝试应用一些带第三人称单数的固定句式，对熟悉这种搭配方式也非常有帮助。比如：

- ◇ Just because she is single it doesn't mean she is desperately lonely!
- ◇ Just because he is naive it doesn't mean he is stupid.
- ◇ It doesn't take a rocket scientist to solve this problem.
- ◇ It doesn't take a doctor to see that he is sick.
- ◇ It doesn't matter.
- ◇ Man is known by the company he keeps.

◇ Time flies like an arrow.
◇ The crying baby gets the milk.
◇ The squeaky wheel gets the grease.
◇ The early birds catches the worm.
◇ God helps those who help themselves.
◇ It takes two to tango.
◇ Love makes the world go round.
◇ Money isn't everything.
◇ Money makes the world go round.
◇ The devil wears Prada.
◇ The city that never sleeps.
◇ Elvis has left the building.
◇ Practice makes perfect.

何须县官杀国材

> 句子中每个单元段里的词汇排序，无论是固定搭配还是临时组合，其生成是高速而自动的，这样才能实现整句生成既快速又正确。

在英语句子输出时的分段处理过程中，绝大多数情况下那些语言要素是以短语作为基本单元的。**语言表达时，短语既是思维概念的基本单位，同时又是语句构成的基本单位**（Allum and Wheeldon, 2007）。短语单元的形成，是整个句子生成的起点。

短语单元段生成的最显著特征，就是**高速度**和**高度自动化**，这也是保障说话流利的一个最重要的前提条件。如果短语单元段的生成需要思考某个语法规则，那速度就会太慢，肯定无法做到流利交流。

短语单元段大致分为两种类型，一种是说话者需要根据表达概念，当场临时进行词汇"组合"而生成的自由组合短语；另一种是不进行临时组合，说话者直接从记忆中"调用"经常共同使用的固定短语。固定短语的调用速度肯定很快，不必分析这个过程。而固定短语的学习，我们放到下一章中介绍。这里我们重点介绍自由组合短语的高速合成是如何实现的。

比如：

The quick brown fox *jumps over* the lazy dog *a moment ago*.

这句英语中的几个主要成分的概念，都是短语形式。比如名词短语 the quick brown fox，the lazy dog；动词短语 jumps over 和副词短语 a moment ago，我们就称其为短语单元段吧。而这几个短语单元段中的单词，都带有很强的临时组装特点，特别是名词短语单元段，比如 the → quick → brown → fox 并不是一个常用的固定词组，而是几个不同功能和含义的单词临时进行组装的。这些词汇是如何高速和自动地组装成短语单元段的呢？

限定词+ 名词

在自由组合的短语中，使用频率最高的，同时也是最短小的，是"冠词＋名词"组成的名词短语。英语句子中，名词（除了少数专有名词或复数以外）在大多数情况下都是被一个限定词带领着（比如 the, a/an, his, this, my brother's, John's 以及数量词等），而其中使用频率最高的就是冠词。大家还记得英语词汇中使用频率最高的词就是 the 吗？使用频率高达 7%，也就是说每 14 个单词中就有一个是 the。按句子长度来讲，刚好平均每句 1 个。神经语言学研究认为，在词句编码过程中，一旦句子中的名词被激活和选用，冠词是下意识自动附加在名词上的。

如何实现自动附加？名词前是否有冠词，对母语是英语的人来说，直接来源于对该事物在概念思考中的归类方式，所以在随后的词句编码时，冠词是绝对不会丢失的。但中国同学说英语和写英文时，丢失冠词的现象非常严重，原因正是在于大家虽然学过使用冠词的语法知识，却没有在概念生成中建立起对应的思考习惯，所以实际使用中对冠词缺失没有丝毫别扭的感觉。正如林语堂先生所言："a, the 二字的用法与省略，一百个留学生中没有五个人能有十分把握，可见所讲文法完全不是这么一回事。"要从根本上学会冠词的使用，必须从概

> 要从根本上学会冠词的使用，必须从概念思考层面出发，结合冠词的名词短语含义，才能在语句编码中解决。

念思考层面出发，结合冠词的名词短语含义，才能在语句编码中解决。下面我们就结合例句，来看有冠词和没有冠词在含义上产生的差异。

比如前面例句中的 the cat（猫）和 a mouse（鼠）。汉语说名词"猫"和"鼠"的时候，猫和鼠既可以是笼统的概念，又可以是指具体的实体，且不必说明数量，当然也就不需要限定词。比如汉语："屋里有猫。"管你是几只猫，是具体动物还是笼统概念。而英语则非常不同。单纯说单数形式的 cat 或 mouse 又不带冠词，在思考概念中是抽象的猫和鼠的概念，并不能落实到具体的某个猫和鼠身上。比如：He played a game of cat and mouse with the police."他跟警察玩了个猫抓老鼠的游戏。"这句话中的猫和老鼠，就是笼统概念而非具体的某个动物。如果是想描述某个具体的猫和老鼠，比如前面例句中抓到了"一只"小老鼠的"那只"黑猫，就必须带上冠词，才能把概念具体化。一旦通过思考导致了使用冠词，至于是使用定冠词 the 还是不定冠词 a，中国同学普遍都不会搞错，因为在概念上跟汉语非常接近，即刚提到的"一只"小老鼠还是"那只"黑猫的区别，所以可以轻松掌握。复数形式前可以不用冠词，是因为复数本身具有具体化的功能，其他限定词如 THIS cat, ONE cat, HIS cat 等形式，同样也是起到来具体化的作用，这一点中国同学也都能顺利掌握。

比如：

万宝路的广告：Man always remember love because of romance only (Marlboro). 这里的 man 就是不具体的笼统概念。一旦具体落实为真人，就必须成为 a man, the man, 或 this man, men. 比如 Michael Bolton 的歌词：When a man loves a woman, spend his very last dime. "当一个男人爱上了一个女人时，他会花掉自己最后一毛钱。"尽管"一个男人"不知是说谁，但对他行为描述太具体了，早已不是抽象概念了，所以必须加冠词。又比如 Boy Meets Girl 这种标题型的语言中的名词，也是笼统概念，所以不带冠词。

We made him captain of the team. 此句中的"队长"一词，是代表职位的概念，并非具体的某个人，所以不能要冠词。反之，如果带了冠词，the captain 则指的是现在担任队长的某个具体的人，比如张三。我们现在可以决定把李四变为队长，但我们不可能把李四变成张三。

Shark!"有鲨鱼！"此处省略不用冠词，说的是这里出现了鲨鱼（笼统概念）。A shark is coming close to you! 具体化了正在游向你的某鲨鱼，就要带冠词了。I like horse. 这种说法是可以的，因为此处的马是表达马的概念，而不是特指具体的马。但如果你说你喜欢"白马"，就把概念具象化了。此时尽管你还是泛指白马的整体而言，但通常倾向于用复数，说成：I like white horses. 不带冠词的单数形式就有些别扭了。所以在英语中，通过冠词使用，能赢得"白马非马"的辩论。

对于专有名词，比如人名、地名，因为其本身必然是具体指代某人某处，所以不用加冠词。比如人名 Mary, John, 专有地名 London, California, Hebei Provice, Orange County, Main Street, Highway 29 等。洲名和大部分的国名 Asia, China, France, Russia 等，这些词说的具体是谁或者是哪个地方，已经很具体化了，所以不能再加冠词。但如果是用政体概念，表示具体的国家的名称，就需要加冠词把这种概念具体化。比如：The United States, The United Kingdom, The People's republic of China。

对覆盖面非常广阔的地质地貌的描述，因为其具体位置不容易明确，所以带有抽象概念的性质，比如西方、东方、河流、海洋、沙漠、山脉、群岛和群湖。所以英语时表示具体地名时，需要冠词来进行"具体化"：The Middle East, The West, The Nile, The Yellow River, The River Thames, The Pacific, The Gobi Desert, The Rockies（山脉），The Great Lakes（五大湖），The Bahamas（群岛）。这也导致少数从类似大尺度地理名称衍生过来的国名，之前需要加冠词，比如 The Philipinnes（源于菲律宾群岛），The Congo（源于刚果河），The Netherlands（低地区域）。对于面积相对较小，或者具体位置比较容易在某处确定的地理位置名称，山峰和独立的湖、孤立的岛，甚至是岛国，就不需要冠词了。比如：Mount Everest, Mount Fuji, Lake Ontario, Iceland, Fiji, Okinawa Island。

一些不可数名词之前是否带有冠词，也非常能反映出是具体实物还是抽象概念。比如：

◇ He spilled the milk over the table. 他把牛奶洒在桌子上了。

（特指某个具体的牛奶，比如是某个杯子中的，或者是我昨天刚买的）

◇ He spilled milk over the table. 他在桌子上洒了牛奶。

（只是说明在桌子上洒了什么类型的东西）

某国人或某国语（Chinese, English, Spanish, French）带冠词时是具体化的人，不带冠词是国籍和语言文化等抽象概念。"I speak Chinese." 就不用冠词。而"I am a Chinese"（我是一个中国人）是具体指中国的人。"I am Chinese"（我是中国人）指的是国籍和文化背景。

最后，god 是否要冠词呢？如果 God 是指那个唯一的万能的造物主，就不用冠词了（一般要用大写）。如果只是指某个只享受正科级待遇的普通神仙，比如灶王爷（the kitchen god, the stove god），就要带冠词。

讲完了冠词的思考概念，那冠词的思考方式该如何进行训练呢？关键还是要从两个方向进行：

1. **从上至下**：就是在形成表达概念的为说而思考阶段，在概念归类中带入"是具体化还是形象化"和"是泛指还是特指"的归类方式。这样在词汇编码时，名词才能得到来自语前信息"是否用冠词"和"是定冠词还是不定冠词"的指导。对于后者，中国同学已经基本能够做到了，所以只需要增加"是具体化还是形象化"的概念思考就可以了。

2. **自下而上**：就是利用各种机会，在接触到新名词时，带上冠词一起学习和复习。其实从一开始学英语单词，就应该如此。比如一开始学名词，就应该这样学：a cat, the boy, an elephant。学法语、德语、西班牙语的同学的确是这样做的，因为这些语言中的名词有阴性和阳性之分，所以一开始学就要带上有性别的冠词：un chat（a cat），le garoon（the boy），une table（a table），un chien（a dog），mon ami（我哥们儿），ma mère（我妈）。这样才能保证今后使用时用对名词的"性别"。学的时候就是这样输入的，到了输出的时候，le, un, une, les 等冠词自动就被名词带着一起出来了。还好英语名词中没有性别这个东东，让中国同学少了一层麻烦，但也因此导致没有从一开始就养成带着冠词学习名词的习惯。现在学习名词时，开始养成这个习惯也不晚。我们学英语时可以借鉴这个过程，把一些常用名词带着冠词一起多念叨几遍：A car, the moon, the boy, her dog, my friend。

形容词+名词

在名词短语中，普遍存在一个或多个形容词来修饰名词的情况。比如前面例句中的 the quick brown fox，the lazy dog。还比如：

◇ 两个小白木箱子 two small white wooden boxes
◇ 一个新小方塑料托盘 a new small plastic tray

多个形容词的排列顺序是什么？又是如何高度自动化实现排列的呢？

对名词短语中多个形容词的排列语法规则，早有人总结了，从左到右的顺序是：数量，评价，尺寸，新旧，形状，颜色，产地，材料。国内有的英语老师编写了一些顺口溜来帮助学生记忆这个顺序："限定描绘大长高，形状年龄和新老。颜色国籍跟材料，作用类别往后靠。"还有个简单的："县官行令杀国材"，即：

1. 县——"限"量：the，a，an，this，that，your，my...
2. 官——"观"点：lovely，interesting，adorable，beautiful...
3. 行——"形"状：large，big，small，little...
4. 令——年"龄" new，old，three-year-old...
5. 杀——"啥"色：black，white，red，green，blue...
6. 国——"国"籍：Chinese，Ukrainian，Japanese，foreign，local，custom-made...
7. 材——"材"料：wooden，glass，plastic，brick...

那我们在说英语的时候，能一边背诵这些口诀，一边排列形容词的顺序吗？当然不行。真实交流的时候，绝对没有时间去思考口诀。那能靠背诵各种形容词组合的顺序吗？当然也不行。这么多的形容词，每次使用的都不同，不同的词汇相互交叉排列会有成千上万种组合方式，谁都不可能把它们全背诵下来。那又是如何做到高速自动合成名词短语的呢？

当代语言学家已经破解了形容词实现自动排序的秘密。形容词的排序，是在概念生成的思考中就解决了。当我们在对事物性质进行形容和描述时，在概念生成中自动会把最代表事物的本质特征，放在更加接近指代该事物名称的位置上。在这一点上，汉语和英语在概念思考上是基本一致的。比如：我们常说"大灰狼"和"小白兔"，因为音色概念"白、灰"，比形状"大、小"的概念更具体，更精确，更细致，更本质，表达中就更接近具体指代的名词。所以我们不会去说"灰大狼"和"白小兔"，而是使用"大灰"和"小白"的顺序。在概念思考的带动下，我们在词句编码时就会自

句子单元段中名词前多个形容词的正确排列顺序，是按照人在描绘事物时"从粗略到精细、从概括到本质"的认知方式驱动下，在概念思考中自动完成的，而绝对不可以在说句子时去背诵口诀或参考语法规定。大部分单元段中词汇排列顺序的形成都具有这种特点，所以是非常迅速和自动化的过程。

动把越是"粗糙"、"抽象"和"适用范围广"的分类词,越会安排在离名词远的地方。比如"数量"比"尺寸"的概念范围广;"尺寸"又比"颜色"的描述范围广;"颜色"又会比"材料"的适用范围广,信息获得也更容易一些。这些形容词的排序认知特点很容易想懂。假设很远处有个物品,我最先能够看到的是它的数量,再走近些才能估计出这个东西的尺寸大小,然后继续接近才能逐渐看清它的真实颜色,最后走到很近处才能确认它的材质。**这些概念从粗到精的排列是非常符合直觉的,所以在概念思考中是高度自动化的**,大家对此完全不必纠结,千万不要去记忆相关的语法规则或背诵什么"杀国材"的口诀。只要是对英语词汇的词义掌握准确,说话时自然地按照概念思考引导词义进行的自然排序,就完全可以高速自动组合各种长度的名词短语。因为汉语和英语对形容词排列顺序的概念认知方式是一样的。

> 只要是对英语词汇的词义掌握准确,说话时自然地按照概念思考引导词义进行的自然排序,就完全可以高速自动组合各种长度的名词短语。

有时我们会发现一些汉语和英语在形容词排序上不一致的地方。比如英语:An adorable <u>big white Ukrainian</u> pig. 汉语却是:"一只超萌的<u>乌克兰大白猪</u>"。在这个短语中,英语是把国籍放在尺寸和颜色的后面,汉语却是把国籍提前了,为什么呢?这是因为汉语中"大白猪"这个说法,由于历史原因在使用中被固化,不拆开使用,而英语中没有出现这种情况。类似的情况还有:"山东大白菜"而不说"大白山东菜"。所以这种特殊情况下形容词顺序的变化,并没有违反概念思考中正常的归类排列顺序。英语和

汉语中这种不一致的地方数量很少，并且只要我们能想通发生不一致的原因，通常都不会影响我们说英语时的词汇次序选择方式。

英语中当然也有类似的顺序固化的情况，并且大多数固化形式跟汉语是相同的。比如 red wine 是一个典型的被固化的名称。英语的 French red wine 和汉语的"法国红酒"顺序一致。汉语不说"红法国酒"，英语也不说 red French wine。又比如 Italian sports car 的概念是相对固化的，所以英语 a red Italian sports car。汉语是："一辆红色意大利跑车"，英语和汉语表达都是"颜色"放在"国籍"之前，也是一致的。

有时并非某种说法被固化，而是我们表达时提前进行了概念归类，也会出现形容词选择次序与语法规则不一致的现象。比如 I bought a new red car. 应该是 new 在 red 前面。但当我去车行买车时，先是在买"新车"和"旧车"的问题上做了决定要买"新车"new car，就是预先限制了"new car"这个概念，那么表达中通常会这样说"我要买这辆红色的新车，不要那辆蓝色的新车"this red new car, not that blue new car，而不会说"新红车"new red car 或"新蓝车"new blue car。研究发现在这种表达场景下，汉语和英语在对"颜色"和"新旧"的排列顺序也是一样的。所以是概念思考驱动着表达中词汇的排序，而不是遵循某个语法规则来进行排列。

总之，短语中词汇排列的顺序，是在词汇含义和认知概念的带动下高速自动生成的。能够具备这个能力的关键，是做到掌握好每个词汇的准确含义，并且熟练到能够使用词汇的英语含义进行思考。按照这个路线去实践说英语，保证大家对自由排序的名词短语熟练地使用，并且考试做题也能做到迅速而正确。所以在这个问题上千万不要去思考什么语法规则或背诵什么口诀。

> 短语中词汇排列的顺序，是在词汇含义和认知概念的带动下高速自动生成的。能够具备这个能力的关键，是做到掌握好每个词汇的准确含义，并且熟练到能够使用词汇的英语含义进行思考。

把将用，朝向往

汉语和英语表达中的主谓宾概念出现顺序一致，所以中国同学在说英语句子时主谓宾的词汇顺序一般不会搞错，需要注意的是动词的时态和主谓搭配方式。然而，如果谓语后面有一个直接和一个间接两个宾语成分，情况就有些复杂了。这时如何说出正确的词汇顺序呢？我们来看例句：

He gave a book to me.

句子中 He 是主语，gave 是谓语动词，a book 是直接宾语。但 He gave a book 还不能实现完整的语义表达。书给了谁呢？所以还需要有间接的承受者，即间接宾语 me。这个例句中的词汇顺序是：直接宾语 a book 紧随动词后，间接宾语 me 是在直接宾语之后，之间以 to 来衔接。英语中，这句话还可以用另外一种词汇顺序和衔接方式：

He gave me a book.

此句的词汇顺序是：间接宾语 me 紧随动词后，和直接宾语 a book 直接相邻，之间不需要增加其他词汇。

"He gave a book to me."和"He gave me a book."两种词汇排列方式，从语法上讲都是正确的，句子含义也相同。汉语也有类似情况，比如也可以用两种方式表达："他给了我一本书"和"他把一本书给了我"。

那在真实的语言交流时，我们终究只能选择其中一种说法。那是如何决定应该使用哪个表达方式呢？在通常情况下，这取决于表达意图中对事物的强调方式和对整个动作的观察角度。

- **取决于强调的内容**：在英语句子中，想强调的要素一般放在最后（汉语通常放前面）。比如想强调书的接受者，就要说：He gave a book to me. 如果想强调给出的物品，则说：He gave me a book.
- **取决于对动作过程的观察角度**：如果从给书动作的发出方，即从"给出"的角度来概念化和描述这个动作过程，倾向于说：He gave a book to me. 而如果从给书的动作的接受方，即"接收"的角度来观察这个动作，则倾向于说：He gave me a book.

对运动的思考方式

问题是，尽管英语语法允许使用以上两种表达句式，然而在实际使用中，直接宾语和间接宾语的顺序并不能随意排列。在很多情况下，只有一种顺序能够使用，另外一种形式则不被英语为母语者接受，会被认为是错误的。比如：

可以说：He poured water into the glass.
不能说：＊He poured the glass with water.
可以说：He filled the glass with water.
不能说：＊He filled water into the glass.

这是什么道理呢？凭什么只能说："他把水倒进了杯子"，却不能说"他往杯子里倒了水"呢？但为什么只能说"他往杯子装了水"，却不能说"他把水装进了杯子"呢？但同样是水和杯子的关系，换个动词，两种方式

就又都可以使用了。比如：

◇ He sprayed water onto the glass. 正确。
◇ He sprayed the glass with water. 也正确。

同样是"水"和"杯子"的关系，为什么"把水喷到了杯子上"和"往杯子上喷了水"就都能说呢？这几句话唯一的区别是动词不同，显然问题就出在动词身上。

原来在语言表达中，我们的思维对动作过程的不同认知和思考方式，决定了表达中某些对动作的描绘方式可以接受，而对另外一些描绘方式拒绝接受。正是这种认知方式，决定了直接宾语和间接宾语在句子中的使用顺序。我们来看 pour、fill、spray 这三个动词在精确词义上的差异，以及我们对每个动作过程的认知方式的区别：

- pour 这个动词，词义是倒（流动性物质）。倒水（pour water）这个动作，在思维认知上，对水运动的起始状态可以进行控制。而水一旦倒出，就呈现自然流动状态，动作承受方（杯子）对水的运动不参与，对水流快慢和流动状态也无法控制。所以对于 pour 这个词来讲，在思考上只能从水的出发方向去观察动作的发生（pour water），而不能从运动终止方向来观察和描述动作（所以不能 pour glass...）。

- fill 这个动词，词义是装满和充满某三维空间或容器。装满杯子（fill the glass），让物体流入容器。在对动作的思维认知上，只能从液体运动的终点，即杯子的角度观察和描述物体进入容器，使容器的空间产生变化。而水流出的动作起点不参与，我们也不关心，从而无法从水流的出发方向观察和描述动作（所以不能 fill water....）。

对上面两个动词，汉语使用了"把，将，用"和"朝，向，往"等词，对运动物体和动作方式进行了"概念包装"，造成汉语在对动作的认知上，从起点和终点任何角度都能合理地对该动作过程进行观察和描述。而在说英语时，pour 的含义在概念上只能用来描述液体，fill 的含义概念上只能用来描述容器，造成了句子动词后面紧跟的成分不能随意安排，只能是 pour water 和 fill the glass 的顺序！

- spray 这个喷射或喷洒的动作过程，对液体流动的方向和运动方式，在认知上是认为可以实现全程控制的。即可控制喷射的发出点（控制喷头方向和位置），又可控制喷射运动的终点，即喷射到目标上某位置。（对这个说法不必抬杠。如果不能控制喷射终点，难道消防员用水枪救火时都是在乱喷吗？）因为 spray 可以从运动的起点和终点两个方向观察和描述动作，所以说 spray the glass 和 spray water 都可以接受。

英语中很多动词的认知概念，都是只能从一个方向来观察和描述的。比如：

> 句子中直接宾语和间接宾语的位置，取决于概念中动词所指代动作的具体实现过程和实现方式。这就要求我们必须对每个动词做到精确的含义理解和生动的形象思考，而不是一味去研究语法规则。

✓ 只能从动作出发点来描述动作的例句

> 正确：I pushed the box to him.
> 错误：*I pushed him the box.

动词 push 动作只跟发起推动动作的人有关，在运动终点处的人并不参与。所以只能从 box 的角度来观察和描述动作，不能从间接宾语 him 的角度来描述。所以不能使用 pushed him the box 的词序。

> 正确：She said something to the client.
> 错误：*She said the client something.

动词 say 只能控制和描述话语的说出，而无法控制话语声音到达终点后的接收情况。你说了，但对方也许根本没听见。该动作可以控制说，但听众并不参与。所以只能是 say something to，而不能 say someone something。相比较而言，动词 tell 含义是告诉和告知，对方肯定是参与了。听到了说话内容，且拿走了信息。所以 tell 就可以从起点和终点两个方向观察，两种表达方式都能用。即可以说"She told the client something."，也可以说"She told something to the client."。

> 正确：He opened the door for me.
> 错误：*He opened me the door.

动词 open，在含义认知上局限于从对门发生作用的角度来观察，动作只关注和作用于门。帮他人开门，他人并不参与这个动作。所以只能 opened the door，而动作不能从接受者角度来描述，所以不能 opened me the door。

英语中的多音节的、含有拉丁词根的"复杂"动词，往往都是只描述直接宾语的。对于此类动词，其后只能紧跟直接宾语。比如：

> 正确：He donated his books to the library.
> 错误：*He donated the library his books.

donate 只关注捐助物品，从捐出物品角度出发描述动作，不关注接受方，所以其后必须紧跟该物品（直接宾语）。而近义的简单词汇 give, offer, loan, store 等则可以从两个方向观察，所以既可以说"He gave/offered his books to the library."也可以说"He gave/offered the library his books."。类似结构的近义词 transfer, contribute, deposit 等，也只能用一种词序方式。

> 正确：He explained the plan to his boss.
>
> 错误：＊He explained his boss the plan.

explain 的动作过程是针对某个事物进行解释和详细说明。动词含义只关注事物，并不关心其动作发生后的结果和被解释的对象。相对而言，简单词汇 show、tell 等，则可以从运动起点和终点两个方向来观察，既可以"He showed/told the plan to his boss."也可以说"He showed/told his boss the plan."。

类似动词非常多，这些动词后都必须跟直接宾语，而不能跟间接宾语。比如：

◇ He exhibited the evidence to me.

◇ He described the situation to me.

◇ He demonstrated the result to me.

◇ He announced the news to me.

◇ He performed a card trick for me.

◇ He decorated the room for me.

◇ He illustrated the benefits to me.

◇ He composed a song for me.

◇ He introduced a new book to the class.

上面这些词和在句子中的用法，并非是个一成不变的句法规定。最终是词汇和句子的实际含义来决定词汇顺序和衔接方式的。比如上面 introduce 这个词，可以介绍"物"，也可以介绍"人"。比如：He introduced his parents to me. 是否可以说"He introduced me his parents."呢？大家如果读了这个句子感觉可以接受，就说明对这个问题理解了。因为尽管介绍新书是个单方向的动作，但介绍他的父母给我，从动作的实际过程来看，必然也是要同时把我的情况反方向去告知他的父母。因为可以互动，动作显然可以从两个方向观察和描述，所以两种表达方式都对。

✔ 只能从动作的终点来描述动作的例句

> 正确：This car cost me a lot of money.
> 错误：* This car cost a lot of money to me.

动词 cost 是 consumed/used someone's money，只能从 me 的角度来描述，而不能从 car 的角度观察。是我为了买 car 花费了钱，并非是 car 拿走了我的钱。

> 正确：He covered the floor with a blanket.
> 错误：* He covered a blanket onto the floor.

动词 cover 是描述被覆盖者的状态，跟毯子的运动状态无关。而汉语的"用毯子覆盖地板"，一个"用"字造成了对动作过程的观察点可以从毯子的角度出发，而英语中对 cover 动作的认知则不可以这样做。

另外，很多情况下，直接宾语和间接宾语的名词含义与动词含义一起决定了动作的具体实现过程和状态，从而决定了词汇的顺序。 比如：

give 这个动词，在认知上是动作出发方给出，动作承受方接受，所以从两个方面都可以观察，通常两种表达顺序都可以。但有些情况下，却因宾语的词汇含义和整体表达概念，导致这种对动作的认知方式发生改变。比如：

> 正确：He gave me a headache.
> 错误：* He gave a headache to me.

这是因为，这句话的含义是：他让我头疼（给我制造麻烦）。此时动作 give 的准确含义是 cause（导致，使产生），而不再是"拿给，送给"。因为 headache 不是一个可以传递的物品，不可能真的拿着一个"头疼"，从他那个方向出发把这个"头疼"交到我手中。而让我"出现了头疼"的概念，只能作用于 me，只能从 me 的角度来描述，所以不能说 caused/gave a headache to me。只能使用 caused/gave me a headache 的次序。

又比如：

> 正确：He threw a ball into the pool.
> 错误：＊He threw the pool a ball.

动词 throw（扔），有扔球的主体就要有接球的客体。人是活的，可以扔也可以接，但游泳池 pool 不能动，不能真的去接，此时 throw 就不能从接的角度（动作终点方向）来描述了。所以只能说 threw a ball to/ into the pool，而不能说 threw the pool a ball。相对而言，如果对方可以接球，则两种顺序都可以使用。比如"He threw a ball to the dog."和"He threw the dog a ball."都正确。

> 正确：He sent a package to Beijing.
> 错误：＊He sent Beijing a package.

send a package 动作概念上是从邮包的起始点观察，邮件发出后去北京方向了，对包裹到北京那边具体会发生什么、如何被接受的并不关心。同时由于北京是个城市，无法对包裹完成接收的动作，此时 sent Beijing 的表达含义就不成立了，所以只能用 send a package 的词汇顺序。但如果 Beijing 是指公司或机构的"北京总部"，或比喻为"中国政府"（英语中经常用国家首都名称比喻政府所在地，翻译中使用的是"北京方面""华盛顿方面"），此时北京就成了有邮件接收能力的动作承受方，两种顺序就都可以使用了。所以句子中哪种词汇顺序可以使用，取决于句子中词汇的含义。

大家看到这里崩溃了没？这样分析不是把问题越搞越复杂吗？

不是的。与大家的最初直觉正好相反。虽然解释看起来复杂，但是一旦领悟，就会令实际操作变得简单而自然。怎么会呢？我们用例句说明这个过程。

实际输出过程操作

比如英语"我帮她开了门"这个表达概念。

头脑中首先出现的概念是主语 I，紧接着是动词。我们讲过在词句编码

中，会根据概念生成中动作发生的时间信息选用 opened 的形式。接下来如果是 door 的概念先出现，对动作实现过程的认知成立，就会自动将词汇排序和衔接为 I opened the door 进行输出，其后再自然表达为谁开的门（for her）。但如果 opened 以后先出现的概念是 her，对 opened 的动作实现过程认知上会立即发现不应该有 her 的参与，不能从 her 的角度对动作进行描述，于是会自动拒绝与 her 直接进行词汇衔接，会先 hold 住 her 的概念，去处理接下来出现的概念 door，而不会导致出现 opened her 的输出词序。处理完 door 的概念和词汇编码后，再对 her 的概念进行输出处理。这所有的信息处理过程是在头脑中自然而高速地进行的，不需要有意识地进行思考或分析，也不需要参考任何规则。就这样，"I opened the door for her." 这句话的正确词序输出就顺利完成了。

如果把句子中的 door 换成了 beer，结果动作 open 的实现过程发生了变化。这里 open 的真实词义是"打开后交给"。把啤酒瓶子开盖后交给某人，即动作承受者参与了这个动作的过程，所以这个动作就可以从出发点或接受点两个角度来观察。这样在说到动词 opened 时，这个词义造成动作认知上自然会对 her 或 a beer 都接受，即"I opened a beer for her."和"I opened her a beer."都正确。

相反地，如果不是在词义引导下对动作过程进行认知，并实时动态地对句子进行信息加工处理，而是生搬硬套直接和间接宾语顺序的简单语法规则，就会导致随口乱说。但如果试图用更复杂的语法分析来解释直接宾语和间接宾语的使用方式，则需要对不同的动词、不同的句子背景含义逐一进行语法分析和解释，这简直是不可完成的任务。

说句子时直接宾语和间接宾语词序的使用方式，再次表明句子生成是一个在词义带动下进行的当下局部信息处理的过程。把握好动词的精确含义，包括对动作的观察角度，和动作发出状态、运动过程和结束状态，是掌握说英语句子词序的关键。

看见看到看得出

英语表达中对动作进行补充说明的内容，大部分情况下都出现于谓语动词之后，通常结构也并不复杂。然而如果其中含有动词，就要涉及动词的不同时态形式，以及词汇排序和衔接方式等多方面的问题，使用中确实很让中国同学感到头疼。比如：

(1) Mary asked him to open the door.

(2) Mary saw him open the door.

(3) Mary saw him opening the door.

(4) Mary saw he opened the door.

(5) Mary suggested he open the door.

这几个看起来有些像的句子，区别在哪里呢？我们在说的时候，是怎么决定什么情况下使用什么形式的？说这几个句子的共同点，都是头脑中最先出现的概念是主语人物，随后是谓语动作的概念。现在的问题是接下来表达对动作进行补充说明的成分如何生成。我们逐一说明：

例句 (1) Mary asked him to open the door.

Mary asked... 这里动词含义是"叫，请"。叫谁呢？叫"他"，这个他就很自然是以宾语 him 的形式出现。去做什么事情，我们很熟悉，是用 to do something，所以这个句子中国同学一般不会出错。

但当主动词是 see 的时候，情况就出现了变化，后面补充的动词只能使用动词原形 open 或带-ing 的形式 opening。要说：

例句 (2) Mary saw him open the door.
(3) Mary saw him opening the door.

这两句不同形式的区别，主要体现在表达含义上：

- 使用动词原形（open），表示整个事件的全过程被完整地看到。
- 使用动词-＋ing（opening），表示只看到了事件发生过程的片段，没看到全过程，所以对门最终是否被打开，并不能下结论。

对前面讲的几个句式，语法书上的解释是这样的：例句（1）中的 to open 的形式为"全不定式"（full infinitive）；例句（2）中，感官动词后出现的动词使用的原形，是一个不加 to 的不定式，叫"裸不定式"（bare infinitive），名称很黄很暴力；例句（3）中使用的动词＋-ing 的形式，定义为"现在分词做状语"。了解这些语法知识，当然有助于我们加深对句型的了解，更加清楚这几个形式之间的区别。但单纯学习语法知识，并不能保证交流中做到正确使用。我们之前介绍过，语言输出过程中句子生成的主要操作技术，是"当下局部信息处理"，即在处理当前思考中的词汇概念和编码的同时，需要立即决定接下来要使用的词汇概念和词汇形式。我们来看一下这个操作过程：

1 主动词是 see, hear, feel, smell, watch, observe, notice 等感官动作

例句（1）中，asked him to do... 谓语动词是 ask，随后事件中的主体他（him），无论做什么或何时做，都肯定只能是发生在 ask 动作之后。而 to do 的形式，在含义上就带有"将来发生"的特征，所以此刻在对 to open 含义概念的思考逻辑上，符合动作和事件发生的时间先后顺序，所以使用起来非常自然，大部分同学对例句（1）的形式掌握得最好，这里不用多讲。

经常出问题的是例句（2）和（3）。saw him do... 句子中为什么不能带 to 了呢？我们来看主动词 saw（看到）的动作过程，在认知上有这样一个特征：无论是看到了谁，无论看到了什么事件，必须是跟"看到"这个行为同时发生，否则就不能说是亲眼看到了。所以只要是对 saw（看到）的事情，概念思考中就带有"必须同时发生"这一层认知，表达逻辑就会立即拒绝使用与其产生时间矛盾的 to open 这个将来才发生的形式。

> 句子中主动词如果是感官动词，其后跟随的动词不带 to 的原因，是这些动作在概念思考中，必须是与感官动作同时发生的，带上 to 就会造成这些动作只能延后发生。所以只有在概念思考中建立起感官动词的具体实现过程，才能做到自然流畅并正确地使用这种句式。

I asked him to open the door.

I saw him open the door.

在学习实践中，我们可以采用从"自上而下"和"自下而上"两个方向的操作。

自上而下：先从上在思考中建立起词汇含义引导形式的概念表达方式。即通过思考主动词 see, hear, feel, smell, watch, observe, notice 等动作的实现过程中，建立起其后补充说明的动作必须是与这些感官动作同时发生的思考概念，就可以逐渐做到"拒绝使用有未来含义的 to do 形式"的使用习惯。

自下而上：是对大量的真实例句进行听读和复述，通过熟悉感官动词之后动词使用的各种组合搭配实例，在头脑中建立起该类型表达的词汇排序轨迹。比如逐渐把感官动词之后出现的 him open, her come, him standing 等搭配形式固定化，使用时就容易自动"想到"使用这种形式。

例句（2）saw him open 和例句（3）saw him opening 形式上的区别，取决于之后补充说明的动作是"完整过程"还是"发展中的片段"。比如有一些具有延续性或重复性的动词，和本身比较难以用"完整过程"来表述的动词，使用-ing 的形式比较普遍。比如 stand。我们需要在输出这个词汇的同时，在头脑中把 standing 这个词的形式与某人或某物站立的画面结合，逐渐适应对这种动作的-ing 形式的表达习惯。例句：I saw a lamp post standing at the corner of the street. I saw smoke coming out of the chimney. I saw the flag waving. 选择 open 还是 opening，用自上而下的学习方法，对中国同学来说难度比较高，建议主要采用自下而上的学习策略，多熟悉一些比如 him opening, him standing, her smoking 等实际使用形式。

I saw him opening the door.

对于主动词是 see, hear, feel, smell, watch, observe, notice 等词来进行补充描述的成分中，事件动词需要用原形或-ing 形式的原因和操作方式，我们现在清楚了。另外还有两种特殊情况，我们需要学习一下。我们用之前例句中表达事件完整过程的句型（2）"Mary Saw him open the door."来说明：

2 主动词是 help

help do 和 help to do 具有不一样的参与度。

help 后的动词前既可以带 to，也可以不带。比如"Mary helped him open the door."和"Mary helped him to open the door."语法书的解释是两种都正确，使用时在两者之间任选其一。但其实在交流使用中，是否带 to 并不是随意选的，仍然是词义决定的。不带 to 的句子中，由于补充动作带有与 help 同时发生的概念在，所以含义上主语人物的主动作 help，对 open 补充动作的参与度高，很可能两人一起同时用力打开门的；而在带 to 的句子中，由于有一定时间先后顺序的含义在，所以主语人物的主动作 help，对其后 open 动作的参与度低，很可能只在一旁帮 him 拿个东西啥的，并不亲自出手去一起开门。

又比如"I helped him to write that article.",应该只是给他的写作提供了一些意见和资源上的支持,文章都是人家自己写的。而"I helped him write that article."则是同时间高度参与了写作过程,提供了大量的有价值的直接建议,甚至可以是大部分内容都出自我手,对方只是按我的意思写的。所以当美国总统特朗普承认"helped his son write the statement on meeting with Russians"时,美国大部分媒体都纷纷把 helped 解释为 dictated。比如下面这则华盛顿邮报的报道:

Politics
Trump dictated son's misleading statement on meeting with Russian lawyer

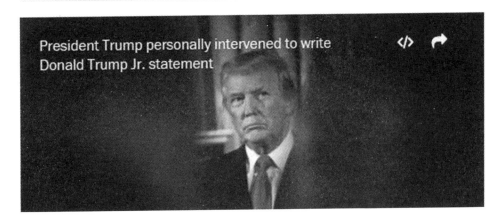

The Washington Post— Monday, July 31, 2017

结果是第二天白宫赶快出来解释,是 help with,没有 dictate 啦。

The Washington Times — Tuesday, August 1, 2017

大家一旦知道了 help do 和 help to do 在含义上的这一区别，就能做到准确把握其深度含义并自然正确地进行应用了。

3 主动词是 make 或 let

make 和 let 后的补充说明动作，也是使用动词原形。比如：

◇ Mary made him open the door. 玛丽迫使他开了门。

◇ Mary let him open the door. 玛丽让他开了门。

这种用法从主动词的词义概念上解释有点难度，因为其他类似含义的使役动词（驱使或强迫别人做事情），比如 require 和 force，使用中普遍都是带 to 的，比如：Mary forced him to open the door. 跟 let 近义的 permit 和 allow，使用中也是带 to 的。比如：Mary allowed him to open the door.

对此有人曾经提出这样的解释：

force 动作是先强迫，事件 open 是其后执行，并非他强拉着我的手的同时来做 open 的动作，所以要带 to；

allow 动作是先给予准许的承诺 gave permission，之后才执行 open 动作，所以要带 to；

make "使" 的概念，尽管有强迫的含义，但不是具体的动作，和 open 则无明显动作先后的时间顺序，所以不带 to；

let "让" 的概念，含义并不是提前给承诺，而只是解除 "不许" 的禁锢。所以 open 的动作，在解除禁锢的同时，就应该自然可以发生，所以

let 和其后的补充动作是同时发生的，不带 to。

语言学家的这两种解释，普遍被认为只是部分解释了这两个词的使用方式，但这已经足以帮助我们用来"自上而下"地建立对动作过程的概念思考，来引导出正确的使用形式了。

make 和 let 这两个动词，使用"自下而上"的学习方式也很有效。通常语言中使用频率越高的词汇，其产生的组合越存在删减和缩节现象。make 和 let 跟另外几个感官动词 see, hear, feel 等一起，都是排在英语中最高频使用的动词的前二十之内，所以 make 和 let 的使用方式，跟 see, hear, feel 保持一致，就感觉很自然。何况与 make 和 let 搭配使用的动词通常也都是高频动词。高频词搭配高频词，就成了"高频固定搭配"，省略 to 的形式本身就成了高频出现的形式，所以自下而上的练习很容易做到。统计发现这些高频固定搭配是：

> make... look, make... feel, make... realize, make... think, make... laugh/cry, make... pay, make... meet, make... happen；
> Let... know, let... be, let... go, let... have, let... think, let... try, let... stay

比如下面这些耳熟能详的常用句：

◇ It made him look bad.

◇ It made me feel sad.

◇ I will make him pay!

◇ Just make it happen!

◇ It made me cry.

◇ I will let you know.

◇ I will let you go.

◇ Just let it be.

◇ Let me think about it.

◇ Let me try.

例句（4）Mary saw he opened the door.

这句话是个带 that 的从句的简略形式，原形是：Mary saw that he opened the door. 跟之前的三个句子结构不同，大家不要混淆。非常重要的一点是，此句的含义是：Mary **看出**是他开的门，并没有**看到**他开门。门已经被打开了（opened），opened 用的是过去时，并不是跟 saw 同时发生的，所以 Mary 是从迹象和证据推测是他开的门，但并没有亲眼见到他开门。抓住这个含义区别，在使用中就不会跟前几句混淆了。类似的句子还有：I see you completed the mission.

- 因为是 that 从句，事件动词发生相对独立，从句动词的时态由其在从句中的含义决定，跟主动词是否为感官动词无关。此处用的是 opened。
- 另外需要注意的是，that 起到了句子主动词的宾语的作用（Mary saw that...），而 that 之后的人称代词 he 是从句（he opened the door）的主语，所以是主格的 he，而不是 him。
- 在实际交流使用中，此句应该省略 that。在什么情况下省略 that 呢？前面提到过，越是使用频率高的词汇和词汇搭配，越会在使用中被删减缩节。所以高频词汇，普遍为单音节词，如 think, see, know 等，后面的 that 通常都省掉。而低频词，通常也是多音节词，比如 imagine, reckon, suspect 等，普遍不省略 that. 所以会说：
  Mary *suspected* that he opened the door.
  Mary *foresees* that he will open the door.
  Mary *imagined* that he had opened the door.

例句（5）Mary suggested he open the door.

带 suggest 的句子，历来也是中国同学学习上的一个难点，在使用中更是普遍出错。这句话同样是个 that 引导的从句，但也是缩略形式，原形是这样的：
Mary suggested *that* he (should) open the door.
我们看到是 he 不是 him，就应该知道是从句了。但这句话虽然跟（4）有些类似，但其实并不相同。而 open 用动词原形，是因为原本为 should

open 省略了 should，这跟（2）的情况不同。难点在哪里呢？

- suggest 这个词只能这样用带从句的形式，而不能用（2）的表达形式，即不能说：*Mary suggested him to open the door. 也不能说 *Mary suggest him open the door. 大家一定要牢记的是：根本就不能使用 suggested him 或谁 suggested me 的形式！只能是 suggested he...，suggested I....
- 而跟 suggest 含义类似的词，比如 advise，order 等词，却可以说：
Mary advised him to open the door.
Mary ordered him to open the door.
- 实际使用中 should 应该要省略掉，不省略反而是特例，是说话者为了缓和表达的语调使用的。所以大多数情况下是 Mary suggested *that* he open the door.
- 句子中 that 也可以选择省略，就成了：He suggested he open the door. 但由于 suggest 不是高频词且是多音节词，所以 that 不省略的情况反而更普遍。suggest that 普遍一起出现的这个特点，让学习这种句式变得容易了一些。

> suggest 和 advise 尽管含义相近，但动作的实现方式有差异。suggest 的动作是提出一个方案，方案中有"他人应该如何行动"的指示，让他人决定是否采用；而 advise 的动作则是直接指示他人行动。

对上面列出的词汇，即使大家熟记语法解释，也很难做到流利输出。只有深度了解动词 suggest 的精确词义，才能真正做到在说这些句子时概念清晰，输出自然而顺畅。suggest 的精确含义概念是"提出一个建议"(make a suggestion)！用这个词汇概念含义，在思考逻辑上就会拒绝搭配 someone to do 的形式。因为 *Mary made a suggestion him to open the door. 不符合表达逻辑，中国同学也都知道不能这样表达。所以一旦 suggest 变成了 make a suggestion，其后自动会使用 that 引导的从句，所以就杜绝了 *Mary suggested him to open the door 的错误；提出建议，含义中包含了建议"应该做什么"，所以其后应该带上 should 的概念。

所以是"Mary made a suggestion that he should open the door."的含义，然后把 made a suggestion 省略为 suggested，再省略掉 should 就好了。当然如果你愿意，还可以把 that 也省掉，就成了：Mary suggested he open the door.

跟 suggest 在使用中情况相同的词，还有 insist, demand, request,

recommend, require, prefer, propose 等。比如：

Mary insisted that he open the door.

Mary recommend that he open the door.

Mary prefer that he open the door.

这些动作的含义，也跟 suggest 类似：

> recommend = make a recommendation；
>
> demand = make a demand；
>
> request = make a request；
>
> propose = make a proposal；
>
> prefer = express a preference；
>
> insist = express an insistence

了解动词的精确含义，以含义概念为核心来驱动句子中单元段之间的衔接，才能做到在正常交流的时间要求范围内，保证句子结构增长的正确性。单纯记忆复杂的语法规定，是无法做到自然流利输出的。

大家在具体学习和练习的时候，对上面这几个例句，要先从词义上"想通"表达的逻辑概念。对于以上几个词汇的最有效学习方式，是要从感性上形象地建立起动作的概念。比如 suggest，可以想象某人 make a suggestion 的动作场景。一旦这种对词汇的形象概念形成，就会放弃 make a suggestion 的描述，而自动实现迅速、准确的概念思考习惯。同时要结合自下而上的学习方式，听读和复述例句。比如我们来看下面的例句，注意在实际使用中，should 通常是不出现的：

◇ He suggested that I (should) be on time.

◇ He suggested that I (should) not waste money.

◇ He demanded that his money (should) be returned.

◇ He preferred that she (should) stay home.

◇ He recommended that she (should) get some help.

这种思考和实践结合的练习，只要能做到专注，一般复述过十几个例句就能培养出正确的思考习惯。当再碰到有人说 suggest me ... 和 suggest someone to... 的形式，就会感觉非常刺耳，自己自然也不会去这样说了。这时就算是掌握到位了。

何人何物何时何处

英语句子在保持主谓宾基本结构的前提下，如果需要对主语和宾语成分进行详细的说明和描绘，基本是使用关系从句的方式。下面我们从"当下一念的局部信息处理"的技术角度，介绍一下关系从句的生成过程。

📩 对主句的**宾语**进行描绘的

OO 类型。主句的宾语，同时又是从句中的宾语。此类型句式在实际使用的比例最高，占全部关系从句的 50% 以上的比例。

I know the boy *who(m)* you met.

I like the book *that* you bought.

OS 类型。主句的宾语，在从句中是作为主语。此类型句式占全部关系从句的大约 30% 的比例。

I know the boy *who* speaks Chinese.

I like the book *that* has a blue cover.

📩 对主句的**主语**进行描绘的

SO 类型。主句的主语，在从句中是作为宾语。此类型的关系从句，使用中占大约 10% 左右的比例。

The boy *who(m)* you met speaks Chinese.

The book *that* you bought is interesting.

SS 类型，主句的主语，同时在从句中也是作为主语。此类型的关系从句，使用中占大约 10% 的比例。

The boy *who* wears a red shirt speaks Chinese.

The book *that* has a bule cover is interesting.

其他还有多达几十种细微变化的关系从句形式，总共只占不到 10% 的使用比例。

> 输出中从句连接词的使用，也是源于正确的词汇含义概念的建立。

另外还有一种从句，跟 SS 类型长得比较像。语法讲解说这两种从句形式，一个是从句拿掉后原句子仍然成立；另一个是从句拿掉后句子就不成立，所以一个叫作"限定性"，另一个叫作"非限定性"啥的。很多同学，包括我自己，对哪个是哪个总记不住。名称和定义容易记混，但从词汇含义上区别就很容易整明白了：

◇ The students, who wear red shirts, speak Chinese.
从句前后要有标点。含义是：那些学生穿着红衬衫，会说汉语。
◇ The students who wear red shirt speak Chinese.
无标点。含义是：那些穿着红衬衫的学生会说汉语（穿其他颜色衬衫的学生不会说）。

中国同学普遍觉得这个句式不难，也不容易说错或写错，在此就不多介绍了。

练习方式：

现实中对主句中的宾语进行描绘的（OO 和 OS 型）关系从句使用频率最高，占全部关系从句的 80% 以上。从学习的角度来看，刚好是这一类最容易掌握，原因很明显：前面主句的主谓宾词汇顺序不变且紧密相连，说完主句后再集中精力处理从句部分信息，这种方式的输出难度最低。比如：

◇ I like the book that you have just borrowed from the school library.

I like the book 是主句，book 是宾语，后面的从句来补充说明什么样的 book，这种表达概念生成的顺序最自然。因为难度低，所以这种类型的使用比例最高。

而这句话用汉语来表达，在概念思考上的难度比英语要高。因为汉语不是用从句，而是在宾语名词之前堆放一系列词汇，然后用"的"字来衔接。比如该例句：

我喜欢你刚从学校图书馆借的**那本书**。

受到工作记忆区容量的局限，汉语在说完谓语动词后，要间隔很多个单词，才能追踪到动作的承受者（宾语），对表达时思维注意力的需求相对比较高。为了减轻这个负担，有时会改成这个样子：

我喜欢**那本**你刚从学校图书馆借的**书**。

靠把代词和量词"那本"提前,可以让主句的宾语接近谓语动词,说完谓语动词"喜欢"后,迅速就确立了动作的对象,实现了思维逻辑的"减负"。而汉语的这种"减负句式"的词汇排列顺序,就非常接近英语从句的词序。词序相同,则词汇的概念生成的顺序也相同,这也是中国同学在学习这种英语句式时不感觉困难的原因之一。

下面我们通过这几个句式在实际使用中的特点,来介绍说这种句式时"当下局部信息处理"的技巧。

当从句中描述的人是从句的宾语成分时,比如:

◇ I know the girl whom you have just met.

从句的作用是对 the girl 进一步说明,the girl 在从句中做宾语(从句中 you 是主语),所以此时连接词用宾格 whom。

◇ I know the girl who speaks French.

从句是对 the girl 来补充信息,the girl 在从句中做主语(从句的宾语是 French),所以此时的连接词用主格的 who。

但我们之前一直在介绍,**说句子是实时局部信息处理,头脑中没有句子整体结构,在说当前一个单元段的时候,最多只能提前思考下一个单词或短语长度的内容**。那么在说完主句 I know the girl 时,概念中存在着对 the girl 进一步进行说明的意图,就开始在头脑中构建下一个单元段,当下需要一个连接词来进行衔接。但问题出现了,是使用 who 还是 whom 呢?选择哪个,需要根据其后的从句结构才能决定。这下就麻烦了,暂时停止说话来想从句结构,交流的流畅性就完全打断了。所以在时间紧迫的交流场景下,此刻只能想到衔接词是用于对人的描述,无法确认到底是用 whom 还是 who,所以大部分人就会直接选用 who,而不去考虑是指代从句的主语还是宾语。特别是在美式英语中,这两种句式在交流中几乎完全是使用 who 来连接。

只有当连接词需要带上一个介词的时候,才会用 whom,比如:I know the boy to whom you lent your car. 这是因为,出现了 to 已经表明了是指代宾语,用 whom 就会自然。但这种形式几乎只出现于严肃的交流和写作形式中，平时交流中普遍是说：I know the boy who you lent your car to. 介词在最后才出现，所以衔接仍然用 who。顺便提一句，以介词结尾的句子形式，以前被歧视为语文水平低的表现，现在则已经被大众普遍接受了。

在写作的时候，因为绝对有时间去考虑和发现从句的主、谓、宾结构，可以顺利确认连接词用主格 who 还是宾格 whom。所以即便是在美国，写作中大家都会普遍遵守这个简单的语法规定，而口语中则比较随意。所以中国同学在交流时，为了保障流利程度，当然可以使用 who，到了写作或考试时再去用遵循语法规则。

跟在交流中通常使用 who 而不是 whom 的道理类似，对连接词 who，which 或 that 的选择，在交流中无论指代人或物，通常都简单选用 that 就可以了。但在某些特殊的高频句子中，用 who 已经成了习惯，用 that 会显得别扭，比如 the man who is in charge, the girl who speaks English 等，所以建议大家在交流时尽量做到指代人都使用 who，指代物都用 that 就好了。

我们会看到从句引导词 who, that, which 有时可以省略。但什么情况下省略，什么情况下不省略呢？在句子中引导词省略的原则是：在写作中，尽量都不要省。在交流中，在从句中指代宾语的（就是那个使用频率最高的 OO 类型和 SO 类型），可以省掉 that。特别是指代物品而非人的时候，使用中更倾向于省略。比如：

◇ I like the book you bought.
◇ The book you bought is interesting.

只要理清了这几个句式的表达逻辑和当下局部信息处理的技巧，就会发现几个句式的使用都不难，所以就不在此进行对比分析了。建议大家先重点练习好输出控制最容易且使用频率最高第一类（OS 和 OO）句式。

中国同学容易说错的句式

大部分英语从句中的词汇顺序，跟汉语的概念思考不矛盾，所以中国同学只要掌握准确词汇含义和熟悉句子形式，在使用中通常都不容易出错。但有些句式因为和汉语的概念思考方式有冲突，就会造成中国同学在应用中普遍出错，且长期以来很难纠正。我们来看一下这些问题和解决方案。

前面讲了复合句：I know the boy who(m) you met. 我认得那个与你见

面的男孩。

下面这些转述句，虽然跟前面的例句表面看着有点像，但却是不同的句式，不能搞混。

◇ I know who you met. 我知道你见了谁。
◇ I know who he is. 我知道他是谁。
◇ I know what his name is. 我知道他的名字是什么。
◇ I want to know what his name is.
◇ I asked him what his name is.
◇ Can you tell me what his name is?
◇ Do you know what his name is?

这些转述性质的句子，结构很简单，中国同学在理解上没有困难，但使用中却普遍容易出错。上面这几个例句，越靠后的越容易说错，特别是最后四个例句。比如：

◇ 会把 Can you tell me what his name is?
说成是：＊Can you tell me what is his name?
◇ 会把 Do you know what his name is?
说成是：＊Do you know what is his name?

为什么呢？还是句子生成中概念引导的结果。如果句子是 I know that his name is Bill. 连接词是 that，大家对 I know that... 之后的内容，会自然遵从正常从句"先主语后谓语"的概念产生次序习惯，词序不会出错。然而如果不知道他的名字，连接词用 what 来代替，在我们在思考中，what 的概念通常是提问，而我们对提问句式已经习惯了 what is, what are... 和 what do, what does 的词序定式，当下一刻很容易就会选用 what is his name 这个熟悉的形式，结果出现错误。

此类间接转述句式，历来被认为是英语教学中的一个超级大坑。怎么解决呢？我们知道单纯使用语法讲解肯定行不通。因为无论学生是否记得语法规则，使用中当下一刻处理句子局部信息时，是根本不可能去想这个规则的。那么通过句子复述训练，能否解决问题呢？很多教学调研都记载了这样的现象：教师在课上让学生做了一系列的"间接疑问句"的训练。Do you know where my book is? Do you know what time it is? ... 结果刚下课几分钟，学生就来问老师：* Do you know where is Mrs. Irving? 老师很无语(Gass, 2013)。

研究发现，同样还是间接转述，对使用if/whether连接的句式，中国同学出错比例非常小。比如：Can you tell me if/whether he is coming. 都能说正确。但换一个连接词就会错，容易说成：* Can you tell me when is he coming. 造成错误的最主要原因，就是中国同学在概念思考中，是把when，what，where，which，why，how 的含义，认作对内容提问的概念，而if/whether 尽管也有提问性质，但只是判断yes，no 的概念。所以这又是一个典型的需要结合概念思考来解决的问题。

WYSIWYG

很多人都知道电脑文字处理的WYSIWYG [ˈwɪziwɪg] 概念，即英语句子"What you see is what you get."的首字母缩写。汉语翻译是"所见即所得"，意思是"电脑屏幕上显示的那个样子，打印出来同样是那个样子"。句子中的what，并不是提问"什么？"，所以不能翻译成："你看到什么了？你得到什么了？" what 此处是描述和指示事物的代词，是 the thing that（是这个东西）的意思。

what
/(h)wət,(h)wät/
pronoun
1. asking for information specifying something.
   "what is your name?"
2. the thing or things that (used in specifying something).
   "what we need is a commitment"

练习方式：

1 从上至下

要把这个句式说正确，首先要从上至下，深入到句子输出的思考过程中，解决"当下一闪念"中存在的问题。比如例句：Can you tell me what his name is? 开头部分的 Can you tell me... 输出很顺利，词序不会出错。而

can you tell me 的含义中带有"对某个信息自己不知道（需要问你）"的含义，所以当概念思考运行到此处时，自动会随即产生一个提问的概念来对待其后的表达内容，且会激发连接词 what。一旦概念成为提问，后面 what is his name 的词序就容易被引导出来。按说这种表达方式在逻辑上并没有出错，可偏巧英语句式表达不允许这样做（只有在印度英语中是使用这种词序的），因为这样违反了英语句子中只能有一个主谓宾主干的树形结构规定，所以每句话限定只能提一个问题，其他内容被当作已知事实，以从句形式充当附加分支成分。既然问的是"Can you tell me something?"，就提前认定你对这个 something（即 his name is XYZ）已经知道了，当然对 his name 是什么就不必再多此一问，只问你是否愿意把这个事实（the thing）告诉我。把 Can you tell me 后面的从句当作事实处理，表达就自然成了正常的陈述语序：CAN YOU TELL ME <u>*the thing that* his name is?</u> 即：Can you tell me what his name is?

同理，在"Can you tell me who you met?"的概念中，把你见面的人当作事实，就成了"Can you tell me *the person that* you met?"，就不会再去说"*Can you tell me who did you meet?"了。

英语中的所谓 5W1H，即 what, when, where, who, which, how，在转述句子中起指示作用时，实际上具有以下含义：

```
Who(m) = the person that
What   = the thing that
Which  = the one that
Where  = the place that
When   = the time that
How    = the way that
```

> 只有把转述句的连接词的正确含义概念建立起来，才能彻底避免在使用转述句时的单词词序错误问题。

下面我们用"He lost his wallet."的几种转述问句来举例：

◇ Do you know how he lost his wallet?
　= Do you know the way that he lost his wallet?

◇ Do you know why he lost his wallet?
　= Do you know the reason that he lost his wallet?

◇ Do you know when he lost his wallet?

= Do you know the time that he lost his wallet?

◇ Do you know where he lost his wallet?

= Do you know the place that he lost his wallet?

◇ Do you know what he lost?

= Do you know the thing that he lost?

2 从下至上

我们首先从最简单的引述句式来做复述练习。注意要避免出现"重复引述"(refer back)。比如:

◇ This is *the person (that)* you want to meet.

This is *who* you want to meet.

◇ I don't like *the thing (that)* I see.

I don't like *what* I see.

◇ He knows *the place (that)* we are meeting.

He knows *where* we are meeting.

◇ I remember *the time (that)* we should meet.

I remember *when* we should meet.

◇ That is *the way (that)* he writes.

That is *how* he writes.

◇ That is *the reason (that)* he quits.

That is *why* he quits.

接下来,我们开始针对带有疑问性质的间接问句进行练习:

◇ Can you tell me who you want to meet?

◇ Can you tell me which way he went?

◇ Do you know where we are meeting?

◇ Can you tell me what you saw?

◇ Do you want to know how he writes?

具有超级方向认知能力的澳洲土著 Thaagorre 人

▲ 彩插 1：见 6 页

谷歌统计的美国文学作品中"I have just arrived"与
"I just arrived"两种句式使用频率变化对比

▲ 彩插 2：见 53 页

he, him, his, MAN, BOY, MALE　　she, her, hers, WOMAN, GIRL, FEMALE

▲ 彩插 3：见 56 页

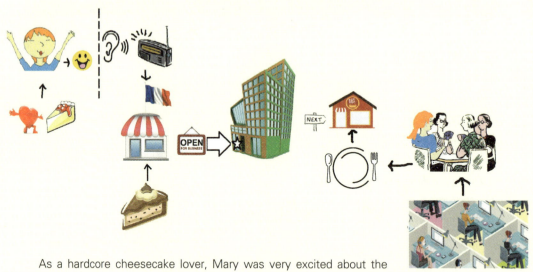

　　As a hardcore cheesecake lover, Mary was very excited about the news *that* she heard earlier on the radio that morning regarding a famous Frech bakery, *which* sells cheesecakes *that* are made of low-fat chocolate chip cookie dough, has just opened at a new location *that* is very close to the club she goes to every weekend *where* she plays poker with her former co-workers.

▲ 彩插 5：见 75 页

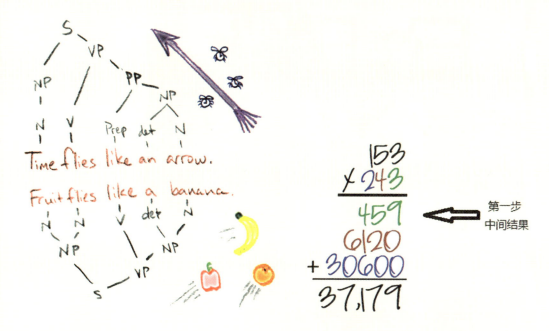

写下中间结果，能减轻记忆负担

▲ 彩插 6：见 77 页   ▲ 彩插 4：见 61 页

▲ 彩插 7：见 136 页

◀ 彩插 8：见 152 页

《辛普森一家》中，Dr. Nick 因误读 inflammable 标签引起了火灾。
Dr. Nik: "Infammable means flammable? What a country!"

国际著名品牌 Justirite 易然品存放柜的警告标。从上至下分别为：英文 flammable，西班牙文 inflammable，法文 inflammable。

▲ 彩插 9：见 152 页

Poppy

poppy（罂粟）

伦敦塔下护城河中的陶瓷罂粟花

▲ 彩插 10 ①：见 175 页

另外，可以大量复述一些常用的高频句式：

◇ Tell me where you are.

◇ Tell me what you want.

◇ I don't know what to do.

◇ Tell me what I should do.

◇ Do you know who I am?

◇ Do you know what I mean?

◇ Can you tell me what time it is?

◇ Can you tell me why you leave?

◇ Do you know why it hurts?

◇ Can you tell me when the train leaves?

◇ Can you tell me where the supermarket is?

◇ Do you want to know what it is?

◇ Let me know when you will come.

◇ I want to know who it was.

◇ Can you tell me what your name is?

◇ Can you tell me which one you like?

◇ Can you tell me which way I should go?

◇ Can you tell me which bus I should take?

◇ Can you tell me how I can get there?

◇ Do you know how it feels?

◇ Do you know how much I love you?

◇ Do you know how much it is?

◇ Do you know how I got the scars?

网上很多 indirect question 的练习，大家可以做一些。

尽管因为对，但是所以不

逻辑关联词（比如 not only... but also, no sooner ... than, hardly... when 等）衔接的句式，因为结构复杂，通常会被认为具有一定的学习难度。然而中国同学对这种句式普遍掌握得还不错。很多同学在托福等考试的写作上,都能顺手使用几个类似的句子,保证能增加评审的印象分。

比如带有 not only... but also 关系的句子:

◇ She not only speaks English, but she also speaks French.
她不仅说英语,还说法语。
◇ She speaks not only English, but also French.
她会说的不仅是英语,还有法语。
◇ Not only does she speak English, but she also speaks French.
不仅她会说英语,还会说法语。

上面几个例句中,除了3)的这种强调句形式在词序上稍有变化(she speaks 变成了 does she speak),其他两个跟汉语表达的概念生成方式一致,所以中国同学一般不容易说错。但有少数跟汉语的逻辑表达方式有明显差异的关联句,中国同学就非常容易说错。最典型的就是 although/though, but 关联句,其次是 because, so 关联句。

Although/though, but...

大部分中国同学无论英语水平高低,都很容易把 although 和 but 放在一个句子中同时使用,并且这种错误屡教不改。虽然很多同学的语法学得不错,知道 although 后面不能跟 but,但是我们在实际说句子时,头脑是不可能去思考这些语法解释的。比如研究外语石化问题的专家,美国哥伦比亚大学的韩兆红教授,对一个在美国留学和生活20年以上的华人语言学教授,在大学用英语授课时的情况进行调研结果显示:尽管该教授是语言学专业,英语整体水平相当不错,但是他在用英语授课时,没有一次能把 although 这种转折句说正确的,且同一句话中 although 和 but 联用的错误,一个学期下来出现了上百次。韩兆红教授对此的分析是:造成这种错误最主要的原因是,这个转折关系的表达在概念生成阶段,英语和汉语的"为说而思考"方式不同(Han, 2009)。汉语思考转折概念时,"虽然/尽管"和"但是"地位平等,表达中两个概念必须对应都出现。而英语的这个逻辑关系是 although 和 but 两个词并不对等,且只能出现一个。比如:

◇ Although he has lived in the US for over 20 years, he still struggles with his English.

或：

◇ He has lived in the US for over 20 years, but he still struggles with his English.

我们在说完 although... 后，会在当下的思考中不自觉地产生一个需要转折词来进行转折的概念，随即在词句编码时难以避免地引导出了 but。在产生转折词 but 的那一刻，说话者因为没有感到有概念冲突，所以对此几乎毫无察觉。当这个句式的英语表达概念形成定势后，每次说这种句子都会是同样的思考方式。所以即便是熟悉语法规则的高手，该错误也长期难以改正。这个问题一定要从概念生成上入手才能解决。说到底，需要深入词汇的含义概念。

although 的含义和用法，更接近古汉语的"虽"而不是现代汉语的"虽然"。比如：《童区寄传》中"虽疮手勿惮"，就不需要出现"但是"。类似的用法还有"虽远必诛""虽生犹死""虽败犹荣"等。然而现代汉语把"虽"和"然"结合在一起，逻辑表达方式也发生了变化，"虽然"后面一定要有"但是"跟着。"虽"这种表达方式，除了个别成语以外，现在已经基本上不使用了，所以用"虽"的含义来与 although 等同起来也没有用，于是只能从英语思维上解决。although 的英语概念，等同于 despite the fact that... 。如果用 despite the fact that 替换掉 although，前面例句就成了这样：

◇ Despite the fact that he has lived in the US for over 20 years, he still struggles with his English.

此句后面不出现 but，大家感觉很自然，出现了反而会觉得别扭。despite the fact that 这个短语，不再同于汉语"虽然"的概念，而接近汉语"尽管事实如此"的短语概念，这时候我们就不会需要后面有"但是"这个转折，but 这个词不会出现。

另外，我们还要精细区别 but 和 although 的含义差异。

尽管在很多情况下二者可以互换使用，但是它们的含义还是有差异。although 强调的是逻辑的条件和评价，而 but 只是单纯的对比。比如：

先从词义的角度理解了 although 的含义实际上是"尽管事实如此"的概念，而不是"虽然"，然后练习用 despite the fact that 去取代 altough，在输出句子时就不会在后面再错误地加上 but 了。

- He chose A, but I chose B. 他选了A，但我选了B。（不同选择而已）
- Although he chose A, I chose B. 尽管他选了A，但是我选了B。（尽管他选择的A可能更好，但我还是做了不同的选择）
- City A is big, but city B is small. （对比两城市大小不同，无偏向）
- Although city A is big, city B is small. （这句话就有点别扭了。虽然A大，但是却B小？此时对大小在态度上就有了主观偏向）

练习方式：

1 自上而下

大家可以找出一些带 although 的例句，然后用 despite the fact that 这个短语来替换掉原来句子中的 although，一边复述一边思考，过一段时间后，再把 although 替换回来进行同义复述，就能够帮助我们把 although 和 despite the fact that 的表达含义等同起来，并且戒除掉不自觉带上 but 的毛病。进行完概念替换这一"洗脑"之后，我们就可以用真实句子进行自下而上的训练了。比如：

- Although (Despite the fact that) it rained, everybody had a good time.
- Although (Despite the fact that) I was tired, I went out running.
- Although (Despite the fact that) we live in the same building, I rarely see her.
- Although (Despite the fact that) my car is very old, it still runs very well.
- Although (Despite the fact that) it was very cold, he did not wear winter jackets.
- Although (Despite the fact that) the alarm went off, he continued sleeping.
- Although (Despite the fact that) he had eaten a large burger, he was still hungry.
- Although (Despite the fact that) she practiced every day, her piano playing did not seem to improve.

2 自下至上

首先，可以利用关注句子语调进行辅助练习。

语调本身能够传递一定的信息，特别是逻辑关系的表达。因为 although 句式的逻辑表达与汉语有差异，所以该句式在输出语调上，英语和汉语有很大的不同。比如：

尽管这个药很有效，但是它的副作用很大。

因为汉语中通常"尽管"和"但是"关系对等，所以两个关联词都是句子的重音。如上图。

Although the drug is highly effective, it has significant side effects.

英语中，只有 although 是重音，其后的主句开头没有连接词，通常会以轻音开始。如上图。

我们通过对英语这种句式声调的熟悉，能够逐渐影响我们英语表达的输出流程。该句的声调一方面能够帮助我们建立起该句式的前半句和后半句关系不对等的意识，另一方面，由于后半句（主句）没有需要使用重音表达的关联词汇，能在一定程度上帮助我们阻止在词句编码步骤中选用关联词 but。

其次，可以找一些 although 不出现在句首的例句来进行练习。

汉语思考中"虽然/尽管"不出现在句首时的情况尽管频率低，但这种情况下普遍可以不出现"但是"的概念。比如："我买了这本书，尽管它很贵。"英语这种形式的句式在概念上跟汉语类似，但在实际使用中频率也不低。比如：

◇ He is struggling with his English, although he has lived in the US for over 20 years.

◇ The drug has significant side effects, although it is highly iPhones effective.

◇ He went to work, although he was sick.

◇ I still feel hungry, although I had a big lunch.

◇ The retailers have no problem selling the new iPhones, although they are very expensive.

◇ We enjoyed our trip, although it rained every day.

多复述这种 although 在句子中间出现的句式，也有助于帮助我们减少对 but 的依赖。

因为所以

另外一个中国同学说连接句式比较容易出错的地方，是 because 和 so 同时出现。比如：＊Because it is expensive, so I did not buy it. 跟前面"尽管……但是"的问题一样，还是因为在汉语的概念思考中，"因为……所以"经常是成对出现。这个错误的出现频度比 although 句式稍低，是因为汉语中有些句子允许"因为"和"所以"单独出现。比如："因为你不去，我也不去。"和"你不去，所以我也不去。"和英语的情况类似。但犯错误的情况仍然比较多。改正这个错误的方法跟学习 although 相同，先从概念上解决 because 的含义，不要完全等同于汉语的"因为"这个词。要把它理解为 for the reason that 的含义。而 so 的含义，是 for this reason，接近于汉语的"因此"。For the reason that 和 for this reason 的概念，是不可能出现在同一个句子中的，所以 because 和 so 就不会出现在同一个句子中。说 because 句式的训练方式，与说 although 句式相同，就不重复介绍了。

对与不

另外一个与此现象相关的语言表达，也是中国同学在交流使用中能让老外崩溃的一个交流错误，就是对反问句的回复方式。比如：

外：You don't like it? 你不喜欢它？

中：Yes. 对。（汉语：同意你的说法，我不喜欢它。英语含义却是：我喜欢它）

外：Oh, you like it. 哦，你喜欢它。

中：No. 不。（汉语继续否定对方说法。英语的理解则是：不喜欢它）

> 外：You don't? 你不喜欢？（老外已经被搞糊涂了）
>
> 中：Yes. 对。（汉语继续同意对方的说法。但按英语的理解是：喜欢它）
>
> 外：😵（崩溃了！）

又比如：

> 外：You don't agree with me? 你不同意我的意见吗？
>
> 中：＊Yes, I don't agree with you.（按英语的概念理解：我同意，我不同意。矛盾回答）
>
> 正确回答应为：No, I don't agree with you.

差异就在于：中国同学在概念思考中，答复 yes 或 no 是来赞同或否定对方刚才的观点。而英语的交流方式是同意和反对事件本身而非个人评论，所以是对"事"不对"人"。

前面讲了输出时需要注意的问题和学习的重点，下面我们来介绍一些具体的输出训练手段。

跟读复述

跟读，就是重复刚播放过的音频内容。对刚听到的语言声音，我们在头脑中能保持不超过 4 秒钟的音频印象，大致就是一句话的长度。跟读最常见的方式，就是播放一句原文后立即暂停，自己跟读一句。另外还有人采用所谓影子跟读法 (shadowing)，即不暂停播放原文，在播放的同时紧跟播放的原文及时进行重复。长期测试表明，这两种跟读方式的学习效果没有什么差异，只是影子跟读尽管可以节省一些时间，但发音会比较模糊。所以影子跟读可以使用，但不建议太多。

跟读训练的关键，是不能简单地鹦鹉学舌般地进行重复，而是要关注原文的词汇和句法的具体使用形式，特别是句子中起到核心作用的词汇块。

复述，是音频播放 4 秒钟以后或整段播放后，头脑中音频印象已经消失，只能根据对句子内容的理解，在头脑中重新构造新的句子来进行输出。所以复述的难度比跟读要高很多。但由于原文刚听过不久，所以对原文中使用的词汇，甚至句子的表达方式（比如主动还是被动语态）仍有印象，所以等同于一种有充分准备的输出。复述进行完后，不要急于换新的内容。要静下心来把复述过程的录音记录跟原文进行比照，对发现的问题进行分析和思考。

复述可以和跟读结合起来学习。通常是在我们**跟读训练达到一定熟练程度后，再对同样内容进一步通过复述进行输出训练**。华人中能在成年后把英语学到最高境界的林语堂先生，在其编著的《开明英文读本》的开篇中写道："仿效和熟诵是学英语的唯一正轨。"他对仿效的解释是：整句模仿。这就是我们当今通行的跟读手段。而他对熟诵的解释是：仿效之后的回环练习。也就是结合跟读后进行多次复述。而对所谓"用参照语法规则造句"的学习方式，林语堂这样评述："旧式的文法家以为下定界说，指出造句的楷则，叫学者按这楷则字字照填，便可成句，实在完全是梦呓。不但这方法极迂腐难行，就使按规则填好，也未必是顺口的英语。"（林语堂，1928）

跟读和复述，应该作为我们学习说英语最主要的训练途径。复述有原文的正确英文表达，可以在复述后，甚至复述中，碰到困难时进行查阅和参考，所以复述这种训练方式完全可以取代很多口语教师的作用，是非常有效的输出训练手段。而带有实战性质的对话交流或者找外教来进行口语培训，反而不必去花太多时间。

> 仿效和熟诵是学英语的唯一正轨。

复述有原文的正确英文表达，可以在复述后，甚至复述中，碰到困难时进行查阅和参考，所以复述这种训练方式完全可以取代很多口语教师的作用，是非常有效的输出训练手段。

短句输出

中国同学无论处于什么语言环境，无论对语法知识是否熟悉，从一开始学习说英语，就必须在开口之前，先对动作的时间概念、人物性别等信息等进行思考，还要兼顾主谓搭配衔接。尽管用这样的要求来训练说英语，开始时会感觉进展很慢，但大家千万不能心急，绝对不能跳过这个过程。一旦习惯这种思考和说话方式后，就会越来越运用自如了。Levelt 博士对这种训练方式的总结是：经过一定时间的"为说英语而思考"的训练，逐渐地"概念生成器"就不必每次都去询问和顾及后面"语句构成器"需要哪些输入信息了，而是形成了一种"程序化过程"，也就是自动化的语言能力了（Levelt，1989）。所以经过一段时间的复述练习，我们就可以练习不参照样板句的自主输出了。但要从短句开始。短句训练中，特别是在训练时态使用上的一个非常值得推荐的学习方式，就是序列法。

> 中国同学无论处于什么语言环境，无论对语法知识是否熟悉，从一开始学习说英语，就必须在开口之前，先对动作的时间概念、人物性别等信息等进行思考，还要兼顾主谓搭配衔接。
>
> 经过一定时间的"为说英语而思考"的训练，逐渐地"概念生成器"就不必每次都去询问和顾及后面"语句构成器"需要哪些输入信息了，而是形成了一种"程序化过程"，也就是自动化的语言能力了。

古恩（Gouin）的序列法（Series Method）已经提出有一百年了。当今的很多所谓的当代口语教学，其实仍然是采用了跟序列法类似的教学方式。古恩最初的原汁原味的序列法，通过英国著名教育家 Charlotte Mason 的推广，至今仍然在美国全国各地的一些公立和私立学校中使用。在美国有一些家庭因各种原因选择不送孩子上学校学习，而是根据国家颁布的教学标准在家自学（home school）。而序列法作为外语教学体系，在美国的 home school 教程中更是被广泛应用。下面简单介绍几个相关的实例。由于大家对英语输出的过程已经有了深入理解，下面这几个教学例子，大家一看就能体会其精妙之处了。

6　seis　　　　　　　　　　　　　　　　　　　　　　　　Series three

I put three pencils in the pencil case

I open the pencil case.　　　　　　　　　　　　　　　　　*open*
I take a pencil.　　　　　　　　　　　　　　　　　　　　 *take*
I put the pencil in the pencil case.　　　　　　　　　　　　*put*

I take two pencils.　　　　　　　　　　　　　　　　　　　*take*
I put the pencils in the pencil case.　　　　　　　　　　　 *put*
I close the pencil case.　　　　　　　　　　　　　　　　　*close*

Variations:
I open the pencil bag, etc.
I open the box, etc.
I open the backpack, etc.

Responses:	To the student:	Pay attention. Look at the pencil case. Look at a pencil. What do you do first? And after, what do you do?
	To the students:	Pay attention. Look at the pencil case. Look at a pencil. What do you do first? And after, what do you do?

美国 home school 的外语学习教材中所使用的序列法教学方法讲解

序列法教学实例："学生进教室"的序列动作。

1 一般现在时。老师或一名学生一边做这一系列动作，学生一边用一般现在时描述。根据一般现在时的时态含义，说英语的时间点，应该是控制在每个动作完成后，立即进行对该动作的叙述。做动作的学生用第一人称进行自我描述，其他同学从观察角度用第三人称描述。

◇ I put my book in my bag.　　He puts his book in his bag.

◇ I walk to class.　　　　　　He walks to class.
◇ I enter the classroom.　　　He enters the classroom.
◇ I sit down.　　　　　　　　He sits down.
◇ I take out my book.　　　　He takes out his book.
◇ I put my book on the table.　He puts his book on the table.
◇ I open the book.　　　　　　He opens the book.

2. 一般过去时。对刚才做过的一系列动作，用回忆的方式，换成过去时描述。根据过去时的时态含义，应该是等全部序列动作完成后，再对整个序列动作进行回忆，即描述过去结束的行动。

◇ He put his book in his bag.
◇ He walked to class.
◇ He entered the classroom.
◇ He sat down.
◇ He took out his book.
◇ He put his book on the table.
◇ He opened the book.

序列法教学，因为清楚展示了行动发生的起因、过程与结果，通过实物教具和真人动作等手段，与实际情景结合，对建立学生关于事件发生时间和状态的概念思考有非常好的效果。

使用要点：

◇ 使用真实道具，结合环境，顺序表演6-8个动作。
◇ 每次由一个人进行表演，建议经常转换表演者的性别。
◇ 表演的序列动作是连续的，有先后发生的逻辑关系。
◇ 每个动作用一句话来描述。每个句子的长度大约7～10个音节，不使用从句。
◇ 同一序列动作完成后，在对应不同的时间点，用不同时态进行描述。
◇ 每次描述只使用一个统一时态。

建议大家参考这个方式，主要用来练习一般现在时和一般过去时的对比和应用。

第四阶段小结：
四多惧

畏惧感是这个阶段学习的一个典型心理特征。大部分同学到了这个时期，会感觉到自己的学习停滞不前，学习看不到效果。很多人到了这个阶段，不知道英语应该怎样学了。

原宁波大学外语学院院长范谊教授，在对中国同学的英语学习情况进行全面调查后，总结出中国同学中级英语能力阶段的普遍特点："这个阶段是整个英语过程中最令人沮丧和最让人畏惧的。大部分人会在这个时期放弃英语学习。然而社会环境对英语的需求依然很高，所以很多同学在停止英语学习一段时间后，不得不再次开始学习。但他们很快就会发现，原来碰到的问题依然存在，所以学一段后没有什么进展又再次放弃。就这样很多人多次放弃又多次重新开始学习，拖拖拉拉学十年都没有学出真正的英语能力。"（范谊，2011）

从另一方面来说，对这个阶段的学习，带有一点敬畏之心是有利的。特别在说英语这个环节上，最需要我们谨慎操作。说英语类似于实弹演习，正确的演练的确能带来良好的学习效果，但如果操作不当则很容易出现事故和伤害。最需要注意的，就是不要随意开口交流。**所谓不要轻易开口，不是说学习英语时不能出声。无论哪个学习阶段，大量的单词发音练习、句子跟读、复述，甚至是自问自答等，都是很有效和很必要的学习手段，其中以正确地练习掌握每个单词的发音最为重要。**但在英语学习的初级和中级阶段，我们的主要精力都应该是花在培养听和读的输入能力上，而不是大量练习输出上。而到了适合练习说英语的高级阶段，在练习说英语的学习实践中，我们必须随时保持清醒，不能随心所欲地说英语。而是对自己要说的每句话都认真对待，用科学和正确的方式来学习和训练。

在英语学习的初级和中级阶段，我们的主要精力都应该是花在培养听和读的输入能力上，而不是大量练习输出上。

如果你想做到擅长某个项目，合理使用时间进行练习的方法，远比使用的总时间量重要得多。

世界记忆大师赛冠军 Joshua Foer 说："如果你想做到擅长某个项目，合理使用时间进行练习的方法，远比使用的总时间量重要得多。"想要学好说英语，必须在行动之前做到理解说英语的基本原理和学习说英语的正确方式，而不是一味地花大量时间乱学瞎练。

飞龙在天篇

本章的重点是词汇量。我们对英语词汇量的定义，用的是"主词（root words）词汇量"的说法，不是包含了单词的衍生词、时态变位和单复数变位、类比词以及组合词等形式的"词条（main entries）词汇量"。之所以采用主词来计算词汇量，是因为对于中国同学来说，只要英语主词会了，其衍生词、变位和合成词等就比较容易掌握了，而不必专门学习（比如 add 会了，adds, added, adding, addition, addable, value-added 不必单独学习）。有时我们听到英语是母语的人会十几万单词什么的，数量多得吓人，但这种情况一般是指词条词汇量。词条词汇量通常都要比主词词汇量多好几倍，所以大家不必紧张。权威调查显示，美国小学 1 年级学生的主词量也才只有 3000 多，到了 3 年级能到 5000 左右，5 年级主词量能达 7000 多个（如下页图）。在高中毕业上大学时，平均也就是 2 万个主词左右。所以我们当前会了 5000 左右英语主词，从"量"上说，接近于美国小学二年级词汇量的水平。要考 GRE 的同学，需要具备大约 20000 主词词汇量。不考 GRE 的同学，能有 17000 左右的主词量就足够了，即大部分同学还需要再学会约 12000 个单词。

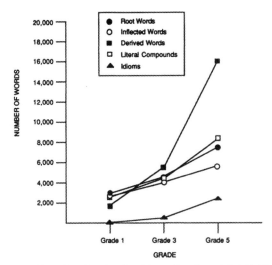

美国 1-5 年级学生，按不同词汇的形态和功能分项统计的平均词汇量

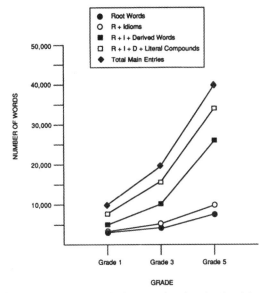

美国 1-5 年级学生，按不同词汇的形态和功能合并统计的平均词汇量
(摘自 Anglin et. al (1993). Vocabulary Development: A morphological Analysis)

黑圆点标注为主词数值，黑菱形是词条的数值，包括了主词和衍生、变位、组合词以及成语。

> 英语中使用频率排在前 5000 的常用词汇，占语言中词汇总出现概率的大约 90%。而其后几十万的单词虽总数多但出现概率低，总共还不到 10%。

英语中使用频率排在前 5000 的常用词汇，占语言中词汇总出现概率的大约 90%。而其后几十万的单词虽总数多但出现概率低，总共还不到 10%。（见彩插 7）而我们现在需要学习的词汇，大都属于低频词汇的范围。**无论是英语还是汉语，低频词的学习主要来自阅读而不是对话或听力，即主要用学语文的方式来增长低频词的词汇量。**然而作为外语学习，我们不可能采用英美中小学生上语文课的那种循序渐进的单词学习方法，而需要采取特殊的突击策略。为什么呢？主要是时间条件的限制。

美国学生在学校通过课本和指定读物来学习单词的方法，简单说就是在文章中"碰到一个学一个"的自然学习方式，词汇增长速度是平均每年 1 千多个主词。考虑到学生每年实际上课天数，平均下来在校期间能够做到每天增长 6 个主词（Anglin el al, 1993）。研究发现，用这种从背景文字中碰到生词学生词的学习方式，对每个词重复学习 6 次是最低限度（Crothers and Suppes, 1967）。所以实际上至少要读几百部小说的文字总量，且对其中碰到的大部分生词都不能放过，才能实现掌握这一万多个低频词的要求。所以很多中国同学单词量达到 5000 后又读了很多英文书或教程，仍然感觉词汇增长缓慢，实际上主要原因是阅读量远远不够！显然采用这种学习路线是很难取得成功的。所以在现阶段，必须采用特殊的突击学习方式。

> 很多中国同学单词量达到 5000 后又读了很多英文书或教程，仍然感觉词汇增长缓慢，实际上主要原因是阅读量远远不够！

从学习进度规划看，这些词汇也是必须速战速决。因为出现频率过低，如果不尽快拿下，就很难在实际运用中巩固，学习效果会很难保持。前 5000 个常用单词的学习，也许耗费了我们几年的时间。但这 12000 不常用单词的学习，我们却可以先把单词拿出来对词义进行突击学习，在几个月内实现一飞冲天式的突破，然后再回到原文中去慢慢进行巩固和体会词汇的实际应用。实践证明，<u>中国同学如果学习策略把握得当，学习低频词会比大部分美国学生的学习效果都要好</u>。下面我们从学习策略到学习实践两个方面，来给大家介绍高级阶段的词汇学习方式。

缘木求鱼微茫处，
寻根探源依稀间

最省力原则（The Least Effort Theory）告诉我们，人为了省力，会尽量用少数形式简单的词汇来表达尽可能多的含义。所以高频词平均不到2个音节，平均长度5个字母。高频词把简单的发音和拼写形式都给占用光了，结果是大部分低频词都只能是多音节、多字母的复杂结构。但结构复杂就必须在学习和使用方面有省力之处才能生存，否则又复杂又难学，早就被淘汰掉了。所以低频词跟高频词相比，一定会具有某种"知难行易"的特点。我们对比一下：

高频单词平均每个词有6个差别显著的不同含义，比如ring是"环形，铃声，戒指，敲钟，包围，拳击场"等不同含义。而低频词平均只有2个不同含义。

高频词同音词多，比如one, won; two, too; see, sea; for, four; here, hear; know, no; knew, new; by, bye, buy。低频词很少出现同音词。

高频词不符合常规拼读规则的词汇比例高，比如have, do, said, says, done, gone。低频词普遍符合拼读规律。

高频词从词汇的组成结构上，很难发现其含义。而大部分低频词则可以从其组成结构发现词义线索，从而成为有利于学习的因素。

克拉申博士曾对英语词汇的"结构"和"功能"在复杂度上出现背反的现象，做过精辟的总结："形式看起来简单的词汇，功能却复杂；形式复杂的词汇，其功能却简单。反应在学习上，就是形式看似容易学的词汇，使用上不容易掌握；而形式复杂的词汇，掌握起来却容易"。(Krashen, 1982)

研究显示，英语单词总体上有 65% 的词汇带有法语、拉丁语和希腊语的来源。但在高频词汇中，本土词汇的比例比较高，外来词源比例低。比如最常用的 1000 个单词中，80% 是本土词，结构缺乏词源含义线索。而在低频词汇中，带有外来词源的比例高达 80% 以上。正是词汇中的外来词源带有的含义线索，成了帮助我们学低频词的最有效工具。

形式看似容易学的词汇，使用上不容易掌握；而形式复杂的词汇，掌握起来却容易。

大词昏昏兮，其义昭昭

单词中的外来词源部分，主要是指词汇结构中的词根（roots）和词缀（affixes）。比如：prediction 的组成为 pre-dict-ion，其中拉丁词缀 pre 是"之前"的含义，拉丁词根 dict 是"说"含义，-ion 是拉丁名词结尾，合起来即"在之前就说的话"，即名词"预言"。又比如 autobiography，13 个字母，由三个希腊词根词缀组成：auto 是"自己"的意思，bio 是"生命"，graphy 是"记录，书写"，合在一起即"自己生命的记录"，很明显是"自传"的含义。所以如果我们知道了这几个词根、词缀的含义，那么 autobiography 和 prediction 这两个词就很容易记忆。

英语的复杂词汇，大多数都是这种"词根＋词缀"的构成方式。在我们需要学习的 12000 个低频词中，明显带有词根词缀组合的有 80% 左右，即大约 1 万个。其中起到核心含义作用的是词根，所以有时被称为基础词根（base root）。词缀包括前缀（prefix）和后缀（suffix）两种形式。最典型的词汇构成，是"前缀＋基础词根＋后缀"的形式。有的词汇只有前缀和词根而无后缀，有的只有词根和后缀而无前缀，但有时也会出现一个词中几个前缀和几个后缀的情况。比如 un-pre-dict-abl-ilty 一词中，就是两个前缀、一个词根、两个后缀。

但学习这些外来词根、词缀又有什么意义呢？把学习英语单词换成学习拉丁语和希腊语，不是反而增加了学习负担吗？大家首先要清楚的是，学习这些外来词根、词缀的原因是"共享"，即一个词根或词缀可以被多个英语主词使用。一个词根与不同的前缀、后缀组合，平均可以产生十几个不同的单词。所以理论上可以认为，词根共享让单词学习速度提高十几倍。我们举例说明：

词根 pel 和 tract，与一些词缀组合成的单词：

	pel（变形 puls）是"推"	
propel	pro = 向前；pro-pel = 向前推 → 推进	
propeller	er, or 是人或机器；propel-ler = 推进的机器 → 飞机和船的"推进器"	
compel	com = 一起，共同；com-pel = 共同推，一起给压力 → 强迫	
compelling	compel 的形容词形式 → 强迫的，无法抗拒的	
dispel	dis = 分离开；dis-pel = 推离开 → 驱散	
expel	ex = 出；ex-pel = 推出去 → 驱逐，赶走，开除	
impel	im / in = 内，进入，使；im-pel = 进入内部推 →（动词）驱动，激励	
impulse	impel 的名词形式 → 冲动	
repel	re = 向后，回去；re-pel = 向后推，推回去 → 击退，排斥，反感	
repulsive	repel 的形容词形式；ive 是形容词后缀 → 排斥的，令人厌恶的	
	tract 是"拉"	
protract	pro = 向前；pro-tract = 向前拉 → 延长，延伸	
attract	at = 向，往；at-tract, = 去拉 → 吸引，引来	
attractive	ive 形容词后缀；attract 的形容词形式 → 吸引人的，有魅力的	
unattractive	un = 否定；un-attractive = 不 attracvive → 不吸引人的，无魅力的	
retract	re = 向后，回去；re-tract = 拉回去 → 缩回，撤回	
contract	con = 一起，共同；con-tract = 拉到一起 → 合约，收缩	
distract	dis = 分离开；dis-tract = 拉分离 → 分散（注意力），困扰	
extract	ex = 出来；ex-tract = 拉出来 → 提取，摘出	
abstract	abs = 离开；abs-tract = 拉离开 → 抽象，摘要	
subtract	sub = 下面；sub-tract = 从下面拉掉 → 减去，扣除	
detract	de = 向下；de-tract = 向下拉 → 降低，减损	
tractor	er, or = 人或机器；tract-or = 拉的机器 → 拖拉机	

我们看到，两个词根 pel 和 tract 与几个前缀 pro, con/com, re, de, dis, ex, im/in, abs, sub, un 以及几个后缀 ing, ive, or 结合，轻易就组合出了二十几个单词。根据这些词中前缀和词根含义的线索，我们最多用 7 分钟就能记住这些词汇了。再用 3 分钟自我检查和复习一遍，只要这些词根、词缀的含义没忘，整个词义就不会再忘记了。所以在掌握了几个词根、词缀的前提下，记住二十几个生词总只共用 10 分钟左右的时间。

> 英语是母语的人，对由词根、词缀合成的低频词，普遍是按词根分解来进行理解的。所以应用词根辅助记忆低频词汇，不但是一种快捷而有效的单词记忆方式，同时也是正确的词汇理解方式。

用发现英语词根含义的方式来学习低频词，不但能实现高效率，同时能帮助建立对单词的正确认知方式。研究发现，英语是母语的人只有对词根含义非常不透明或拼写相对短的高频词汇，才会把其当作整体来处理。而对音节多、字形长的词汇，普遍会按照分解词根含义的过程来理解词义 (Niswander-Klement, 2006)。比如对高频词 report，人们不会去分解其词根 re 为"再，回"，port 为"拿，带"的含义，且词根含义跟词汇整体含义差异比较大。而对低频词 revive，在头脑中按分解词根含义的方式来理解。当听到或读到这个单词时，会明确认识到 re 是"再次"的含义，继而与随后词根 vive "生命，活"结合得出"复活"的整体含义；又比如对低频带词根的长词 photosynthesis，不但头脑中可以清晰地解析 photo 是"光"的含义，syn 是"合成"的含义，而且对这个词义的理解，也会因为对词根含义的了解而更加精确。

> 英语是母语的人只有对词根含义非常不透明或拼写相对短的高频词汇，才会把其当作整体来处理。而对音节多、字形长的词汇，普遍会按照分解词根含义的过程来理解词义。
>
> 当人们意识到这些不同词汇使用的是相同词根的时候，就会把这些词汇的含义联系起来；而如果没有意识到这些词汇有共享词根，就会分别来学习和记忆这些词汇。

通过词根含义掌握生词的一个重要技术，被称为"词义链"（semantic link）。语言学家发现，当人们意识到这些不同词汇使用的是相同词根的时候，就会把这些词汇的含义联系起来；而如果没有意识到这些词汇有共享词根，就会分别来学习和记忆这些词汇 (Corson, 1996)。我们在学习低频

词的时候，肯定会碰到一些高频词也具有的相同词根。此时并不需要再借助词根来学习这些高频词，而是反向用高频词来学习词根，即通过发现高频词中的词根，来熟悉这些词根的含义和使用特点，来提高联系其他相关的低频词的能力。比如：suspend/suspension, pendulum, depend 都是使用词根 pend（悬挂）。sus 是 under "下面"，所以 suspend 就是 "挂在下面" 的意思，同时也有 "停职，终止" 的含义。pendulum 的主要含义是 "长线栓重物的悬吊结构"，而不是汉语翻译中最常用的 "钟摆"。右图显示了 suspend/suspension 和 pendulum 的关系：

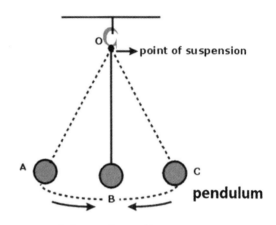

de 是 down 下，depend 是 "挂下"，depend 即 "依靠" 的意思。挂的概念肯定是往下，但主动 "挂" 跟前面 "被挂在下面" 不同。主动挂即挂靠行为，是主动把力量施加在被靠物上，所以介词用 on，比如 depend on you，依靠你，取决于你。依赖你的人，比如子女，就称为 dependant（-ant = 的人）。

被挂起则是从一个原来的有利位置被挂下面去了，所以后面跟的介词是 from。例如 suspended from work，被停职了。

掌握词根的一个作用，是帮助准确理解词汇的含义。比如 nova 的意思是 "一种突然体积膨胀且变亮的星体"。一些英语是母语的人，虽然知道指代的是什么，但并没有意识到词中的 nov 是 "新" 的含义。只有当发现 nova 与单词 novel, novelty, renovation, innovate 中的词根 nov 一样，都是 "新"

享有共同词根的单词，在记忆中是有关联的。单词之间的这种词根含义的联系性，可以加深对共同带有该词根的所有单词的记忆。

的含义时，才能体会到 nova 这个词中"新星"的意义，才能对这个词的理解更准确，也更容易记住这个词。这一点在汉语中也有个类似的现象：比如有些人虽然也使用"滥竽充数"这个成语，但并不知道其来源和具体文字，以为是"烂鱼充数"这几个字，成了"以次充好"的含义，含义理解有偏差。直到发现这个词的真正来源，知道是"滥"不是"烂"，是"竽"不是"鱼"，才能做到对这个成语的理解和应用准确到位。

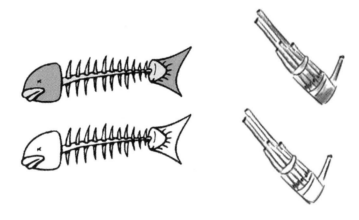

烂鱼 vs 滥竽

<u>从多个角度分析，通过词根含义辅助来学习是最合理的词汇学习途径。所以在低频词学习方法的寻找和选择上，大家不必再去瞎找什么其他方法。</u>且不说目前没有发现其他更好的方式，即便是有某些有效手段，我们也不应该将其作为主要方式来使用。

哈，既然如此，还等啥，找一本词根书拿起了背就是了！不要急。现在市面上讲词根的书虽然多，但真正用词根记忆法拿下大量低频单词的人却是少数。如果没有真正理解正确的学习理念而匆忙开始实践，就很难取得成功。大部分同学的情况是，打开词根记忆书，才看了一页，就遇到了很多问题，感觉达不到想象的学习效率。再读几页又产生更多疑惑，特别是对很多词根含义的联系方式感到莫名其妙，且很快被词根的各种不同形式给搞晕了。很多同学刚尝试学习了几十个词后，就开始抱怨这简直比死

记硬背还麻烦，大部分同学在几天之内就放弃了。没有收到预期效果的主要原因，是没有学会"学习方法的使用方法"。

魔鬼藏在细节中

> 很多同学很快就停滞不前的原因之一，是对学习过程中碰到的障碍不会排除。

每个人的学习能力其实差异并不大，但学习效果却千差万别。很多同学很快就停滞不前的原因之一，是对学习过程中碰到的障碍不会排除。障碍肯定会碰到，而且是多种障碍随时出现。我们必须学会如何去分析和扫清障碍，才能保证学习的顺利推进。

障碍之一：按照字母顺序学习
对策：频率区别对待，易难先后处理

这一个超级大坑，不知绊倒了多少"童鞋"。词根记忆书中没有故事情节，只有近一万个按字母顺序排列的大单词表。大多数人是拿到一本词根记忆书后，立即从字母 a 开始学起。一般词根、词缀记忆书的开始部分都是前缀，所以很多人是从字母 a 的前缀开始学，结果是很快就进行不下去了。按字母顺序来学习不但非常枯燥，最主要的是新信息与已经掌握的知识之间缺乏关联，导致新信息增长幅度失控。当大脑突然受到大量和以往知识缺乏关联的新信息"轰炸"时，它的反应是关闭信息进入的渠道，即用停止接受新信息的方式，来解除大脑的"信息滞涨"。这时我们怎么努力学都感觉学不进去，其结果就是干脆整个放弃学习。解决方法是一定要利用新信息与已知信息的关联，有层次有步骤、循序渐进地增加新信息的进入速度和难度，才能做到知识的持续稳定增长。所以尽管大部分词根、词缀记忆书是按字母顺序编写的，但这并不等于我们要按这个顺序来学习。怎样才能掌控新信息的进入过程呢？

> 不要拿起一本词根书就按顺序从头开始背诵，最好是把带有高频词根、词缀的词汇先学会。齐夫定律在这个范围内仍然有效，20%的词根、词缀，被80%的词汇共同使用。

> 当大脑突然受到大量和以往知识缺乏关联的新信息"轰炸"时，它的反应是关闭信息进入的渠道，即用停止接受新信息的方式，来解除大脑的"信息滞涨"。

✓ 词缀分级：

英语单词的前缀大约有 100 个。我们对这 100 个前缀不能等同对待。前缀在使用中非常符合齐夫定律，呈现典型的"二八现象"。排在使用率前 20 个的"明星前缀"，居然占了全部带前缀英语单词的 80% 以上。在我们需要学的低频词范围内，有大约一半是带前缀的。稍微一计算就会发现，先学会这 20 个前缀，就能涵盖我们需要学习的一万个低频单词中接近一半的单词量！所以首先我们应该先把这 20 个明星前缀拿下，而不是一口气把 100 个前缀都学一遍。这 20 个前缀按使用频率从高到低排列是：

> 排在使用率前 20 个的"明星前缀"，居然占了全部带前缀英语单词的 80% 以上。
>
> 先学会这 20 个前缀，就能涵盖我们需要学习的一万个低频单词中接近一半的单词量！

```
con / com = with, together 一起
re = back, again 回，再
ad = to 去，朝，使
un = not 非，否定
en = in 里，进
in / im = into 进入
in / im = not 不
dis = apart 分离
de = from, down 从，下
ex = out 出，外
pro = front 前面
pre = before 之前
sub = under 下面
be = by 使
ab = from, away 离开
trans = across, over 越过，转移
inter = between, among 中间
per = all, through 全，通
sur = over, above 在上，过
ob = toward, against 朝，使，反
```

这 20 个前缀，其中大部分我们在高频词的学习中都见过，只是我们以

前没注意过它们。一旦在熟悉的词汇中发现这些前缀，就会感觉学习更加容易。比如 construct, computer, return, unlike, advice, enter, inside, impossible, dislike, decide, exit, produce, preview, subway, before, absorb, transport, international, percent, surprise, object 等。

大家可以先在词根词缀书中查阅一下带有这些前缀的单词的构成方式，结合自己以前见过的熟悉词汇，先把这 20 个前缀的含义迅速掌握。

英语单词后缀大约也有 100 个左右，但后缀普遍含义成分低，主要起语法作用，我们在学习高频基础词时大部分都见过。比如名词结尾：-ion, -ness, -ty；动词结尾：-ize, -ate；形容词结尾：-ive, -able, -al, -less；副词结尾-ly。所以编制《美国教师词汇手册》的 Thorndike 提出，**后缀没有必要来专门学习和记忆，结合词汇就可以掌握了**（Thorndike, 1932）。对于中国同学来说，正因为后缀的含义成分太低，且变化形式比较多，造成跟词汇整体含义的关系不容易把握。比如 short 是"短，缺少"，shortage 也是"缺少"，有什么区别呢？用文字去直接解释-age 的含义会很麻烦。所以在初学时对后缀的含义作用搞不清也不要着急，等逐渐对低频词汇整体熟悉度提高后，比如学过 advantage, tonnage, postage, spillage 等词之后，就会逐渐体会出该后缀的作用，还会感觉词汇中的各种后缀形式非常合理。

✓ 词根分类：

真正从数量上和难度上有挑战的新信息，主要来自于基础词根。**英语常见词根大概有 1000 个左右**。这 1000 个词根的数量看似很多，但本阶段我们只需要掌握大约 500 个左右基础词根就可以了。而这 500 词根中有一半比较常用，是我们第一步需要掌握的。而另一半不太常用，我们在掌握了前一半带常用词根的词汇后再来学习，就会感觉容易很多了。另外，当我们开始学习常用词根的时候，还会发现这些常用词根中至少有一半是我们在学过的单词中见过的，只是以前不知道到它们是词根。这样通过分级进行难度调整，学习过程就容易控制了。

> 即便是先学习两百多个常用词根，我们也不应该按照字母顺序来学习，而是要挑选最常用的、含义最透明的词根来学习。

即便是先学习两百多个常用词根，我们也不应该按照字母顺序来学习，而是要挑选最常用的、含义最透明的词根来学习。最典型的含义透明的词根，是表达基本动作含义的，比如：

spect = to look 看

vid, vis = to see 看见

aud = to hear 听

dict = to speak 说

scrib, script = to write down 写下

gram, graph = to write, draw 写，画

pel = to push 推

tract = to pull 拉

ven, vent = to come 来

duce, duct = to lead 领

struct = to build 建

cred = to believe 信

port = to carry 带

pon, pos, posit = to put, place 放

cur, cours = to run, go 跑

ced, ceed, cess = to walk 走

act = do 做

fac, fact, fic, fect = to make, do 造

claim, clam = to shout 喊

lect = to gather 收集

cap, cep, cip, cup, ceive = to take 拿，接

press = press 压

sid, sed, sess = sit 坐，居

ject = throw 抛、扔

…

最高频的几百个英语单词中，就包含了这些表达基本动作含义的动词，比如：look/ see/ watch, hear/ listen, speak/ tell/ talk, walk, run, sit, push, pull, come, go, take, give, make 即"看，听，说，走，跑，坐，推，拉，来，去，拿，给，做"等。我们现在开始学习词根时，发现最常用的基础词根居然也是这些含义。回头再看上面介绍的 20 个明星前缀，绝大部

分都是表达空间概念的，这些概念同样也出现在最高频的几百个单词中。比如：in, out, front, back, up, between, down, apart, with, back, forth, over, from, to, before 和 after，即"里面，外面，前面，后面，上面，中间，下面，分，合，回，往，过，从，去，之前，之后"等。这种现象完全不是巧合，而是复杂词汇的最典型词汇构成方式，即通过"表达空间含义"的前缀，作为词汇整体含义的辅助，修饰和调整"表达基本动作含义"的词根，来合成新的词汇概念。

既然低频词的构成特点，是以词根含义为核心，前缀起辅助作用，那么我们学习低频词的核心或出发点应该为词根，然后围绕某个词根来发掘不同词缀对其含义的影响，而不是反过来拿着一个前缀去找不同的词根。所以在学习流程中应该是按照词根含义为中心，发散地"收集"与词缀的搭配组合。具体的执行方式和操作过程，我们在下一章中详细介绍。

障碍之二：被词根、词缀的多种变形搞晕
对策：发现变化原因，理解变化形式

> 在学习流程中应该是按照词根含义为中心，发散地"收集"与词缀的搭配组合。

对刚开始实践用词根、词缀记忆单词的同学来说，有一个普遍让大家立即感到沮丧的地方，就是同一个词根或词缀却具有多种不同的拼写形式，让人"想说爱你不容易"。比如：使用频率第三高的明星前缀 ad-，居然有十几种形式：a-, ac-, ad-, af-, ag-, al-, an-, ap-, ar-, as-, at- 等。很多同学初看还以为这是十几个不同的前缀，觉得又麻烦又糊涂。其实这些变化形式全是非常有道理的，理解后不但不觉得混乱，反而觉得"非变不可"。下面我们来看一下这些变化背后的原因。

✓ 前缀同化：

变形最为显著的，就是前缀 ad-，近似于 to... 的含义，起强调作用。但该前缀在大部分单词中的拼写方式会改变，主要是受与其后字母的发音衔接方式的影响。比如 ad- 与词根 firm（强，稳定）组合为 ad-firm（确定，断言），但两个辅音 d-f 相连不好发音，所以采用"发音同化"（assimilation），让 d 跟随后面的字母变为 f，变为 af-firm 就好发音了，同时因为不会与其他词汇拼写相同而产生误会，大家很容易看出这是哪个前缀。我们看前面"同化"assimilation 这个词，词根 simil 的含义是"同类"（单

> 不要被词根、词缀的变形吓到。搞懂了变形的道理，再看到大量的变形就不感觉陌生和数量多了，反而会感觉变形后更容易理解和记忆了，不变形才不合理。

词 same, seem, simple 都与该词根同源），大家熟悉 similar 这个词，就是这个 simil 词根，加上形容词后缀 -ar 合成的。as-similation 的原形就是 ad-similation，是把 d 同化为 s 而来的。

好啦，明白了 ad- 变化的原因，简单总结其同化的规律大致如下：

- 后面的词根如果是元音开头，或者是容易与 d 连读的辅音开头，ad- 就不用同化。比如 ad-dition，ad-vance，ad-vice，ad-here，ad-ministration，ad-opt，ad-ept，ad-apt。
- 如果是不容易与 d 连读的辅音，比如 b, c, f, g, l, n, p, q, r, s, t 等，就同化为该辅音，比如 ab-breviate，ac-cord，af-firm，ag-gressive，al-locate，an-notate，ap-pease，ac-quire，ar-rest，as-sist，at-tach 等。

注意 acquire 这个词。当 ad- 后面是 q 时，d 同化为 c 而不是 q。原因大概是英语单词中字母 q 的后面必须总带着 u，不能 qq 的缘故。q 在单词中实际发音为 [k]，而字母 c 在 ca, co, cu 组合时也读 [k]（ce, ci 组合时读 [s]），所以用同发音的 c 代替了 q。我们会碰到一些 acqu 开头的词，比如 acquit，acquaint，都是这种变化而来的。

- 如果后面词根开头是发音簇 sp, sc, st, gn，此时如果同化为后面第一个辅音，就成了三个辅音相连而无法读了，所以这时就去掉 d，只剩下了 a-。比如 a-spect，a-scribe，a-stonish，a-gnise.

在了解了变化的原因和变化规律之后，特别是学了几个同化过的单词后，对 a-, ac-, ad-, af-, ag-, al-, an-, ap-, ar-, as-, at- 各种形式的变化就不会感觉恐惧了。在我们要学的一万个词汇中，带前缀 ad 及其变化形式的单词大约有 300 个。如果我们不知道该前缀同化现象的原因，同一个前缀的十几种拼写形式以及几百个单词，肯定会把大家搞晕。

同化方式主要都是出现在几个明星前缀中，其中每个前缀都有上百个单词，最主要是以下这些：

```
ab-: ab, abs, aps, as, au, a
con-: con, cog, col, com, cor, co
dis-: dis, dif, dir, di
```

```
ex-: ex, ef, e
in-: in, im, il, ir, i
ob-: ob, oc, of, op, o
sub-: sub, suc, suf, sup, sur, sus, su
trans-: trans, tran, tra
```

顺便讲一下前缀以字母 n 或 m 结尾的情况。类似的前缀有 im/in，com/con，sym/syn。两种形式含义是完全一样的，但用 n 还是 m，主要是由其后的字母发音方式决定的。后面字母是双唇闭口音 b, p 时，为了发音顺利，前面就改用 m。比如 import, important, computer combine, sympathy, symphony。如果后面跟的字母是其他单纯音，就用字母 n，比如 include, inspect, intact, contract, conduct, consume, synergy, syntax 等。只有后面字母为 f 时是个例外，两种形式都有，比如 comfort, confront, confirm, inflame, inform, infer 等。

> 大家不用去记忆前缀同化的所有变化规则，而是在碰到具体词汇时通过读音的方式去了解。

前缀读音同化的方式很自然，同化后仍然能看出该前缀而不容易引起误解。所以大家不用去记忆前缀同化的所有变化规则，而是在碰到具体词汇时通过读音的方式去了解。当多读几遍这些词汇后，反而觉得如果不同化才很别扭。我们之所以一上来就先介绍前缀同化形式，是为了避免学习时突然遇到各种变化形式而感觉难以应对，从而减少学习的障碍和阻力。

✓ **词根异化：**

同样是为了发音简单和顺畅，词根也有很多拼写变化。比如 spect → spic；scribe → script；vis → vid；claim → clam；duce → duc, duct；fact, fac → fect, fec, fict 等。看起来很混乱，但其变化仍然很有道理。大部分情况下是动词的拼写形式最短，形容词、副词拼写最长。拼写短的单词，其元音的发音就最重也最长。反之，拼写长的，相应就出现元音短化和辅音清化的变化。大致有以下变化形式：

- 元音短化：比如 [ei] 变 [æ], [e]; [æ] 变 [e]; [ai] 变 [i]; [i:] 变 [e]; [e] 变 [i]; [u] 变 [ʌ] 等。
- 辅音清化：比如 d, t 变为 s, ss; b 变 p, pt; g 变 c; rtt, rr 变 rs 等。

比如：

> define → definitive, definition; divide → division; concede → concession; wide → width; nature → natural; nation → national, nationality; relate → relative, relation; prepare → preparation; preside → president; produce → production, productive, productivity; reserve → reservation; type → typical; deep → depth; strong → strength; detain → detention; explain → explanation; maintain → maintenance; five → fifty; receive → reception, receptive; meter → metric; mode → module; succeed → success, successful; repeat → repetition; reveal → revelation; suspect → suspicious, suspicion; transcribe → transcription 等

　　由于词根数量大，词根出现的情况也比较复杂，有的是源于拉丁词的不同词性拼法，有的是由于经过了法语的异化等，所以虽然有规律可循，但并没有固定的变化规则。所以大家边学边熟悉就是了，不必记忆变化规则。

　　单词的词根、词缀进行组合时，有时会反过来通过增加音来实现发音的顺畅。特别是当两个辅音连在一起很难读时，会在两者之间增加一个元音 i 或 u。比如 centimeter，前缀 cent- "百，百份"，词根是 meter "测量，米"，组合后 cent-meter 的 tm 很难发音，增加一个元音 [i]，变成 cent-i-meter 就容易读了。其实即便不去增加这个字母 i，说话的人为了把 cent-meter 读清楚，t 和 m 之间自然就会出现一个模糊的短 [i] 发音，这也就是为什么会出现这个多余字母的原因。类似增加元音字母的情况比如：cent-i-pede, mill-i-meter, mult-i-ply, cruc-i-fy, flor-i-culture, omn-i-potent 等。

✓ 同义不同形和同形不同义：

　　几个不同词根的拼写形式却是同一个含义，有的同学对此感到恼火，其实大可不必。这种情况一般是因为词根的来源不同。比如一种含义的一个形式是拉丁词根，另一个形式是希腊词根，两个词源都保留下来了。拉丁词根多来自宗教、政治、经济、法律、医学、生物学和物理学领域，希

腊词根多来自数学、几何学、化学、天文学和艺术领域，所以英语中词根的使用，仍基本符合这种领域划分。当清楚了这个原因后，就不会感觉烦恼了，反而会感觉学习更容易了。比如下面是几个常用的共存前缀对比：

Latin 拉丁	Greek 希腊	Definition 含义
contra/contro/counter	anti	against 反，抗
circum	peri	around 环，周
multi	poly	many 多
super/sur	hyper	over 上，超
co, col	syn/sym	with 合
trans	meta	change, across 变，交
script, scrip	gram, graph	write 写
nat	gen	born 生
lum, luc	photo	light 光
terr	geo	earth 土，地
form	morph	shape 形
ped	pod	foot 足

但词根同形却不同含义的情况，的确比较烦人，最讨厌的是前缀 in/im，有时表示"进入"，有时表示"否定"，该如何区分？通常情况下，当词根组合后的单词只有形容词形式，或者以形容词形式为最常见形式时，大部分情况下词根为"否定"的含义，等同于英语本土词前缀 un-，non-。比如：impossible, inaccurate, incapable。而组合后最常用的为动词或名词形式时，大多为"进入，使"的含义，比如 insurance, include, insert, impeach。

容易产生混淆的单词，又必须单独进行学习和区分，这的确比较闹心。对高频词不必担心，因为高频词不用词根、词缀学习，也没人意识到其前缀的存在，比如：important 中的 im 是"进入"，(port 是"港口"，important 的拉丁词原义的确是"进口货"，看来进口货自古就比较珍贵而重要)。低频词情况就不同了。词频越低，人们就越会在头脑中解析其词根。比如 inflammable，这是个形容词，但其中前缀 in- 含义是"进入"而不是"否定"，所以完整单词的含义是"易燃烧的"，而不是"不燃烧的"。由于习惯了形容词中 in- 为"否定"的含义，所以在母语是英语的人中，也常会有误以为 inflammable 是"不会燃烧"的情况。

《辛普森一家》中，Dr. Nick 因误读 inflammable 标签引起了火灾。(见彩插 8)
Dr. Nick: "Inflammable means flammable? What a country!"

为了避免对该前缀误解而发生危险，现在大部分易燃品的英语警告标志，都去掉前缀 in-，改为 flammable。少数仍然在使用 inflammable 的，一般也会写成 highly inflammable。但法语和西班牙语，却仍然在使用 in-前缀。

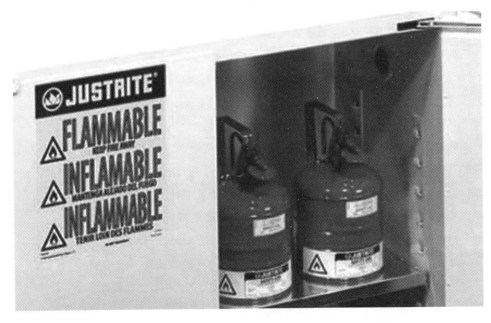

国际著名品牌 Justirite 易燃品存放柜的警告标。从上至下分别为：
英文 flammable，西班牙文 inflamable，法文 inflammable。(见彩插 9)

语言中这种容易引起误解的词汇，会被逐渐淘汰掉，所以现存数量已经很少了，大家也不必过度烦恼。最出名的几个就是 inflammable, inhabitable 和 ingenious。最令人讨厌的 inflammable 至今没有被彻底淘汰，主要是因为其名词形式 inflammation（上火，发炎）是个生活中虽不高频却很有用的词，看来还要存在一段时间。

障碍之三：学习深度控制不当
对策：只求当面认出，无须背后想起

对当前低频词的学习，我们只需要听到和读到这些单词时能够知道其含义就可以了，并不需要学会在交流或写作中使用。知道含义却想不起词来没关系，不会准确拼写也没关系。一些低频的汉字，比如"犄角旮旯""尴尬""未雨绸缪""一丘之貉"这几个词，我们看了肯定认得，但让自己去写，就是另一回事了。低频英文也只需要认得就可以了。从记忆的难度来说，单纯"辨认"（recognize）比"回想"（recall）要容易实现得多。只要求会认，就会大幅度降低学习的要求，提升学习速度。

> 对当前低频词的学习，我们只需要听到和读到这些单词时能够知道其含义就可以了，并不需要学会在交流或写作中使用。

学习低频词汇，使用汉语翻译来记忆这些词的含义完全没有问题。一方面是这样学习的速度比较快，另一方面是这些词的出现频率低，特别是在交流中，一般是几句话中才会碰到一次，使用汉语翻译并不妨碍英语思维，对理解速度影响也不大。在阅读材料中出现频率稍高，可能一两句话中就会出现低频词，但阅读可以停下来思考，所以也不影响理解的流畅性。但是，**我们对合成单词的词根含义的理解，要尽量了解其英语含义。**一方面这样更能准确理解词汇的整体含义（比如前缀 ad- 的含义接近英语的 to...，用汉语解释会很不准确），另一方面有助于我们最终摆脱对这些单词的汉语翻译的依赖。所以**大家在看词根和词缀的汉语解释时，最好是同时关注其英语解释。**

障碍之四：学习进度控制不合理
对策：可图快不可贪多，可马虎不可拖延

只要是记忆，艾宾浩斯记忆规律就会起作用。但用词根辅助学习单词，跟艾宾浩斯所针对的无意义、无规律、无关联、无线索的信息进行的纯粹"机械记忆"的方式有本质区别。应用词根、词缀辅助记忆单词的主要目标，正是为了克服人类机械记忆能力极差的弱点，把大量单词整理为有含义线索和与以往知识有关联的信息，适合人类进行比较擅长的"联系记忆"。如果每个单词的词根、词缀含义的联系方式掌握得巧妙，理论上是可以做到一次接触而实现长期记忆的。复习当然需要，但这种词汇大部分是<u>要求我们尽量能做到一次学习而实现长期记忆的，而只用非常少量的时间来复习</u>。

如果大部分低频词的学习都能达到理想效果，每天用 1 小时学习 100 个单词，连续 3 个月就完事了。在 1 小时的学习时间内，我们用大约 45 分钟来记 100 个新词，再用 15 分钟复习昨天的内容。学习的节奏可以快，但不能贪多。有些同学 30 分钟就能背下 100 个新词，尽管可能速度快了容易忘记，但再复习一遍就好了，并不影响总体效率。俞敏洪老师的单词课，就是按照这个进度来教学的。贪多则会出问题。俞老师曾做过实验，如果突击背诵，一天最多能记 1000 个新单词，但第二天会忘掉 400 个，第三天忘记得更多，效果不好。所以社会上一些"30 天拿下 8 千，45 天拿下 1 万"的说法，的确有可能做到，但学习效果会打折扣，保持度比较差。建议大家采用取得成功的大部分同学的典型经验值：每天 1 小时内学习 100 个，总共 100 天。

每天 1 小时，按说对自律的要求并不高，然而大部分同学由于没有养成习惯，很难每天坚持。经常到了晚上给自己找借口，把当天的学习推到第二天，认为拖个一天两天并没有什么问题。对此我们当作如是想：**拖延一天就等于全盘放弃**！所以只要我们开始用这个方式来突击低频词，一定不能间断。只要今天没有学这 100 个单词，就不去睡觉！哪怕是学得马虎些，只用半个小时大致完成了学习任务，也比拖到第二天学两个小时强！

对这些不常用的低频词的学习，先只要做到能认得就行，即只要知道这些单词的中文意思就可以，不追求能正确写出来，也不要求能回想出来，更不必追求英语思维。

如果每个单词的词根、词缀含义的联系方式掌握得巧妙，理论上是可以做到一次接触而实现长期记忆的。

障碍之五：词义联系方式不到位
对策：积极乐观，发散思考

对一些词根、词缀含义与单词整体含义之间的联系，看似牵强，实际思考过后，往往会发现很有道理。比如 ann-i-vers-ary 一词，前缀 ann- 是"年"，词根 vers 是动作"旋转"（turn）的含义，-ary 是形容词后缀"……的"，整体含义为"周年的，周年纪念的"。有同学看到这种分解后，抱怨说用"年"和"旋转"得出周年的含义比较牵强。其实仔细考虑一下，就发现这种比喻方式不但合理，甚至没有什么其他更好的选择。再想想看，你觉得汉语词"周年"中的这个"周"字，又是个什么含义呢？"周"居然是"圆圈"的含义，汉语和英语使用的比喻手法是相同的，区别仅在于词汇组件的含义中，汉语偏重用名词，而英语喜欢用动词。再看这个词的前缀 ann- 和词根 vers 之间多了的那个字母 i，也绝非随意乱添，而是因为字母 n 与 v 相连不好发音才被加进来的。假设不加字母 i，大家尝试大声多读几次 ann-versary，就会发现 n 和 v 之间不知不觉就会混进来一个 [i] 的发音。认真观察和思索后就会发现，anniversary 这个英语词的合成方式从含义到拼写，真的是"顺"到家了。

所以大家在观察和思考词根、词缀含义的合成方式以及与词汇整体含义的联系时，对暂时碰到的困难一定不能带有反感或抱怨的情绪，否则会封闭自己的思路。我们只有保持乐观和开放的心态，才能启动自己的聪明才智，发现词源含义之间联系的奥妙，从而获得学习的高效率。

运用之妙，存乎一心

词根记忆单词的实现方式看似直接而简单，但实际操作时需要我们针对具体情况，应用智慧来灵活把握，才能收获成果。正所谓"运用之妙，存乎一心"。方法是死的，在正确理念指导下的实践才是活的。前一章我们介绍过，使用词根、词缀记忆单词，不适合按字母顺序来进行。那用什么顺序进行比较好呢？具体的操作流程如何呢？其实这里并没有固定的顺序和流程，而是应该每个人遵循高含义关联度、高关注度的原则，找到适合

> 学习线路要灵活，不必遵循特定的次序，横向、纵向、串联、并联都可以，越是能发散联系词根的含义，学习效率就越高。

自己的最高效学习方式。我们在这里介绍一下一些获得成功的同学使用过的流程，希望能对大家有所启发。

应用词根含义之间的有机联系，形成一个每日学习的循环流程。可以随机选择一个自己看着顺眼的新词根，然后就先从这个词根出发去找与其搭配使用的一些词缀，比如从与前缀的搭配开始学习。我们用一个基础动作词根 spect（看）来举例：

带简单动作词根 spect 的同根单词，主要有这些：prospect, inspect, perspective, expect, respect, aspect, suspect, circumspect, retrospect, suspicious, conspicuous, despicable, spectacle, spectator, spectacular 等。

我们立即就会发现几个带有明星前缀的词汇，把它们先拿下，比如：

---

prospect：pro ＝ 向前；pro-spect ＝ 向前看 → 展望，前景

perspective：per ＝ 全，通；per-spect + tive（……的）＝ 全通看的 → 有洞察力的

inspect：in ＝ 里面；in-spect ＝ 从里面看 → 检查

aspect：a 强调作用 ＝ to, toward 去……；a-spect ＝ 去看 → 外貌，方面

suspect：su ＝ 下面（sub 同化而来）；su-spect ＝ 看下面有啥 → 怀疑

有两个高频词，情况也是如此：

---

expect：ex ＝ 外；ex-pect ＝ 在外面看着 → 等待，期待

respect：re ＝ 回；re-spect ＝ 回望，再看 → 尊敬

---

respect 通过"再看，回望"引申为"尊敬"的含义，稍微有些牵强，但会发现其中仍然有很强的含义联系。

一个常用词根，平均与 20 个不同单词共享，其中大约一半带前缀，也就是会碰到 10 个前缀。之前我们说过，我们前一节学会的 20 个明星前缀，有 80% 以上的出现概率，所以每个同根词列表中大部分前缀是我们熟悉的，只有大约 1～2 个新前缀。而对这一两个新前缀，我们就跟着这 20 个同词根来一起学习，这样的前缀增长速度比较合适。

比如接下来我们碰到了两个带新前缀的词：circumspect, retrospect。

> circumspect: circum = 环,周围; circum-spect = 环顾四周 → 小心的,谨慎的
> retrospect: retro = 回; retro-spect = 往回看, → 回顾

用这种方式增加认识了一个新前缀后,不一定要立即返回原词根列表,而是可以顺藤摸瓜地沿着这个前缀的路线拓展到一些新的词根的领地,走出一个网状串联路线。这种学法不但不乏味和累人,还容易通过不同词汇之间的含义联系来扩展词源网络并增加熟悉度。

比如这里首先出现了一个之前没有见过的新词根,即作为前缀的 circum,是"周围,环绕"的含义,来源于拉丁词 circus = ring(环),本意为圆环形表演场。circum 这个词根大家看着眼熟,因为跟单词 circle 很像。其实 circle 的词源就是 circus。至今"马戏团,马戏表演场"都还在用 circus 这个词,因为马戏团就是在一个圆形场地表演,一般都是露天搭一个巨大的圆形帐篷,买了票就可以进去看。

通过 circumspect 又增加了一个新前缀 circum,此时我们顺便横向关心一下以 circum 作为前缀的词汇还有哪些。之前我们讲过,因为前缀数量少且被大量重复使用,词根、词缀记忆方式主要应该是以词根为核心去结合前缀。但当碰到非明星前缀的时候(比如 circum),因为使用该前缀的词汇本身数量不多,所以可以碰到

后一口气拿下所有使用该前缀的词汇,但也可以只选出少数几个来学,比如我们可以先选下面几个带 circum 前缀的词汇来学:circumcise,circumscribe,circuit。我们这样做的目的是为了通过这几个词来帮助学会这个新前缀,而不是为了把能用到这个前缀的词汇全部学会。不用担心,其他使用这个前缀的词汇,在我们学习相应词根的时候自然会再碰到。当再次碰到该前缀时,就变成了用一个已经掌握的前缀来结合新词根的情况,学习效率会更高。下面我们先拿出一个使用 circum 前缀的单词来:

> circumcise：cis = cut 切割；circum-cise = 圆环切割 → 环状切割

当知道新词根 cise 是"切割"的意思后，由于词根含义非常透明，整个词汇的含义就很容易掌握了。再加上得知这个词主要用于指宗教上的"割礼"，医学上的"环状包皮切割"，起着一身鸡皮疙瘩就把这个词给记住了。关键不但词根 circum 给记住了，又引出了一个新词根 cis，可以继续搞大串联。查一下 cise 的情况，原来 cise 还有另外一种形式 cide（典型的 d-s 变化）。带 cise/cide 词根的又有十几个单词，主要是以下几个：decide, concise, precise, pesticide, suicide, homicide, genocide。既然串联了到了 cide 词根，可以顺便就把剩下的同根词一口气学完。还是先把带有大家已经熟悉的词根或前缀拿出来学。

cide 的同根词中，有一个我们非常熟悉的高频词：decide。

> decide：de = off, down 去掉，下；de-cide = 切掉，切下去 → 决定，断定

这个词我们早已掌握，当然不必再用词根的方式来重新学习。但我们此时观察其词根来源，却很有意义。decide 中用词根含义"向下切"来表达"决定，判断"的含义，是有一点绕弯子。但设想如果要用简单动作来形容"决定"和"断定"，用什么动作好呢？下切的动作还是比较贴切的。汉语中用的是"断"来比喻决定，比如"判断，决断"，其实跟切的用法非常类似。但我们在说"判断"这个词的时候，是没有意识到是在用"断"的概念来比喻"决定"的，英语词 decide 也是一样，都是符合高频词不考虑词根含义的特征。然而在实际使用中，我们会发现一些词根、词缀含义与其构成词汇含义之间有差异，有时甚至非常牵强，有的则含义透明度低。

> precise：pre = 之前，预先；pre-cise = 预先切割好的 → 精确的
> concise：con = 一起；concise = 一起切的 → 简要的，缩略的

继续看 cide 的同根词，又是碰到一个这样的前缀 pest 搭配词：

> pesticide：pest = 害虫，本身就是个单词。pest-i-cide = 害虫切掉 → 杀虫剂

前缀和词根中间出现多余字母 i，前一小节中讲过，这是为了两个相邻辅音的读音更顺畅。注意这个 i 的读音比通常单词中的短元音 [i] 还要短，发音时一带而过。

> homicide：hom / homo = 人；hom-i-cide = 把人切了，砍人 → 杀人，凶杀

大家如果美国警匪片看多了，警局的"凶杀组"这个词就算不会，肯定也是听熟了的。场景有固定模板，一般都是穿着西装很牛掰的两名侦探正在吐槽人生，突然对讲机传来粗犷女声通告某街口有人暴毙，然后就是两人成套动作：骂脏话——拉警报——玩漂移——急刹车——摔车门——摘墨镜——晃警徽——大喝一声"蛤蟆赛"！在场穿制服的巡街小警员听后立即从阻拦变成闪身让路，一边小碎步跟在后面走一边汇报现场情况。现在见到了这个词根和生词，终于知道了每次喊的原来是"homicide"！

> genocide：geno = 种族；geno-cide = 把种族切了 → 种族灭绝

geno 这个前缀，源自前缀 gene-，即"生命"的含义。单词 generate（产生），generation（世代，一代人），genesis（创世）都来源于 gene。而 gene 本身也成了一个单词，即大家熟悉的"基因"。

> suicide：sui = 自己；sui-cide = 把自己切了 → 自杀

学过了 cide 的同根词，我们掉头回到刚才从 circum 前缀群中选出的下一个词：

> circumscribe：scribe = write 写；circum-scribe = 画圈，写范围 → 限制，立界限

俞敏洪老师在讲单词课时，对这个词的解说是：孙悟空用金箍棒在地上 scribe（画）了个 circum（圈），限制唐僧不许出圈，所以是"限制"的意思。含义透明的词根再加上如此生动形象的含义联系，大部分学生都是一次就能永久记住。这种含义联系的技巧，非常值得学生和教师借鉴。

对碰到的新词根 scribe，我们就顺着看 scribe 的同根词，自然又会有

大约 10 多个生词，比如：ascribe, describe, inscribe, prescribe, subscribe, transcribe, manuscript, postscript。

按习惯，我们还是先看与 scribe 搭配的明星前缀组合：

ascribe：a- = to...；a-scribe = 去写，把账记在……头上 → 把……归因于

前一小节讲过，前缀 a-是 ad-的同化变形，去掉 d 是因为后面是多辅音 sc。因为我们在之前就扫清了这个障碍，此时看到这个前缀就不会再感到陌生和糊涂了，学习起来就会感觉顺利很多。

describe：de = 向下；de-scribe = 写下 → 描述；
inscribe：in = 里，进入；in-scribe = 写到里面去 → 铭刻，刻碑文

in 和 scribe 组合是个动词形式，所以 in 的含义为"进入"而不是"否定"。

prescribe：pre = 之前；pre-scribe = 行动之前写 → 行动的指示，医嘱
prescription 是 prescribe 的名词形式，主要含义为医生开的处方，即用药指示

我们看到这个词根有两种形式 scribe 和 script。前面讲了，script [skript] 是 scribe [skraib] 的缩音变化。一般情况下长音形式是动词，缩音形式是名词或形容词（比如 prescribe 是动词，prescription 是名词，prescriptive 是形容词）。另外，script 本身也是一个单词，是名词"剧本，手稿，字迹，字体"的意思。大家在看原版电影时，如果需要读原文剧本，可以在搜索引擎上用电影名带上关键词 script 去检索。

subscribe：sub = 下；sub-scribe = 在下面写，在下面签字 → 签名，同意，订阅
transcribe：trans = 穿过，转变；trans-scibe = 转写到其他地方 → 誊写，抄写
manuscript：manu = 手；manu-script = 手写 → 手稿，手抄的

再次碰到带新前缀的生词。前缀 man- 含义为"手"，但结尾为 n，后面紧跟辅音不好读，所以当后面是元音时是 man，辅音时增加字母 i 或者 u，所以这个前缀的另外两个形式为 mani-，manu-。比如 man-i-cure（指甲护理），man-u-facture（制造）。

> postscript：post = 后，post-script = 后面写，→ 附笔，写作后面的话；

新前缀 post 的含义为"后"，比如 postpone。词根 pon 的含义为"放置"，所以 postpone 即"往后放，后置，推迟"的含义。

在短信、电邮流行的时代，写在信件正文后面的附笔（缩写 P. S.）越来越少见了。但在正式的商业和公务邮件信函中，仍然很普遍。P. S. 中的内容，往往传递了作者心中最真实的想法，所以其中包含了重要信息，有经验的商家政客，都会对 P. S. 中的内容格外敏感。

我们一路串联出了几个新前缀和几个新词根，现在回归到词根 spect 的同根词继续学习。spect 的一种元音短化的异化形式是 spic，比如：

> suspicious：动词 suspect（怀疑）的形容词形式，含义为"怀疑的，可疑的"。
> conspicuous：con = 一起，共同；ous 为形容词后缀，con-spic-ous = 大家共同看到的 → 有目共睹的，显眼的

conspicuous 为形容词，其衍生词有副词 conspicuously，名词 conspicuousness，否定含义形容词 inconspicuous 即"不显眼"的含义。

> despicable：de = 下；-able 为形容词后缀；de-spic-able = 下看的 → 看不起的，可鄙视的

我们来看跟 spect 搭配使用的另外几个后缀：

> spectacle：acle = 东西；spectacle = 看的东西 → 公众演出
> spectacles：spectacle + s（复数）= 看的东西（复数）→ 眼镜
> spectacular：ar = ……的；spectacle + ar = 可看的东西的 → 可观的，景象惊人的
> spectator：ator = ……的人；spect + ator = 看的人 → 观众

我们刚才在 suspicious, conspicuous, despicable 中见到了几个后缀：ious, uous, able。其实这几个后缀我们在学低频词时见过。比如：continuous, curious, available。这些主要只起语法作用的后缀，大家在学高频词时碰到过不少，比如：-able, -al, -ty, -ic, -er, -or, -ful, -ish, -ly, -tive,

-tion, -ition, -ation, -sion, -ment, -less, -ness, -sm, -ist。所以实际上我们对很多词缀都已经熟悉了。

对于中国同学来说，大部分的后缀我们在 5000 高频词中已经接触过，所以后缀学习不是难点。大部分后缀没有具体含义，所以并不需要专门来记忆后缀。有少数来源于拉丁词和希腊词的后缀带有比较明确的含义，相对更加容易学，比如：-cle、-icle、-cule、-ella、-let、-ling、-isk、-el、-et、-ette 表示"小东西"，-escence 和 -escent 表示"开始出现"，-oid"像……的"等，这些后缀我们在碰到时再学就是了。

我们在前面举例时，从词根 spect 出发，才串联了几个新前缀和新词根，不知不觉就学了大约 50 个生词。对这些一路学到的单词，建议大家边学边记录在本子上。记录方式是每行一个单词，英文在左，中文在右。复习的时候用手挡住右边的中文，看着英文先回忆其中文解释，然后手往下错，露出答案来核对。比如下面一个小刘同学的单词笔记本样板。

小刘的单词学习笔记整体非常好，但对单词的中文解释记录得有些过于详细，其实只要写出每个单词的一两个中文解释就可以了。一般的本子每页能记录 25 个单词，所以每天学习时发现记录了 4 页的内容，就知道今天的单词学习够量了，把学过的单词复习一遍，就可以睡觉去了。第二天开始新的学习之前，把前一天学习的单词用几分钟检测一下。一般检测中都能够发现有几个单词忘记，属于正常现象，再用词根含义联系的方式复习一遍也就会了。如果检测发现大量单词没有记住,就说明前一天学习方式有状况,要冷静下来仔细分析学习过程中的问题,而不是抱怨自己的记忆力差。

闲言碎语要多讲

有的同学以前尝试过以词根记忆为主的突击单词的学习方式,但并不成功或学习速度不理想,于是就对此产生了质疑。出现这种学习障碍,有三个主要原因:

1. 之前基础单词掌握得不理想,所以对普通单词的整体熟悉度不够,看到带词根的单词感觉更加不适应;
2. 没有好的学习计划和学习方案,对词根辅助记忆也缺乏理解,拿起一本词根书就开始背,期间会碰到很多问题,学习效果不理想;
3. 学习时缺乏大脑兴奋度,注意力分散和感觉枯燥,从而造成学习过程中缺乏有效的、加深记忆的"深度处理"机制。

> 要用关注和记忆娱乐八卦的态度来对待词汇的背景知识,要拿出记忆花边新闻一样的热情,来记忆单词背后的各种故事。

> 优秀的教师会调动学生的学习兴趣,提高他们学习的注意力集中程度和兴奋程度。
> 人只有对自己感兴趣的和能够引起情绪波动的内容,才会记忆深刻,经常能做到一次接触而永不忘记。

最后这一点非常重要。自学的同学容易感觉枯燥,造成学习效果差。而很多跟随有经验老师词汇课学习的同学,普遍反映词根记忆单词的效果好。主要原因是优秀的教师会调动学生的学习兴趣,提高他们学习的注意力集中程度和兴奋程度。比如新东方俞敏洪老师的单词课,是公认的单词学习效果最好的课程。班上的学生基本上全部都能做到 100 个小时内掌握 1 万个低频生词。俞老师教课的风格是,根据每个词汇和词根的特殊含义,旁征博引,借古讽今,夸张比喻,嬉笑怒骂,学生在课堂上都能听得心领神会,笑得前仰后合。一些人曾批评他在课堂上用了相当多的时间在说笑,但他们不知道,人只有对自己感兴趣的和能够引起情绪波动的内容,才会记忆深刻,经常能做到一次接触而永不忘记。每当学生感觉疲倦、碰到困难时,老俞会及时发现情况,先讲个笑话转换话题,然后改变引证方式来给大家提供新鲜思路。在一片嘻哈逗笑中,很多枯燥的单词学习居然变成了听有趣的人文历史和传奇故事,单词结构就被大家结合这些有趣的背景"刻印在脑海里、溶化在血液中"了。这种课堂上灵活使用的多种调动学生兴趣的手段,都是当今被研究证实的能帮助理解和记忆的最有效的"深度处理"过程,想忘都难!所以**大家学习时,一定要想尽办法做到注意力集中和充分调动自己的兴奋度**。好在现在各种好的词根参考书和网上资源都非常多,其中对单词从各种角度解释、举例和引证的资料充足,即便没有名师在旁指点,我们也能获得足够的辅助资源。我们举例说明。

不久前,来自阿根廷的手游 Trivia Crack,登上了苹果 App Store 的世界冠军宝座。这是何等神器?原来就是一款八卦知识大比拼的游戏。全球的手机用户共同登录游戏界面,比赛谁知道的花边消息或百科信息最多。比如下面的娱乐和地理两个专项比拼中的内容:

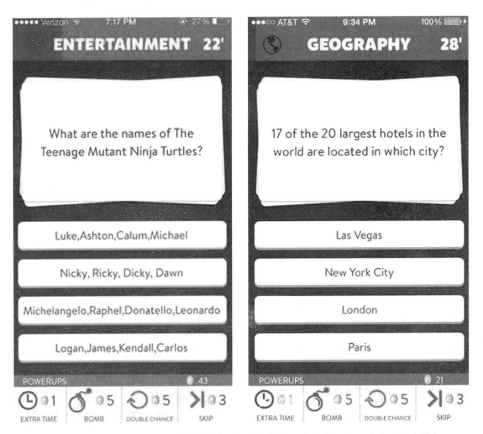

电影《忍者神龟》中的三只龟的名字都叫个啥?全球最大的 20 家酒店,有 17 家都在哪个城市?

我们每个人知道的乱七八糟的"知识内容"都非常的多，你能想象我们每个成年人都会哼唱上万首歌曲，知道几千个演员、歌星和社会名流的名字吗？我们不但知道这些名人的姓名和长相，还对其中很多人的生平轶事都有详细的了解，甚至知道其中很多人的属相、星座、血型、最喜欢的颜色等等。我们大脑中储存的类似信息，总数量大得惊人。我们不但能够储存大量类似信息，而且存储效率也是奇高。我们可以在短时间内记住信息量巨大的花边新闻，往往是接触一遍就记住了。很多人对某年某月某演员的老婆和经济人出轨了，谁跟谁在网上如何开撕了啥的，记忆得有时间有地点有人物有情节有图有真相，对所有精确的细节记忆深刻且津津乐道。但对文字简单却枯燥乏味、缺乏生动情节的内容，比如公式、数字、单词或简单结论等，我们却背了好几遍都记不住，主要原因就是记忆时从内容到形式都缺乏兴奋度和情感参与。

心理学家早就发现，当拥有花边新闻并可以去八卦一下，特别是发现自己比别人知道得多而成为八卦传播者时，人类大脑会产生多巴胺，感觉很"嗨"。所以我们也就非常热衷于寻找和吸收各种花边消息。其实不论男女，都会对八卦感兴趣，尽管有时男生会假装自己不喜欢八卦。八卦是我们的本能，我们对此还非常擅长。伦敦大学学院的脑神经学教授 John Hardy 认为，喜好八卦是人类进化的结果（Hardy, 2011）。如果我们能把这种八卦能力应用到记忆英语单词上，将会成为我们的学习利器。跟很多游戏节目的情况类似，大家在开始尝试时，可能一时还不觉得有趣。一旦关注一段时间后，能逐渐发觉个中滋味，并受到阶段性成果的鼓励，就会开始觉得有些意思了。

> 当拥有花边新闻并可以去八卦一下，特别是发现自己比别人知道得多而成为八卦传播者时，人类大脑会产生多巴胺，感觉很"嗨"。

下面我们从表达数字含义的词根、词缀来八卦一下。

数字含义的拉丁和希腊前缀，在英语中都被采用了。通常表达社会和宗教领域的词汇用拉丁前缀的比较多，在几何学、哲学和医学领域用希腊前缀的多。

Latin	Greek	Definition
uni	mono	1
bi /duo	di /dy	2
tri	tri	3
quart	tetra	4
quint	penta	5
sex	hex	6
sept	hept	7
oct	oct	8
novem	ennea	9
dec /de	dec /deca	10
cent	hect	100
mill	kilo	1000

常用的希腊数字前缀：

一：monolog 独白，monotone 单调的，monarch 帝王（唯一最高统治者）

二：dichotomy 哲学的二分法

三：triangle 几何学的三角形，tripod 三脚架（希腊词根 pod "脚"）

五：pentagon 五边形。the Pentagon 美国国防部五角大楼。

六：hexagon 六边形，sextant 六分仪

八：octopus 八脚章鱼

百：hectare 公顷（一百公亩）

千：kilogram 千克（gram 是克），kilometer 千米

常用的拉丁数字前缀：

一：unicorn 独角兽，unicycle 独轮车，uniform 制服（uni 统一 + form 形式）

二：double 双倍，bi-weekly 双周的，bicycle 两轮自行车

三：tricycle 三轮车，triple 三倍的，triplets 三胞胎（词缀-let 是指 "小东西"）

四：quadruple 四倍的，quadruplets 四胞胎，quarter 四分之一

八：octave 八度音阶

十：decade 年代（10 年），decimal 十进制位数

百：century 世纪（100 年）

千：millennium 千年

跟数字有关的单词，可以找出好多故事。比如 mill- 是千，million，就是一个"大千"，即一千个千，等于一百万。billion，bi 即"二"，双重大千，就是 1 million 个 million（万亿）。后来因为这个数量太大了，美国人首先把它短版（short scale）化，billion 缩小成了一千个 million，即 10 亿。trillion 中的 tri 是"三"，三重大千，原本为 one million million million（一百亿亿），短版化后成了 one thousand thousand million，即万亿。近年来英国人也终于放弃了原来的长版数量，跟着美国人用起了短版。但世界上有些国家仍然在用长版。因为英文有长短版的缘故，弄得中文的"兆"到底是多少也跟着出现混乱。好在我们中国人的单位万、亿都比较大，不用兆也能应对大数字，所以我们平时不用"兆"做单位。

拉丁前缀 Sept（七），Oct（八），Nov（九），Dec（十），大家看着眼熟吗？没错，正是下面几个单词的前缀：September, October, November, December。但是对不上号啊，明明是九月、十月、十一月、十二月，怎么会是七、八、九、十的前缀呢？原来这几个月份，曾经的确是七八九十月。最早罗马日历中，一年开始的第一个月是 March，即现在的三月。罗马人尚武，所以用战神 Mars 来命名的第一个月。

旧罗马历顺着排下来，第二个月 April 和 第三个月 May，名字来源现在说法不一，总之是跟什么神有关。接下来第四个月 June，名字来源于罗马神话中的王母娘娘 Juno，也就是 Mars 他妈。她的老公是玉帝 Jupiter，九大行星中体积最大的木星就是用他命名。Juno 她爹是农神 Saturn，土星就是这个名字。顺便讲一下另外几个主要行星的名字。

水星是 Mercury，是罗马神话中掌管金融、商业贸易、交通、通信、旅行的神。交通、通信和商业的特点都是行动迅速，变化多端，所以流动性高的水银就用它来命名了。水星围绕太阳转动快，所以也是用 Mercury 命名的原因。因为掌管商业，其中词根 mer 正是"商业，商品"的含义。同根词有 commerce（商贸），commercial（商业的），merchant（商人），merchandise（商品）等。

金星 Venus，就是美神维纳斯。她和战神 Mars 生了一个总长不大的、拿着弓箭乱射人的爱神丘比特 Cupid。cupid 作为词根含义为"爱，欲望"，所以单词 cupidity 的含义是"贪婪"。

地球 Earth 是太阳系中唯一没有用神仙命名的星体。日、月的拉丁词根是 sol 和 luna，是罗马日神和月神的名字。solar（太阳的），这个词现在使用最多的地方就是"太阳能"，solar power，solar energy。月亮的 lunar，我们用的农历，就被称为"月亮历"，lunar calendar。单词 lunatic，原意是受到月亮影响而疯癫了，这个词现在很常用，就是大家口头常说的某个人是个"神经病"（He is a lunatic.）。

回来继续说月份的名称。接下来第五个月以及其后的月份，没用神仙的名字，直接用数字。本来第五个月就叫五月 Quintilis，前缀 quint 是五。但因为恺撒（Julius Caesar）是这个月生的，这个月就被强行改为他的名字 July。随后的第六个月，本来是六字头的 Sextilis，但恺撒的继承者，他的外甥孙 Augusta 成了罗马第一个皇帝，他是这个月生的，所以这个月的名字就被改为了 August。传说 31 天大月的 July 之后的 August 原本是个小月，只有 30 天，但 Augusta 非要给自己出生的月份增加一天，结果一大一小间隔的月份排列，就被 August 这个月给打乱了。这个传说的真实性并不可靠，但对帮助大家记住 July 和 August 都是大月却很有帮助。

后面的月份，第七个月 September，第八个月 October，第九个月 November，第十个月 December，所用的字头刚好就是前缀 7、8、9、10。十月之后虽然还有很多天，但没有月份了，因为当初罗马人认为到了冬天不用记录日子。后来逐渐才又被增加了两个月份 January，February。因为大月小月排到最后一个月凑不够 30 天，且平年、闰年天数有差异，都去减最

后一个月 February 的天数，所以 February 天数最乱，平年最少只有 28 天，且每四年增加一天变 29 天。再后来历法改革，把 January 变成了第一个月，结果 February 成了二月份。二月份天数少不说，且后面 7～10 月的数字名称也乱掉了。都是罗马人的错！

上面我们随意"八"了一下行星、月份名称的历史，我们就能顺便掌握一系列的词汇。采用这种方式不但生动有趣，学习起来不觉得枯燥，而且最重要的是记忆深刻。大家只要搜索关键字 how do planets get their names，how do months get their names 就能找

到相关的故事内容了。

人对自己感兴趣的或能够引起情绪波动的内容，普遍会记忆深刻。尽管我们可以通过探寻词源来发掘一些有趣的内容，但从单词学习的整体上说，除了少数对英语词源出奇感兴趣的同学外，大多数同学仍然会觉得这是相对枯燥乏味的过程。在此推荐大家使用一种"现学现卖"（learning by teaching）的学习方式，这种做法之所以效果好，主要是因为要给别人讲懂，就需要先自己搞懂，而此时的自学会用非常高的注意力来了解学习内容，同时还必须思考和发现该内容在学习和理解时最有效的实现过程。在教别人的时候，自己也高效率地学会了；另一方面，因为给人讲解时大脑异常活跃，实际上在这个过程中自己的兴奋点也是最高的。如果是给别人讲一些词汇来源背后的故事，印象应该更加深刻。大家如果有学习伙伴，可以通过互相讲解来实践。如果没有学习伙伴，可以自己找几个免费的学生来辅导，现学现卖给人家讲。如果是自己独立学习，可以给自己录讲课视频，要有录完了会播放给其他学生或者上传到网上被人点评的态度。总之是要求认真进入状态，真实感越高，效果越好。道具方面需要准备白板，一边写板书一边讲。最好是能站着就不坐着，并大量使用肢体语言，用夸张的表情和变换的语调来讲课。

> 如果是自己独立学习，可以给自己录讲课视频，要有录完了会播放给其他学生或者上传到网上被人点评的态度。
>
> 为了减轻认知和记忆负担，所有语言都是通过简单词汇的联系实现对复杂词汇的学习的。

总之，**用词根、词缀学习单词的核心技术，就是通过可重复利用的词根、词缀含义之间的各种联系，来降低认知难度，提高记忆效率**。提高记忆能力有两个主要渠道，一是高频重复出现，二是含义联系。语言学家早已发现，任何语言中的大部分词汇都是复杂而低频的。为了减轻认知和记忆负担，所有语言都是通过简单词汇的联系实现对复杂词汇的学习的。可以说对这种联系的认识程度越高，记忆效果越好，记忆的内容也就越多，这被称为复杂词汇学习的 Family Size Effect（Bertram, Baayen and Schreuder, 2000）。

词源的网络资源：

https://www.oxford-royale.co.uk/articles/14-fascinating-word-origins-english-language.html

https://www.babbel.com/en/magazine/21-english-words-that-are-actually-greek-and-the-stories-behind-them

http://mentalfloss.com/article/57421/13-fascinating-word-origin-stories-are-completely-untrue

https://www.thevintagenews.com/2016/12/09/some-everyday-words-and-the-story-behind-their-origin/

小词琅琅兮，其义茫茫

在我们要学习的一万多个低频单词中，没有词根的词是什么样子的？为确保真实性和准确性，我们选用 Jacet 8000 词汇表中排名在 7801～8000 的一段低频词，作为我们的统计样本来分析。在这 200 单词中，无词根的词汇只有 51 个（25%），基本符合我们对低频词中无词根为 20% 的比例预估。这些无词根的词是：

---

wrath, pawn, poppy, trickle, bogus, maple, daisy, comet, havoc, zeal, motto, mall, hefty, blazing, lance, broom, chimpanzee, thud, hose, stunt, squire, woo, flair, blatant, gleaming, otter, pious, lament, crumb, sultan, plumbing, swirl, ominous, sage, lavender, bouquet, rustle, sect, tavern, bluff, parsley, bulky, tuna, dizzy, lantern, chilly, groin, cunning, stew, beak, lizard

---

上面这些词汇，从读音和拼写上看普遍很简单，但结构中缺乏词义线索，学习难度高。然而有一弊必然有一利，这些词汇有两个主要特点：

- 大部分为具象名词,主要是各类非常象形的具体物品名称;
- 少部分为动词和形容词,且普遍都带有声像(phonesthesia)特征。

✓ 先来看其中比例最高的具象名词:

为什么无词根的低频词汇,大多为具象名词呢?稍微一想就能明白了。抽象的词汇正是因为抽象,所以要通过简单具象含义进行"组合"和"解说",这正是词根、词缀所起的主要作用。比如 predict 这个概念,用简单概念 pre "前"和 dict "说"的含义组合,就是"事情发生之前说出"的含义。然而语言中一些具体物品名称,比如扫帚 broom,只能单独起名字,在词汇构成上就无词根含义线索可循。上面无词根样本中的具象名词为:wrath, pawn, poppy, maple, daisy, comet, motto, mall, lance, chimpanzee, broom, hose, squire, otter, sultan, peanut, sage, lavender, bouquet, tavern, sect, parsley, tuna, groin, stew, beak, lizard,占了总数的一半多,主要包含了以下几大类具象物:

- 动物名称:otter 水獭;tuna 金枪鱼;chimpanzee 黑猩猩;lizard 蜥蜴
- 植物名称:poppy 罂粟,鸦片;maple 枫树;daisy 太阳花;lavender 薰衣草
- 食品:parsley 欧芹;peanut 花生;stew 浓汤
- 场所,建筑物:mall 购物中心;tavern 旅舍
- 用品和工具:broom 扫帚;hose 水管;plumbing 管道装置;lance 茅刀;bouquet 花束;lantern 灯笼
- 自然物体、身体:comet 彗星;crumb 碎屑;groin 腹股沟;喙 beak
- 社科名词:zeal 热情;motto 格言;wrath 愤怒;pawn 卒;squire 护卫;sultan 苏丹王;sect 宗派;sage 智者;flair 才华

从学习的角度来讲,没有线索就只能死记硬背,学习起来会比较艰难。然而有一弊必然有一利,这些词汇特点中的一些因素,能够对我们的学习起到帮助作用。

首先,<u>非常具象的名称的一个有利于学习的因素,就是可以使用实物图像</u>。结合实物图像来学习,不但可以帮助直接建立英语思维,而且图像

还是辅助记忆的"深度认知处理"(deep processing)的最佳手段之一。

其次,即便是完全无词根的低频名词,从其起源上讲,通常也并非纯粹无中生有,多少都跟一些高频词汇有一点含义联系。发掘词汇之间的含义联系,也是实现对词汇进行"深度认知处理"的重要途径之一。

儿童在学习母语中的低频词时,特别是具象名词,通常只用很少几次的接触,甚至是一次接触就能学会,即词汇学习的"快速映射"(fast mapping)现象。**能够实现快速映射的主要条件,一个是形象生动和含义显著,这个条件可以通过实物图像帮助实现;二是游戏性和求知欲,这个就需要我们主动发掘这个词汇背后的故事以及跟其他词汇的联系来实现。**能够把握好这两个途径,学习效率就会提高。我们举例说明。

我们看上面词汇列表中 lance 这个词:

图像辅助

lance 是中世纪时武士使用的带有刀刃的长矛。

> 没有词根来辅助记忆的低频词,的确难学难记。但有一弊就会有一利,这种词普遍拼写短小,具象词比例高,可以通过查找词源和利用图像来辅助理解和记忆。

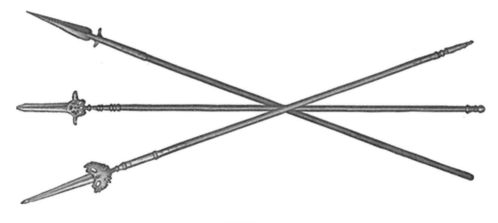

中世纪武器 lance

现在这种兵器没有人使用了,所以这个词的使用频率也非常低。但 lance 的衍生词汇 lancet 却非常有用:

et 结尾表示"小东西",所以 lancet 就是"小茅刀",现在主要指代两种医学领域的工具:取血针和手术刀。如下页图:

lancet ①为化验用采血针，②和③为外科手术刀

世界著名医学期刊 Lancet，用的就是这个名字。这个期刊的中文翻译名称，是一个非常具有江湖气息的汉语词：《柳叶刀》。

含义联系

freelance：这个由 free 和 lance 组合，原义是用"自由的矛"来比喻"自由受雇的武士"，进而指代"可以被自由雇佣的专业人士"。某人具有一定专长，却不固定地在某机构做合同工，而是喜欢自由选择给不同的雇主做临时工，就叫作 freelance。现在很多人已经意识不到 freelance 这个词跟"长矛"有什么关系了。

launch：发射。lance 最初是一种专门用来投掷的"轻矛"，后来才演变为武士用于搏杀和骑马对决的常规武器。拉丁词 lanceare 的意思是"挥舞、投掷矛刀"，转义为"投掷，发射"，即 launch（发射）这个词的起源。launch 来源于 lance，所以它们的拼写也有近似之处。

单纯使用图像来辅助学习，虽然生动形象，却容易把词汇本身的形式忘记；而同时结合词汇含义的横向联系，就能够加深对词汇本身形式的熟悉度。比如前面 lance 的图像虽然记住了，lance 的形式却容易忘记。如果横向联系了 lancet, freelance 等相关词汇，只要其中一个给能我们留下比较深的印象，就全部都记住了。

daisy

结合这两种途径，我们再来看看样本中有关植物的两个词 daisy 和 poppy。

daisy：雏菊，太阳菊。最初命名是因其形状得名"太阳之眼"，后来变为"白天之眼"day's eye，进而演化为 daisy。

upsy-daisy：从 up a daisy 变形而来，是突然摔倒时使用的惊叹词，类似于"哎哟唉"。动画片大片 Sing 中，Ms. Crawly 抱着刚打印好的一大摞广告，突然全被风扇给吹到窗户外去了，她就喊了一声：Upsy-daisy！

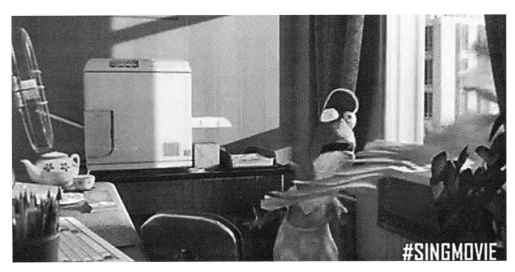

Upsy-daisy!

poppy：罂粟。poppy 果中的汁就是鸦片 opium，是著名的毒品。

罂粟花（同样叫 poppy）非常艳丽，并且是西方传统的老兵纪念日当天人人佩戴的花束。每年老兵纪念日，伦敦塔下的百万人造罂粟花，呈现出一个猩红的花之河。

动画片 Trolls 里面的小公举就叫 Poppy，这个名字应该跟她的发型有关。

(见彩插 10①)

低频词的实物图片,不但是帮助学习的重要手段,甚至很多词不借助图片就很难理解其正确词义。

parsley:欧芹。这是个中国同学不熟悉的蔬菜,不知道长什么样子。但当看到照片时就会发现,原来很多西餐菜品盘上那几个"中看不中吃"的绿菜叶,就是 parsley。

又比如 silo 这个词,汉语翻译为"筒仓,青贮窖"。啥意思?根本不知道。看了图解就明白了。

parsley

silo(见彩插 10②)

✓ 再来看样本中几个从词源上可以发掘词义纵向联系的词：

zeal：热情。其形容词"热情的"是 zealous。如果你觉得这个词跟"嫉妒的"jealous 很像，这就对了。两个词是同源的。最早 jealous 这个词并非贬义，是"有竞争的热情"的意思，后来逐渐变为贬义的"嫉妒"，褒义的"热情"就只有 zeal 和 zealous 了。

lantern：灯笼。这个词是从 lamp 变化而来，所以两者拼写和读音都很近似（字母 m 出现在 p、b 之前，在其他辅音前会变为 n）。

groin：腹股沟。这个词来源于 ground，受到了"腰部"loin 这个词的影响，变形成了 groin。

stew：炖汤。这个词的来源被追寻到与"炉子"stove 这个词相关。

cunning：精巧，狡诈。这个词来源于 can，即"知道，能干"。cunning 和 canning 在发音、拼写和含义的联系上是非常明显的。

我们把几个跟具象名词的衍生相关的形容词也放在这里。

hefty：重的，是 heft 的形容词形式。heft 名词意为"重量"，动词意为"用力举"，来源于 heave"用力举"，原本是 heave 的过去时（类似于 leave—left 的过去时形式变化），后来这种过去时形式被淘汰了，但 heft 这个词却保留了下来，而最常用的是 hefty 这个形式，经常用来指"重大收获"，比如 a hefty bonus"巨额奖金"，hefty reward"重奖"。

pious：虔诚的。原形是 piety 虔诚，这个词的来源与 pity"怜悯，同情"有关。

bogus：伪造的，假的。跟 bogey 一词同源。在高尔夫球赛中，打了标准杆数进洞，叫作 par（平杆）；少击一次进洞，叫作 birdie（小鸟）；少击两次进洞，叫作 eagle（老鹰，比小鸟牛些）。但如果多击一次才进洞，就叫作 bogey（是个贬义词，没有对应汉语，含义近似于"差，坏"）；多两次才进洞，叫作 double bogey（坏了两次）。bogey 一词在二战中用于指"敌机"，所以在空战片中我们经常会听到飞行员说"We got a bogey at six o'clock."，意思是说"我们正后方（即六点钟方向）发现敌机"。

我们找出单词在词源上的这些横向和纵向的联系，不是为了研究词源，而是因为在探寻和发现这些词汇的词源及其与其他词的词义联系的过程中，会增加对这些词的了解兴趣与关注度，从而帮助我们实现认知的"深层处理"，大幅度提高理解和记忆效率，同时还能让我们顺便把一些关联词也学会了。低频词的词源，以及与其他词汇的含义联系，在高级的英语词典中的每个单词的 etymonlogy 栏目下或者 etymonline.com 网站上都能很方便地查到。所以大家在学习这些词汇的时候，最好是手边有电脑，以便随时查阅。

比如单词 stylus，即手机或平板电脑上写画的"书写硬笔"，单独记忆很难。在高级词典或 etymonline 上查一下词源，情况就不同了。

在触摸屏上书写用的 stylus

词源解释说，stylus 跟大家熟悉的 style 这个词有关。而 style 最初的含义是 manner of expression，即形容写作的"风格"，而不是形容衣着打扮很有"范儿"。最早写字是用削尖的小棍子蘸墨水，所以 style 的来源很可能跟"棍子"stick 这个词相关。医生用来做手术的"探针"就叫作 stylet（我们知道词缀 -let 指"小东西"，比如 booklet 书签，piglet 小猪）。通过查阅词源发现了 stick, style, stylet, stylus 这些词之间的关联，stylus 这个词就容易理解和记忆了。

下面是在 etymonline.com 上检索 stylus 时显示内容的部分截图。

stylus (n.)
1728, "stem-like part of a flower pistil," alteration of Latin *stilus* "stake, stylus;" spelling influenced by Greek *stylos* "pillar." Meaning "instrument for writing" is from 1807.

stylet (n.)
1690s in surgical and scientific senses, from French *stylet*, from Italian, from Latin *stilum* (see **style** (n.)).

style (n.)
early 14c., *stile*, "writing instrument, pen, stylus; piece of written discourse, a narrative, treatise;" also "characteristic rhetorical mode of an author, manner or mode of expression," and "way of life, manner, behavior, conduct," from Old French *stile, estile* "style, fashion, manner; a stake, pale," from Latin *stilus* "stake, instrument for writing, manner of writing, mode of expression," perhaps from the same source as **stick** (v.)). Spelling modified incorrectly by influence of Greek *stylos* "pillar," which probably is not directly related. As distinguished from *substance*, 1570s. Meaning "mode of dress" is from 1814.

经常是"感觉这几个词之间含义关系太牵强"这个想法本身，却能无意中促进"深度处理"。这是因为"高难度"带来的"高关注度"而产生的学习效果。

其实每个词都能查找到某种起源，但有的词起源含义经历了太多的变化，有的起源不确定或有争议。对于有争议但含义很符合的词源，从学习角度来讲，我们不妨选择一个最适合的解释，只要便于我们学习记忆词汇就可以，并不必要求解释最正宗。但对于形式变化太大的词源，如果发现词源含义对学习帮助不大，就不必强求。比如：lavender 一词，起源跟 launder 有关。launder 是"洗衣服的人"。可以看出 launder 和大家熟悉的 laundry（洗衣服的地方）一词是同源。lavender 是洗完衣服后放的香料，所以又称"薰衣草"。从拼写上，也能看出 lavender 跟 launder 的近似之处。所以与 laundry 的联系能帮助记忆 lavender。但如果感觉 lavender 和 laundry 之间的含义转折太曲折或过于牵强，则不必非要按这种方式来学。但有趣的是，经常是"感觉这几个词之间含义关系太牵强"这个想法本身，却能无意中促进"深度处理"。这是因为"高难度"带来的"高关注度"而产生的学习效果。所以我们主动查阅一下词源，无论含义联系是否很直接，都会对学习有帮助。

综合分析下来，真正既缺乏图像和又很难找到横纵向含义联系的名词数量并不多，主要集中在社会类概念，比如：wrath 愤怒，sage 智者，flair 才华，squire 护卫。这几个名词大家死记硬背就好啦。

网络资源：

http：// www.etymonline.com

http：// wordinfo.info

闻其声而观其义

英文作为拼音文字，词汇的起源和声音有关的比较多。拟声词自然不必说，比如牛叫 moo，猫叫 meow，狗叫 woof woof，敲击声 bing bang boom，铃钟声 ding dang dong，但非拟声的动词、形容词和少数名词，其发音方式也跟该动作发出的声响有关。比如说 splash 这个词的发音，单词读音很像是水撞击物体飞溅时发出的声音，所以 splash 就是"飞溅"的意思。

从词源的角度来讲，低频无词根的动词和形容词，很多都具有声像学特点。英语词汇的发音和词汇含义之间，大致能发现存在着这样的一些联系：

- 元音 a，发音比较响亮，所以和大声或远处的声音含义有关。比如：large, grand, bang, that。
- 元音 i, e 发音时口型小而扁，经常被用来形容小的、近处的物体。比如：little, tiny, bing, this, teeny, weeny, me。

- 英语中还有很多包含近、远含义的成对儿的词，也符合这种发音特征：zig-zag，this and that，pit-a-pat。
- 元音 o，u，因为发音时口型圆，所以经常被用来形容体积大而圆。比如：round 圆的；rock 岩石；bulk（大）体积；boulder 大石头；rotund 圆胖的，肥圆的。

发辅音时，则会通过气流在口腔里流动的特征，来模仿事物的特性。比如 s 和 n 这两个辅音字母组成的 sn 辅音簇（cluster），是个典型的鼻音，所以很多跟"鼻子"有关的词汇，都是以 sn 开头的。比如：snore（打呼噜），sniff（用鼻子吸，嗅），sneeze（打喷嚏）。

下面回来看一下我们前一节选定的 Jacet 8000 词汇表中的 200 低频词样本：

✓ trickle（滴水，细流）

le 结尾为"小东西"，元音 i 也是"小"，所以是"小水流"。

同样形式的词有：dribble 细流，流口水，crinkle 皱，沙沙声，freckle 雀斑，sprinkle 喷撒，wrinkle 皱纹，speckle 斑点。

tr 发音比较拖沓，于是 tr 开头的单词，很多都带有"跟，拖"的含义。比如：trace 跟踪；track 跟随；trail 拖拽。

✓ chilly 原形是 chill（冷，凉）

ch 是模仿呼吸的气流声。比如：chat 聊天，chant 唱，chide 呵斥。

ill 有"抖动"的含义，所以 chill 是冷"飕飕"，thrill 是颤抖式的"激动"，trill"颤抖"，drill"训练，钻孔"，grill"烤"，mill"碾磨"。

✓ dizzy（困惑的，眩晕的）

zzy 有"晕，混乱"的含义，比如：tizzy 慌乱，schizzy 精神分裂；woozy，buzzy，fuzzy，muzzy 都带有"模糊，糊涂"的含义。

✓ bulky（体积大的）

很多含有 ul，ulk 的词汇，都有"体积大"的含义。

hulk 巨人（绿巨人浩克）；buldge 鼓出来；dull 钝笨；full 满。

- ✓ blazing（炽热的，感情强烈的）；blatant（明目张胆的，公然的）；bluff（直率豪爽的）

bl 辅音簇的发音方式是先阻碍气流，然后突然释放并弹舌头，所以模拟突然爆发的声音。

同类词有：blow 爆炸，吹；blast 爆炸，巨响；blare 巨响，吼。

uff 组合，是个模仿轻吹气的声音。

类似的词有：buff 缓冲；puff 喷气；huff 吹气，气呼呼；fluff 蓬松的绒毛。

- ✓ gleaming（闪烁），原形是 gleam

gl 辅音簇，很多词都是描绘与"发光，光滑"有关的含义。

glimmer 微光；glisten 闪亮；glow 发光；gloaming 黄昏；glint 闪烁；glory 光荣；glance 扫视，闪光；glare 耀眼；glimpse 瞥见；gloat 得意地看；glaze 上光，打光；glitter 闪亮片；glacier 冰川；glass 玻璃；gloss（表面的）光泽；glair 釉面；glide 滑翔；glib 油嘴滑舌的。

- ✓ thud（砰的一声），指重击发出的声音

对比一下：thunder 雷声；thunk 铿锵声；thump 重击声。

- ✓ rustle（轻动发出的沙沙声）

对比：rattle 快动摩擦发出的咔嗒声；bustle 喧闹声；justle 拥挤。

- ✓ stunt（特技），即让人感觉震惊的动作

st 辅音簇，是发音时先有轻的气流 s，然后用舌头堵住气流再突然释放发出 t 的音，给人"突然"的感觉。

类似的词有：sting 扎，蜇；stun 震惊；stink 恶臭。

unt 是沉钝的声音，所以有"钝击"的含义，比如：blunt 钝的；brunt 冲击，bunt 触击，punt 踢。汉语的"钝"字，偏巧也带有 un 发音。

- ✓ plumbing（排水系统）；crumb（碎屑）

这两个词都有 umb，是模仿"下沉"的声音。所以很多带 umb 的词，都带有下沉的含义。crumble 崩塌，破碎；plumb 下垂；tumble 跌倒。

✓ woo（求婚）；lament（悲叹）；ominous 原形为 omen（预兆）；motto（箴言，座右铭）

这几个词，都是做某种动作时口中发出的声响。

woo 是 "wo..." 的求偶声；lament 是 "la..." 的悲鸣声，omen 是 "o..." 的祈祷声。

motto 是 "momo" 的低语声。motto 一词的英文解释是 "to mutter, mumble, murmur"。mutter、mumble、murmur 这三个词都是 "mumu" 地 "咕哝，低语"，带有非常典型的声像特征。

✓ broom（扫）；brush（刷）

显然 br-辅音簇是模仿 "快速扫过" 的动作。

brash "轻率的"，breeze "微风吹"，browse "翻阅"，bruise "挫伤"，都带有类似含义。

✓ swirl（漩涡，眩晕）

这个词有两个有趣的部分，sw 和 irl。

辅音簇 sw-在发音时，需要急速改变口型，所以以此开头的单词，很多都跟 "急速摆动" 有关。

比如：swim 游泳；switch 转换；swab 擦洗；swap 交换；swing 甩，荡；sway 摇动；swat 拍，打；swerve 急转弯；sweep 扫。

irl 与 url 组合，发音时需要舌头打卷，所以含义普遍跟 "卷起" 有关。

比如：whirl 回旋；whirlpool 漩涡；twirl（使）旋转；tirl 转圈；birl 旋转；burl 树瘤，树疤；curl 卷，拳曲；purl 返针编织；furl 卷起；unfurl 展开。

我们的样本中绝大部分的动词和形容词，在发音上都跟含义存在一定的关联，都是 water FLOWS，earth GROWS，wind

silo (筒仓，青贮窖)

parsley (欧芹)

▲ 彩插 10 ②：见 175 页

spill the beans

▲ 彩插 11：见 204 页

SCARLETT O'HARA was not beautiful, but men seldom realized it when caught by her charm as the Tarleton twins were. In her face were too sharply blended the delicate features of her mother, a Coast aristocrat of French descent, and the heavy ones of her florid Irish father. But it was an arresting face, pointed of chin, square of jaw. Her eyes were pale green without a touch of hazel, starred with bristly black lashes and slightly tilted at the ends. Above them, her thick black brows slanted upward, cutting a startling oblique line in her magnolia-white skin—that skin so prized by Southern women and so carefully guarded with bonnets, veils and mittens against hot Georgia suns.

    Seated with Stuart and Brent Tarleton in the cool shade of the porch of Tara, her father's plantation, that bright April afternoon of 1861, she made a pretty picture. Her new green flowered-muslin dress spread its twelve yards of billowing material over her hoops and exactly matched the flat-heeled green morocco slippers her father had recently brought her from Atlanta. The dress set off to perfection the seventeen-inch waist, the smallest in three counties, and the tightly fitting basque showed breasts well matured for her sixteen years. But for all the modesty of her spreading skirts, the demureness of hair netted smoothly into a chignon and the quietness of small white hands folded in her lap, her true self was poorly concealed. The green eyes in the carefully sweet face were turbulent, willful, lusty with life, distinctly at variance with her decorous demeanor. Her manners had been imposed upon her by her mother's gentle admonitions and the sterner discipline of her mammy; her eyes were her own.

    On either side of her, the twins lounged easily in their chairs, squinting at the sunlight through tall mint-garnished glasses as they laughed and talked, their long legs, booted to the knee and thick with saddle muscles, crossed negligently. Nineteen years old, six feet two inches tall, long of bone and hard of muscle, with sunburned faces and deep auburn hair, their eyes merry and arrogant, their bodies clothed in identical blue coats and mustard-colored breeches, they were as much alike as two bolls of cotton.

    Outside, the late afternoon sun slanted down in the yard, throwing into gleaming brightness the dogwood trees that were solid masses of white blossoms against the background of new green. The twins' horses were hitched in the driveway, big

名著《飘》中的大量生词

◀ 彩插 12：见 216 页

Table 9.1 Antonym Types

Gradable	Relational	Complementary
smart/stupid	teacher/student	dead/alive
often/rarely	friend/enemy	before/after
fat/thin	question/answer	permit/prohibit
most/least	doctor/patient	precede/follow
up/down	mother/father	send/receive
tall/short	parent/child	beginning/end
rich/poor	lawyer/client	day/night

hwæt!

Some words can have two diametrically opposed meanings: *cleave* can mean either to adhere closely or to divide. Look up some other "contra-nyms": *sanction*, *oversight*, *moot*.

RPE 9.7

RPE 9.8

be thin, but not everyone would share this interpretation. These antonyms therefore express degree in various ways: by comparative and superlative morphology (*smarter, thinner*) or syntactically (*more gigantic, extremely minuscule*). *Complementary antonyms* are another subtype of antonymy: if you are one, you cannot be the other; these are "absolute" opposites. That is, if you are dead, you cannot also be alive; if you are asleep, you are not awake, and so on. Similar pairs of this sort include *legal/illegal* and *beginning/end*. *Relational antonyms* are a third type; these are pairs in which each member describes a relationship to the other: *teacher/student, father/mother, lawyer/client, doctor/patient*. All languages have antonyms as well as these subtypes of antonyms. (See Table 9.1.)

Did You Know...?

Can Something Be *Very Dead*?

Although it may seem obvious that *dead* and *alive* and other antonyms are complementary, it doesn't mean we always use them that way. We say such things as "Downtown is completely dead by 8 p.m." and "That plant is quite dead" and "She's *really* pregnant," where we modify *dead* and *pregnant* with degree words even though these adjectives by definition should not be modifiable (because you either are or aren't dead or pregnant). We also say *very unique*, a phrase that rubs many language purists the wrong way but which is nevertheless quite common even among the most educated speakers. Our colleague Eric Hyman explains such examples as morphosyntax "outranking" meaning—adjectives can always take degree words precisely because they are adjectives. Our unconscious knowledge of lexical categories allows us to use degree words with adjectives regardless of prescriptive, meaning-based edicts.

Similar Meanings: Synonymy

synonyms words that have similar meanings (*purse/handbag*)

Words that are different in form but similar in meaning are called **synonyms**. Synonyms are derived from a variety of sources, and we make choices among synonyms for a variety of reasons.

One source of synonyms is dialectal variation. In some dialects of North American English, a long, upholstered seat is called a *couch*, but speakers of another dialect call the same piece of furniture a *sofa*. Canadian English speakers might call this item a *chesterfield*, and still other speakers might call it a *divan*. Though these words all mean the same thing and are therefore synonyms, they tend to be dialect specific and may not be shared across dialect boundaries.

Synonyms can also cross dialect boundaries; most North American English speakers are familiar with the synonyms *professor/instructor*, *doctor/physician*, and *lawyer/attorney*. Still other synonyms arise as a result of language change over time. For example, your grandparents might use a particular term that seems old fashioned to you, and you might use a more modern term. For example, what might be a *pocketbook* for your grandmother is called in current fashion circles a *handbag* or a *bag* or a *purse*. An older term for *dress* is *frock*, and what used to be called a *baby carriage* or *perambulator* is now a *stroller* or *jogger*; we are less likely now to refer to women as *gals*.

hwæt!

Isn't it fun when antonyms come to be synonyms? *Bad* is bad and it's good. It's bad to be sick, but *sick* can mean 'good'.

Two other, closely related sources for synonyms are style and register. In casual speech, a speaker might say, "That's a nice ride," but in more formal speech, "That's a nice car." For a variety of historical reasons (discussed elsewhere in this book), we attach social value and prestige to words with Latin or Greek roots. We therefore might choose a Latinate synonym over its native English (Anglo-Saxon) counterpart in formal, academic writing. Table 9.2 shows some pairs of synonyms or at least close synonyms. (Exact synonyms are quite rare.)

RPE 9.9

Euphemisms

euphemism word or phrase used to avoid offending or to purposely obscure (*collateral damage* for 'civilian deaths')

English has a vast number of synonyms, more than most languages, largely because of borrowing from other languages, especially French and Latin. Though synonymy allows for a variety of ways to express ideas, it can also be the source of **euphemisms**. Euphemisms are words and phrases used to avoid offending (by directly addressing taboo subjects) or to deliberately obscure actual (usually unpleasant) meanings. Government terminology provides a good source of examples. *Area denial munitions* are 'landmines', and *physical persuasion* means 'torture'. *Operational exhaustion* means 'shell shock', and *wet work* is 'assassination'. We use euphemisms to avoid talking about bodily functions: *sweat* can be replaced by *perspire*, *genitalia* by *privates*, and *urinate* by *go to the bathroom*. Still another source of synonyms

1.3 Using the Scientific Method

Once you have made observations, how do you make a hypothesis? In this section, you will learn more about how to develop a hypothesis. You will also learn the difference between a scientific fact and a scientific theory.

Begin with an observation

An observation and a question Your friend Sam notices that the grass on the school ground is not green everywhere. In one place, where students wait for the bus, the grass is brown. Sam makes a diagram to illustrate his observations (Figure 1.10). His question is: Why is the grass brown near the bus waiting area?

The hypothesis Based on his observation, Sam states a hypothesis: *Students walk on the grass near the bus waiting area.* After making his hypothesis, Sam can complete the steps of the scientific method by collecting data and drawing conclusions (Table 1.1).

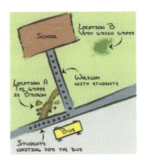

Figure 1.10: *Sam's diagram of the schoolyard.*

Table 1.1: Steps to the scientific method

1. Make observations	The grass is brown at the bus waiting area (location A) and green in an area closer to the school building (location B) (Figure 1.10).
2. Ask a question	Why is the grass brown near the bus waiting area?
3. State a hypothesis	The grass is brown at Location A (the bus waiting area) because students walk on the grass there.
4. Collect data	Sam observes students for three days while they wait for the bus. He records that students stand and walk on the grass at location A. No students walk on the grass at location B.
5. Draw conclusions	Sam concludes that his hypothesis is correct. The grass is brown at location A because students are walking on the grass.

What is a good hypothesis?

Making a good hypothesis Sam's hypothesis was good because it could be tested. Sam tested his hypothesis by observing the students while they waited for the bus. Below are other testable hypotheses that Sam could have made.

The grass near the walkway is brown because:
1. It is not getting enough water.
2. It is not getting enough fertilizer.

Inference A good hypothesis is based on your experiences. As you have learned, an *inference* is a statement based on your experiences.

Here are some examples of inferences:
- For 5 weeks, the cafeteria has served ice cream on Friday. Therefore, my inference is that the cafeteria will serve ice cream next Friday.
- I have gone to 10 birthday parties. At each party, people sang *Happy Birthday to You*. My inference is that when I go to another birthday party, people will sing *Happy Birthday to You*.

What happens next? Sam made a hypothesis and documented evidence that his hypothesis was correct. Sam's next step might be to report the results of the experiment in a lab report (Figure 1.11). A lab report follows the steps of the scientific method.

What if your hypothesis is incorrect An incorrect hypothesis is another piece of information that you can use to answer scientific questions. Let's say Sam wants to know why the grass near the school is so healthy. His question might be: What kind of treatment is applied to the grass? His hypothesis might be that the grass is fertilized. If this hypothesis is incorrect, Sam can use data from his experiment to make a new hypothesis about why the grass is healthy and run a new experiment.

CHALLENGE

Communicating research

Sam used the scientific method to learn why the grass in the school yard is brown. Imagine that you are on the student council. The student council wants to know the results of Sam's research. They also want to know what to do to make the grass green again.

Write an essay that explains Sam's research and list three ideas for protecting the grass.

MY JOURNAL

Pick one of the hypotheses listed at the left. Write a paragraph that describes what you would do to test this hypothesis.

Figure 1.11: *An example of a lab report. Note that the format of the lab report follows the steps of the scientific method.*

BLOWS, fire GLOWS。这是一条学习和记忆单词的捷径吗？绝对不是！

首先来说，具备明显声像特征的单词，数量极少！Pinker 在《词汇与规则》一书中这样概括：语言中词汇的声像学和拟声现象的确存在，但跟数量巨大的无声像特征的词汇相比，只能算是"点缀"（Pinker, 1999）。

最主要的是，尽管一些词汇能观察到声像学的特点，但这种观察结果大都是"马后炮"。**在你先知道这些词汇的含义后，反过来看其发音特点，会感觉与其发音方式之间存在某种关联。然而在你不知道这些词汇的含义时，从其发音和拼写特征上，是根本无法推测出单词含义的。**如果能推测出，那不学外语就都能听懂这些词汇了，这是绝对不可能的事情。这就好比是股市价格的变动，事后很多人都能观察和总结出各种规律，用波浪理论、斐波那契黄金分割、KDJ、MACD 可以分析得天花乱坠。可是在当前任何时刻，都是无法预估下一刻的走向的。

> 语言中词汇的声像学和拟声现象的确存在，但跟数量巨大的无声像特征的词汇相比，只能算是"点缀"。

从单词的发音臆测其含义的尝试自古有之。几千年前古希腊柏拉图的《对话》中，就记载了几位哲学家对此话题的深入讨论：尽管能找到一些词汇的声像起源，但最终在大量反例存在的前提下，苏格拉底认为主观地去对应词汇含义和声像特征是"疯狂而荒谬"的。一直以来，世界各地都不断有人宣称自己破解了词汇的发音密码，发明了可以通过发音或拼写来学习单词的方法，都被证明是无稽之谈。Pinker 在《语言本能》中讲到：词汇拟声的现象是可以被找出，但却没有用处。显然小孩子不可能、也不应该去指望 cattle 和 battle 的词义相近，singing 和 stinging 的词义相像，或者 coats 与 goats 的词义相似。对于无词根的单词，试图使用记忆窍门儿来减轻单词的记忆负担是完全没有希望的（Pinker, 1994）。

> 一部分低频词具有明显的声像特征。但要在先掌握了这些词的含义后，再反过来观察其声像特征，来加强感性认识和增强记忆效果。大家切不可走进"用单词声音或拼写特征来推测单词含义和记忆单词"的邪路。

> 我们不可以利用单词的声像学特征来臆测单词含义，也不能通过单词的声像特征来记忆单词。在具体实践中，在初次接触到生词时，甚至还应该避免观察其声像学特征，否则极易产生混淆。

前面刚把一些单词的声像特点讲得非常热闹，现在为什么又说没用处呢？对这个问题我们一定要理解清楚：我们不可以利用单词的声像学特征来臆测单词含义，也不能通过单词的声像特征来记忆单词。在具体实践中，在初次接触到生词时，甚至还应该避免观察其声像学特征，否则极易产生混淆。

当我们掌握了这些生词的含义之后，则可通过观察其声像特点，来加深对这些词汇的感性认识，在体味其声像学特征的同时，拓展具有相同特点的单词之间的横向联系，增加这些词汇的知识和加深对这些单词的印象。

所以我们碰到生词后，必须先完成无词根词汇的含义学习，之后再反向地观察其声像学特征。通过了解该单词的声像学起源以及与其他同源单词之间的含义关系，来对单词进行深度处理。其次，要注意词汇声像学特征的适用范围，只限于无词根低频单词中部分带有明显声像学特征的词汇。对于高频词和带有词根、词缀的低频词，则完全不适用。

我们碰到生词后，必须先完成无词根词汇的含义学习，之后再反向地观察其声像学特征。通过了解该单词的声像学起源以及与其他同源单词之间的含义关系，来对单词进行深度处理。

单词通常都带有什么样的典型声像学特征呢？我们举例说明。

1 典型的辅音簇

辅音 c 发音为 [k]，发音特点是"快"，g 的发音虽然不慢，但感觉要用一定努力才能发出；f 的发音比较"轻"，而 t 的发音虽然轻但有突发感；d 则是闭气后缓发，相对速度慢；l 发音方式是"滑"，而 r 的发音相对比较"拖"；b 是闭气后大流量爆发，p 是轻闭气小流量快发。虽然如此，但单字母的声像特点不明显且比例太低，比如字母 j 开头的单词，很多都具有"突然动"的含义，比如 jab, jag, jam, jangle, jarring, jerk, jib, jig, jiggle, jingle, jitter, jockey, jog, jostle, jot, jounce, judder, juggle, jumble, jump, jut，但由于所有以 j 开头的单词的比例太小，以至于了解少数 j 开头的带有声像含义的词汇几乎没有意义。而两、三个辅音结合后的辅音簇和元辅音组合后，其带有的声像特征才比较明显，且在同类词中的比例才比较高，才值得去观察。

比如 gl 辅音簇，带有"发光"含义。gl 组合带有"发光"声像含义的词汇比例最高，占了全部以 gl 开头的无词根单词的一半以上。比如在前面我们单词样本中的 gleaming 一词，另外还有 glare, glim, glimmer, glint, glisten, glitter, gloaming, glow, glance, glaze, glimpse, glower, glacier, gloss, glass, glory 等。但既然有另一半不符合这个规律（比如 glad, glee, glue, glob, glove 跟"发光"含义无关），那么强行使用这个规律去臆测词汇含义，就会造成混淆；其次，即便是带有"发光"含义的词汇，具体含义之间差异也是相当大，并不能相互取代。所以我们在初始学习 gl 开头的词汇时，不但无法应用其"发光"的声像特征，反而是为了避免产生混淆而有意不去使用。但当我们了解了某个词的含义之后，在复习和深度了解含义和用法时，观察其声像学特征和发现与其他词汇含义之间的关联，其就成了巩固记忆的辅助工具。

我们来看几个典型辅音簇的情况：

- cl 大多是两个物体轻而快地接触时发出的声响：clad, clam, clamp, clang, clank, clap, clash, clasp, clave, cleat, cleave, clinch, clip, cloak, clod, clog, clot, clench, click, cling, close, cloven, club, clump, clumsy, clunk, cluster, clutch
- cr 是物体慢速接触时发出的声响：crash, crush, crunch, crumble, crawl
- scr 划擦、拖擦：scrap, scratch, scrape, screen, scrawl, script, screw, scrabble, scramble, scroll, scrub, scrum, scrunch
- fl 是物体轻拍或流动的声响：flap, flip, flop, fly, flow, fluent, flutter
- dr 拖、拽：drag, drip, drift, drill, draw, drawl,
- tr 拉：track, trip, trail, travel, trawl, troll, trace, trolley, train, tread, truck,
- str 拉长：string, stretch, stress, strap, string, straw, stray, strive
- gr 贴、绕：grow, grip, grasp, grill, growl, grunt, group
- bl 突然喷出：blow, blast, blaze, blather, blare, bleat, blurt, blush, blunder
- br 搓擦：brush, broom, braze, breeze, brace, brake, browse,

bruise, brunt

- sl 滑动：slash, slap, sleek, slick, slay, slice, slit, slip, slipper, slide, sleigh, sledge, slop, slouch, sloth, sludge, sluggish, slump, slumber, slur, slurp, slurry

- sk 快动：ski, skim, skip, sketch, skill, skate

- sm 半鼻音，含义为鼻或变形：smash, smack, smear, smoke, smolder, smell, smirk, smooth, smudge

- sn 鼻音，含义为鼻或用鼻子：sneaky, snore, snooze, snorkel, sniff, snout, sneeze, snuffle, snort, snot

- st 动而突然停顿：stand, stun, stuff, stuck, sting, stunt, stay, stall, still, stamp, stump

- sw 突然摆动：swim, switch, swab, swap, swing, swipe, swoop, swoosh, sway, swat, swerve, sweep

- sp 轻喷：spam, span, speak, speck, spell, spill, spit, spot, spurt, spurn

- pl 伸出接触：ply, play, plow, pledge

- spl 喷出后撞击：splatter, splat, splotch, splash, split, splice, splodge, splurge, splutter

- pr 伸出展开：pry, pray, prowl

- spr 轻喷后伸展：spray, sprawl, sprout, spring, sprint, sprinkle

2 带有声像含义的元音组合，需要结合辅音来分析含义

在观察到辅音簇的声像特征后，我们再结合词汇后部的元音组合，特别是与不同辅音簇的词汇对比，更能体会出一些相关词汇含义之间的关系。

比如：我们看 sp，spl，spr 辅音簇，都是一种突然喷发的送气方式，所以很多以此辅音簇开头的词汇，都有突然弹出的含义。sprint（冲刺），splash（飞溅），speak（说出），sprinkle（喷洒），splat（啪嗒），splatter（飞溅），spray（喷撒），spit（吐口水），spout（喷水），sprout（发芽，迅速生长），spread（伸展），sprawl（蔓延，展开）。sprawl 虽然是 spr 开头，但蔓延的运动速度比较慢，原因是受到了后面 awl 的影响。awl 在发音上有"拖

延"感，所以带有了"拖拉"的含义。比如 crawl（爬行），drawl（拉长声调说），trawl（拖网），scrawl（涂写）。

又比如以辅音簇与元音进行纵向联系：

- clash, clutch, clunk, clumsy
- crash, crush, crunch, crumble

可以看出，后部辅音组合的发音越略越低沉，其词汇含义也越来越放慢速度，由尖锐而转为迟钝。

再比如，以辅音组合进行横向联系：

- ash 跟快速运动有关：bash, dash, gash, lash, mash, rash, brash, clash, crash, trash, splash
- umb 跟含糊、笨重有关：dumb, numb, bumble, grumble, rumble, scumble, mumble, jumble, fumble, tumble, crumble

上面这些元音组合，发出的是同样的声响，但被不同发音方式的辅音簇引领，反映出在动作实现的方式上的差异。

带有声像特点的无词根单词有上千个，在此就不一一列举了，大家在学习时可以慢慢体会。再次重申，**观察词汇的声像学特征，绝对不能作为词汇学习的起点或学习手段，即不能用声像学的规律去推断单词含义或用来记忆单词，而是在最初词汇学习完成后，用来加深印象，观察用法，体会和其他相关词汇之间联系**。在这个领域非常具有可读性的一部书，是 Margaret Magnus 博士写的 *Gods in the Word: Archetypes in the Consonants*。大家可以找来欣赏一下。下面我们摘录英国诗人丁尼生（Alfred Tennyson）的一首含有大量声像词汇的诗歌 The Brook 中的最后几节，作为本章的结束：

> I slip, I slide, I gloom, I glance,
>   Among my skimming swallows;
> I make the netted sunbeam dance
>   Against my sandy shallows.
>
> I murmur under moon and stars
>   In brambly wildernesses;

I linger by my shingly bars;

I loiter round my cresses;

And out again I curve and flow

To join the brimming river,

For men may come and men may go,

But I go on forever.

Animal Sounds

Match the sounds with the right animals:

_____ buzz
_____ tweet-tweet
_____ meow
_____ moo
_____ woof-woof
_____ neigh
_____ quack
_____ croak
_____ grrr
_____ oink-oink
_____ eeh-aah
_____ coo
_____ cluck-cluck
_____ baa-baa

人艰不拆图森破，
十动然拒我伙呆

  在英语学习的初、中级阶段中碰到的词汇，因为出现频率高，所以选择主要以听为手段，在内容背景中把词汇及其各种搭配形式从语言中"学出来"；而对于高级阶段的低频词汇，则主要从词汇本身出发，以词源为主线，通过记忆手段突击学习，之后再带着这些词汇含义知识回到语言背景中，把词汇"学进去"。

  突击记忆后再与语言背景结合，这样不但能掌握词汇的使用方式，还能进一步巩固词汇的记忆成果。学而不用则废，很多靠突击达到上万单词量并考过了 GRE 的中国留学生，考完试后就再也去不管这些词汇，结果几年后词汇量就又退回到 5000 左右的水平了。而此刻最直接、最有效率的方式，就是阅读。

  在词汇量只有 5000 的阶段，虽然阅读已经开始成为学习的重要部分，但由于当时的词汇量局限，只适合读经过简化改写的、降低了难度的课文，而尚无法阅读正常难度的原文。这样在学习实践中就出现了很尴尬的局面。改写的课文缺乏连贯性和趣味性，很难让学习者有兴趣坚持。而如果勉强去读趣味性比较强的原汁原味的英文阅读材料，则会因为生词和各种生僻的短语比例太高而难以进行，最终阅读量会很少。所以在词汇量有限的情况下，大部分同学阅读学习的问题是阅读量太少。而当花费几个月时间突击了 1 万个低频词后，情况就发生了本质的变化。现在我们在阅读中碰到生词的比例大幅度降低，所以此时进行阅读不但可以加快速度，而且还有精力去关注词汇的形式和使用方式。而阅读我们感兴趣的原文材料，则更是成了我们学习的巨大推动力。

英语中具有特殊性质的表达方式，比如短语、成语、比喻和类比等表达方式，是需要我们在本阶段的阅读中特别留意的。英语中各种短语、成语和比喻，其中的单词都是高频词，但搭配在一起时要把它们当成一个复杂的词汇单元对待，而不能从内部简单词汇出发去猜测其整体含义，否则会造成误解和错误使用。这些特殊的表达方式，也是最应该在这个阶段结合阅读来学习的。

别把短语不当词

不久前网上热炒的一则消息：在美国留学和工作多年的女儿，为了方便不会英语的父母来美国探亲，用图画为主的形式制作了一个旅行、登机和过海关的攻略，被网友评价"爱心满满"。整个攻略中只写了两句英语文字，是让父母出示给海关工作人员用的。如图：

很可惜，这第一句 Would you please help me fill this card? 就是错的。

怎么没觉得有错呢？的确很多同学都难以发现，是错在动词 fill 的使用上。fill 的含义是"使三维空间充满"，往立体空间里装东西，就用动词 fill。比如 fill the cup, fill the tank, fill the room。而卡片 card 或表格 form 上的空间是二维的，就不能用 fill。如果说 fill this card，感觉就像汉语的"装满这张卡片"，当然是错的了。正确的用法是"Please help me fill in this card."或"Please help me fill out this card.。"

区别在哪里？fill in 和 fill out，是一种特殊的词汇组合形式，被称为"短语动词"。比如 fill in 整体相当于一个动词，具有独立含义，而不是"一个动词后面跟着一个介词"。fill in 和 fill out 脱离了 fill 的含义范围，不再局限于"充满三维空间"的概念，主要是 to complete；to supply missing or desired information 等含义，所以适合表达对二维空间的 chart, picture 或 form 的提供或补充信息的动作。上面这位在美国多年的留学生犯的这个英语错误，一方面体现出她对短语动词缺乏了解，同时也说明了短语动词自身难度比较高，适合于高级阶段来学习。

> 要把短语动词当作独立的新单词来对待。其组成部分中动词带有的含义，通常与这个短语的整体含义并不相同。

英语交流中短语动词的使用非常普遍。现代生活中的很多概念，如果不用短语动词，甚至难以用其他方式表达。比如 check out（宾馆退房），英语中如果不用这个短语动词，就只能说：Go to the front desk to inform the clerk about the end of your staying and settle the bill. 或者如韦氏词典的解释：the time at which a lodger must vacate a room (as in a hotel) or be charged for retaining it。早上起床如果不说 get up，就只能说 wake up and leave the bed 或者不伦不类的 arise 了。

短语动词在语言表达中的使用比例，经常能作为一个人的英语是母语还是外语的标志。很多同学尽管英语水平已经很高，却仍习惯使用复杂的独立词，而不是用短语动词。但母语是英语的人则倾向于使用短语动词，而不用具有相同含义的复杂动词。比如：

> 短语动词在语言表达中的使用比例，经常能作为一个人的英语是母语还是外语的标志。

◇ He was burned out. 他累坏了。而不说：He was exhausted.
◇ He has passed out. 他昏倒了。而不说：He has fainted.
◇ He made it up. 他瞎编的。而不说：He fabricated it.
◇ He looked it up. 他查找了它。而不说：He searched it.

短语动词或复杂动词的选择，有时可以看作是随意的日常交流与正规的书面表达之间的使用偏好。比如：

短语动词	复杂动词	例　句
back up	reverse	You need to back up your car so that I can get out.
blow up	explode	The car blew up after crashed into the fence.
break in	Interrupt	The TV station broke in to report the news.
find out	discover	We need to find out where he lives.
figure out	calculate	We need to figure out how much it costs.
take off	depart	The plane took off on time.
hand in	submit	Please hand in your assignment tomorrow.
hand out	distribute	Please hand out the guideline.
go ahead	proceed	Please go ahead and find a seat.

短语动词在英语中数量巨大，高达一万多个。不过我们此时已经习惯不会轻易被"大数字"吓到了，因为我们知道大数量中必定有一个小的明星群体是超级常用的，而其他大众只是炮灰一样在存在，所以我们可以优先解决高频使用的短语动词。果然研究发现，从短语动词的组合成分上分析，**20个基础动词和8个方向小词组合出的160个短语动词形式，占全部常用短语动词出现概率的一半以上。**这20个基础动词和8个方向小词分别是：

✓ **基础动词：**

go, come, take, get, set, carry, turn, bring, look, put, pick, make, point, sit, find, give, work, break, hold, move

✓ **方向小词：**

out, up, on, back, down, in, off, over

从语言中全体动词短语的总排名来看，**使用频率排在前100的短语动词，占据了所有常用短语动词出现频率的一半以上，先掌握这些短语动词是"必需的"。**我们就先来看一下按使用频率从高到低排列的这100个高频短语动词。尽管所有的独立单词大家都非常熟悉，但相信大家一定对其中很多短语动词都感到陌生，或者对其含义与使用没有把握。

TABLE 7
Number of WordNet Senses for Top 100 Phrasal Verbs (PVs) in BNC

PV	Senses	PV	Senses	PV	Senses	PV	Senses
go on	5	carry on	4	put on	9	move in	3
carry out	2	go up	7	bring out	9	look around	1
set up	15	get out	7	move on	1	take down	4
pick up	16	take out	14	turn back	4	put off	5
go back	4	come down	5	put back	2	come about	1
come back	5	put down	7	go round**	5	go along	3
go out	6	put up	8	break up	19	look round***	0
point out	3	turn up	5	come along	2	set about	3
find out	4	get on	7	sit up	2	turn off	3
come up	12	bring up	8	turn round**	3	give in	2
make up	8	bring in	5	get in	5	move out	2
take over	8	look back	2	come round**	1	come through	4
come out	11	look down*	5	make out	10	move back	1
come on	5	bring back	2	get off	11	break off	5
come in	5	break down	8	turn down	5	get through	5
go down	8	take off	9	bring down	6	give out	4
work out	8	go off	6	come over	1	come off	3
set out	3	bring about	5	break out	5	take in	17
take up	13	go in	1	go over	4	give back	1
get back	4	set off	7	turn over	9	set down	6
sit down	3	put out	10	go through	5	move up	2
turn out	12	look out	2	hold on	5	turn around†	0
take on	5	take back	6	pick out	2		
give up	12	hold up	7	sit back	2		
get up	8	get down	7	hold back	5		
look up	1	hold out	5	put in	7		

Note. Total senses = 559. PV = phrasal verb. *Consulted *Longman Dictionary of Phrasal Verbs* (Courtney, 1993). **WordNet = *around*. ***See *look around*. †See *turn round*.

摘自《TESOL 季刊》2007 年 Vol 41: pp339-359

一个需要我们非常注意的情况，是高频短语动词的一词多义现象。比如这排名前 100 的短语动词形式，总共有 559 个明显不同的含义，即平均每个高频短语动词有 6 个不同含义。而其中极少数的"捣乱分子"，每个居然有 10 个以上的含义。我们先把它们揪出来：break up, take in, pick up, set up, take out, take up, come up, turn out, give up, come out, get off, make out。

举例来说，我们看一下 pick up 的不同含义和用法：

◇ Please *pick up* that book.（用手捡起）

◇ The airport shuttle *picked up* its passengers.（接人）

◇ Please，*pick up* your room.（收拾整齐）

◇ She *picked up* some milk on her way home.（买回）

◇ I *picked up* this TV on sale.（随意获取）

◇ He *picks up* foreign languages at work.（学得）

◇ He *picked up* his package at the post office.（认领）

◇ The lawyer *picked up* his argument after the recess.（继续）

◇ Her boss *picked up* the tab for dinner.（付账）

◇ He *picked up* a virus on his trip.（感染）

◇ The home team *picked up* five yards on the play.（推进）

◇ He *picked up* a date at the bar.（结识）

◇ The police *picked up* the thief.（抓获）

◇ The dog *picked up* the scent of the boy.（发现并跟踪）

◇ Retail sales always *pick up* around Christmas.（提高，改善）

◇ She just *picked up* and left town.（收拾行囊）

◇ My radio can *pick up* Hong Kong's broadcasting programs.（接收到）

◇ We will *pick up* where we had left off last time.（延续）

短语动词，被语言学家普遍评论为"外语学习和教学的苦难"。比如这个"一词多义"的特点，就让背诵式的学习方式行不通。而一些语法专家介绍的"从词性和语法组成去分析短语动词"的学习方式则过于复杂，且存在大量的特例，缺乏可操作性。比如按语法分类，短语动词至少会分为以下的类型："动词＋副词"，其后不跟宾语；"动词＋介词"，其后跟宾语；"及物动词＋副词"，其后跟宾语，且宾语可夹中间；另外还有"及物动词＋宾语＋副词"形式；"动词＋副词＋介词"形式；"动词＋名称＋介词"形式；"be＋形容词＋介词"形式等附加分类。恐怕连母语是英语的人都不知道有这么多的语法形式，如果我们这样去学短语动词，只会越学越混淆（mixed up），越学越纠结（messed up）。

比较具有操作性的学习策略，是根据短语动词的使用特征，采用一种相对简单的分类方式，对短语动词进行"分而击之"。甚至一词多义的短语动词，通常也是同一个形式涵盖了几种不同的分类。而一旦清楚了分类方式后，连这个一词多义的难点也会变得容易应对了。

短语动词从词义和使用角度出发大致可以分为三大类。

directional (*take away*)　　**aspectual** (*burn down*)　　**idiomatic** (*figure out*)

✔ 第一类：方向型

顾名思义，动词后面跟随的方向小词，就是起到指示方向作用的。此时短语动词的整体含义，就是动词的含义与方向小词含义的结合。所以短语动词的整体含义为"全透明"。

比如：pick up the book 中的 pick，就是动词本意"捡"，小词 up 是"向上，起"的方向含义，所以 pick up 此处的含义就是"捡起"。这种形式大家最熟悉，从字面上就能理解这个词组的含义，所以是最容易学习的。比如大家熟悉的 stand up（站起），sit down（坐下），put in（放入），take out（拿出），take away（拿走）。

研究发现，人们对这种类型的短语动词的理解方式，是对动词和方向小词的含义分别理解后进行的结合。所以方向型短语动词比较简单，不需要特殊的学习手段，只需要注意方向小词不要用错就好了。

✔ 第二类：状态型

这一类短语动词，是大家最容易产生混淆的。状态型短语动词中方向小词不再带有方向含义，而是表述动作的状态。此时只有动词基本保持原单词含义，所以短语动词的整体含义为"半透明"。

比如 picked up passengers 中的 up，跟向上的方向无关，而是指动作完成的状态。前面案例中的 fill in，这个 in 并不是方向含义，而是描述信息的"开始增加"状态，fill in 合起来是"开始提供信息"的含义。fill out 中的 out，不是方向上的"出来"，而是描述"完成"的状态，所以 fill out 的含义是"完成提供信息"。两者的区别仅在于 fill in 是从动作起始方向来观察，fill out 是从动作终结方向来观察。所以我们可以说：We fill out a form by filling it in. 又比如 carry on，此时 on 不再是方向上的"在……之上"，而是表示动词进行的状态。所以 carry on 合起来，是"继续做某事"的含义。

研究发现，人们对状态型短语动词的理解，仍然主要是对动词和方向小词的含义分别进行理解。因为此时的动词基本保持含义不变，而常用方向小词只表达数量有限的几种状态。所以只要对状态能判断正确，短语动词的词义就基本能够辨别出来。

常用方向小词所表达的状态，大致可以分为以下几种情况：

1. 动作开始状态，典型小词 off, up, out
   比如：take off, set off, set out, start up, burn up
2. 动作继续状态，典型小词 on, through, around, along
   比如：carry on, keep on, mess around, look around, play along, sing along
3. 动作结束状态：典型小词 up, off, out, down, over
   比如：drink up, wind up, end up, catch up, fill out, work out, find out, blow out, burn out, down, win over

状态型短语动词，学习手段中最核心的技术就是理解其状态。方向小词中表达"继续"状态的 on, along, around, through 等比较好辨认，但"开始"和"结束"状态的短语动词中使用的小词，除了本身就带有"结束"含义的 over 容易辨认以外，其他几个常用的小词 off, up, out 居然都同时具有"开始"和"结束"的含义，如何分辨它们构成的短语动词的状态是"开始"还是"结束"呢？这就要看方向小词原始的方向含义（比如 off "离"，up "上"，down "下"，out "出"）与动词结合后体现的具体的运动状态是开始还是结束。比如最典型的例子 burn up 和 burn down。火燃烧物品，大多是从下面往上面烧，所以开始烧的方向就是"向上" burn up。而当物品被烧完，物体就向下垮掉了，余烬下落，所以完结状态的方向是"向下" burn down。所以我们可以说：A house is burning down by burning up. 这样一来，实际上判断状态的任务，就落在了动词身上。比如 send out（派出，送出），reach out（联系），显然是开始状态；turn out（结果），blow out（吹灭），find out（发现），显然是结束状态。

需要注意的是，很多状态型短语的具体状态经常不太容易判断，需要对该短语动词在什么样的文字背景下使用有一定的熟悉度，才能做到迅速对其中小词的含义和短语动词的整体含义进行准确的判断。**状态型短语动词是大家容易产生混淆的，初学时切记不可望文生义。特别是因为动词保持了原义，很多同学就容易忽略小词的含义，进而造成使用中忽略小词的存在。**

✓ 第三类：比喻型

借助对某种具体动作的描述，来比喻或形容另外一个概念。此时不仅短语动词中的小词的含义不再表示方向，连其中基本动词的含义也发生了变化。所以此类短语动词的含义"不透明"，完全无法猜测它们是什么意思。

研究发现，母语是英语的人对此类短语动词的理解，不是把动词与小词拆分后分别理解再进行组合，而是把两个词结合为一个整体进行理解。比如：

> figure out 的字面含义是"算出结果"，用来比喻"发现"某种隐蔽的情况，"搞懂"某个复杂的事情。
>
> chew up 的字面含义是"吃掉"，用来比喻对某个事情有"伤害"，比如 chewed up the revenue 表示"某个事情伤害了营业收入"。如果伤害的程度过大，把全部的收入都给消灭了，就可以用 wipe out，原意是"擦掉"。

又比如：

> pick up a language 中的 pick up，是用"捡起"的动作，形象地比喻"学习时比较随意和轻松"的实现过程，有时也形容"缺乏基础训练，学习不太正规"。此刻我们已经看到，一词多义的 pick up 在三个类型中都出现了。而一旦确定了其类型，掌握其含义就会变得相对容易一些。因为不同的含义之间透过类型而存在着相似之处或联系性。

有时一些比喻乍看感觉很"无厘头"，难以搞清楚字面含义与比喻含义之间的联系。比如 hang out 的字面含义是"挂出"。用"把东西挂在某处"来比喻"喜欢和某些人呆在一起"或"喜欢呆在某处"，似乎很牵强，但细想这种比喻用得很形象；而一旦熟悉后，这种比喻的来源就会被逐渐忽略，直接理解其比含义。比如汉语"呆在某处"的这个"呆在"，是用呆的"傻、笨、反应慢"的字面含义，来形容在某处不动或长期停留，也是个跟 hang out 有异曲同工之妙。而一旦使用熟悉后，你在还会去思考"呆在"的字面含义吗？

对于比喻型短语动词，学习时采用的是接近于纯粹记忆的方式，所以适合借助能够实现"深度处理"的学习手段来帮助实现长期记忆。最典型的手段，就是在学习初期观察和发现具体短语动词的比喻方式，深度思考实现含义关联的过程。比如，butter up 的原意是"给食品涂满黄油"，引申为"巴结，讨好"的意思，sweeten up 是通过"给食品加糖使其变甜"来形容"给予额外的利益"。比如，用商量好的价钱买了一斤大葱，结果人家还白送了两头蒜，小贩的做法就是 sweeten up the deal。**若我们能够在"关注含义和形式"的前提下，在不同文字背景中多次接触某个比喻型短语动词，这种形式就逐渐地被我们整体理解为某个的独特含义了，对其比喻方式反而逐渐开始淡忘，甚至完全注意不到比喻的存在，这时就说明对这个短语动词的掌握程度提高了。**

有词不乱配

> 词汇并不能根据词义和语法进行随意搭配。单词在应用中的真实含义，在很大程度上是由跟这个单词一起出现的搭配形式决定的。

句子生成的基本单元，大部分情况下并非单一的词汇，而是常用的词汇组合。前一篇中我们介绍了"临时组合"类的词汇搭配形成情况。而常用词汇组合中的另一大类，是"固定组合"的词汇搭配，我们称之为"词汇块"。对这些词汇组合之所以称其为"词汇块"，是因为其组合中的词汇是相对固定的，不是临时组合，使用中也不能随意更换。比如"吃药"，英语是固定组合 take medicine 而不能说 eat medicine。尽管 eat medicine 符合语法，但不能这样使用。又比如"说谎话"是 tell a lie，不能用 speak a lie，通常也不说 tell the lie；但"说真话"是 tell the truth，也可以是 speak the truth，但不能用 tell a truth 或者 speak a truth；"浓咖啡"是 strong coffee 而不是 thick coffee；而"浓汤"是 thick soup，却不能说 strong soup。长期重复使用的搭配形式，在头脑中就逐渐成了块。词汇块中的词汇为什么这样搭配，通常是没有什么道理可讲的。

所以**即便是初期临时组合的词汇单元，随着使用频率的增加，在头脑中也就逐渐带有了很高的固定组合的词汇块的性质。**固定词汇组合这个环节，普遍是大家英语学习中的弱项。一直以来我们习惯把单词作为最小单位来学习，忽略或者辨认不出固定组合，这就直接影响了说英语的速度和正确性。在母语是英语的人的头脑中，高频"词汇块"的地位跟"单一词汇"相同。英语是母语的人，掌握的固定词汇组合的数量有上万个，与独立单词的数量差不多（Jackendoff，1995）。

> 在母语是英语的人的头脑中，高频"词汇块"的地位跟"单一词汇"相同。英语是母语的人，掌握的固定词汇组合的数量有上万个，与独立单词的数量差不多。

词汇中心教学法认为，句法学习的核心，主要是学习词汇块。发挥词汇中心教学法最佳效果的方式之一，**就是在听力中关注常用词汇搭配，在跟读中重复典型的高频词汇块。**

在词句编码和发音输出过程中，高频使用的词汇搭配实现了快速整体调用的结果。词汇块在句子中的出现频率非常高，平均达到句子中全部词汇的 50%～70%。母语是英语的人，说话时句子中的大部分内容，都不是在说的时候临时进行组合，而是从记忆中直接调取的固定词汇组合，从而极大地提高了交流速度和流利程度（Pawley and Syder 1983）。

语言学家发现成年人学外语比儿童困难的一个原因，是在外语学习的时候习惯采用分析处理的学习模式，把常在一起出现的有机词汇搭配（词汇块），看作按一定次序出现的一个个独立单词，妨碍了在大脑词库中对词汇块进行的存储（Wray，2002）。

> 产生 Chinglish 的主要原因之一就是，孤立地背诵词汇而缺乏词汇块，造成词汇之间缺乏正确的搭配关系。

产生 Chinglish 的主要原因之一就是，孤立地背诵词汇而缺乏词汇块，造成词汇之间缺乏正确的搭配关系。比如右边这个警示牌：

execution 作为独立的单词，尽管主要有"实施"和"执行"的含义，但如果 execution 和 in progress 组合在一起，含义就成了"死刑正在执行中"，而不是"施工正在进行中"。"施工进行中"的词汇搭配形式：是：work in progress 或 construction work in progress 等。

由于词汇块的产生和其在大脑中的存储，主要取决于某种搭配的使用频率，所以词汇块并不一定是各种固定的短语，只要是使用频率高的词汇搭配形式，都可以认为是词汇块。当我们大量听和阅读真实语言文字后，其中一些经常搭配使用的诸如 I don't know. / I Can I have a... / If I were you, I'd... / I was wondering if... 等，会因为反复地多次接触，逐渐在我们的头脑中越来越"固定化、模块化"。

统计显示，在美式英语的对话中，使用频率排名最高的几十个固定词汇组合是：

---

kind of..., sort of..., of course, in terms of, in fact, deal with, at all, as well, make sure, go through, come up, look for, find out, go on, as well as, in a way, go ahead, in order to, get into, first of all, come up with, figure out, put on, in other words, end up with, according to, as far as, in a sense, so far, point out, by the way, take place, pick up, make sense, turn out

摘自《TESOL 季刊》2003 年，Vol. 37，pp. 671-700

从使用角度来看，词汇块大致可以分为几类：

1 固定表达（fixed expressions）

固定表达形式多样，从语法层面难以定义。从形式和用途上看，大致有以下几种情况：

固定短语。比如：

---

in order to, in terms of, as soon as, no sooner than, hardly when, take part in, be responsible for, for the record, sooner or later, in the mean time, before long, back then, in the future, in spite of, by the way, in a word, in my opinion, on the other hand, for the sake of, take care of, of course, in fact, as well as, point out, take place, in general, get back to, get rid of, as if, in advance, above all, get used to, be good at, be ready for, be able to, be strict in, be interested in, do well in, one after another, in the end, back and forth, long long ago, once in a while, all of a sudden, for what it's worth, once upon a time, all in all, for the time being, as far as I know

常用词汇搭配。比如：

> keep in mind, take a chance, make a phone call, make sure, have no idea, draw attention, have a problem with, stay in bed, be shamed of, out for lunch, out of town, on vacation, have a day off, give someone a raise, ask for help, all night long, right now, right away, long time ago, in this/that case, rest assured, as a matter of fact, come in, go out, just a moment, to my best knowledge, not at all, all over the world, hard copy, soft drink, strong mind, deep sorrow, terrible accident, extremely difficult, severely injured, traffic jam

对话中的套话。比如：

> make yourself at home, nice to see you, where are you from, I beg your parden, my pleasure, ladies and gentlemen, may I have your attention, help yourself with sth. , see you later, off we go, sorry for my interruption, sorry to keep you waiting, would you mind…, that's what I thought/meant, to what do we owe the pleasure of, to tell the truth, It seems like, it bothers me that, It goes without saying, to my surprise, to sum up, to begin with, I don't have to remind you, I was wondering if, I regret to tell you, I am delight ed to, before I forget, as I was saying, without further ado, with all due respect, you won't regret it, sorry for your loss, having said that, that kind of notion, be looking forward to, long time no see, take into consideration, come to the conclusion, first of all, last but not least, what a mess, so to speak

英语中的固定表达普遍含义非常透明，从其组成部分的单词词义就可以顺利得出整体含义，且与句子和段落的含义结合非常紧密，所以尽管数量多但学习难度低，主要学习策略就是结合背景内容来学习。

从原理上讲，固定词汇组合是在可理解输入过程中，大脑对经常在一起搭配使用的词汇组合自动进行"统计学习"来实现的。大脑的这种从输入信息中发现规律并自动进行统计的隐性学习能力非常强大，它对出现频率非常敏感，会自动对出现频率最高的词汇块实现最高的熟悉度。

2 成语谚语（idioms and proverbs）

成语和谚语，通常是用某个典故或比喻说法来表达一个概念，从字面上是完全无法推断其含义的。比如前面例句中的 a rainy day，表面看是"雨天"，实际是"不时之需"；right hand man，直译是"右手人"，实际是"得力助手"的意思。又比如：a piece of cake "一块蛋糕"，实际是"很容易"的意思；kick the bucket "踢桶"，实际是"死亡"的意思。成语中带有的比喻方式和谚语的应用等，正是因为其字面含义与实际含义不同，让很多外语学习者感到恐惧，还有一些人认为这些是非常独特的俚语。这都是误解。一些同学在语言使用中有意回避使用成语、谚语，而另外一些同学则出现过度使用的情况。有关成语和谚语的学习和使用，我们在后面的章节中会继续讨论。

"固定词汇组合"的词汇块与"临时词汇组合"的词汇单元之间，并没有严格的界限，只是程度高低不同。语言学家认为：同时且连续进入临时记忆区的节点，会倾向于形成长期固定的链接（N. Ellis, 2003）。所以句子中高频搭配使用的结构关系，也会逐渐形成词汇块。

- 表达中的时态等语法特点，要把不同人称和时态的动词与常用的主语搭配，作为词汇块整体处理，而不是临时思考动词应该使用的人称或时态。比如：I was, I went, I thought, he believes, he likes, she has…, there goes the, here comes the…, he has been doing, I don't think, it doesn't 等。

- 典型的复杂句式，比如虚拟语气等句子，由于长期大量使用，很多结构搭配已经固化为词汇块了。最典型的就是"If I were you, I'd…""If I could…, I would…""Had I/he/she known…"，"What if I told you…"等。表达时在正确的概念生成的驱动下，在词句编码过程中整体调用这些词汇块，输出的流利程度会大幅提高。

在头脑中形成大量的固定搭配的英语词汇块，是个长期的自动实现过程，主要渠道就是具有背景内容的可理解输入，即通过大量的合适难度的听和阅读来实现的。

在头脑中形成大量的固定搭配的英语词汇块，是个长期的自动实现过程，主要渠道就是具有背景内容的可理解输入，即通过大量的合适难度的听和阅读来实现的。在大量语言内容的有效输入过程中，大脑会通过自身的"统计学习能力"，自动地发现词汇同时出现的关联度和组合规律，实现隐性学习，并根据词汇在实际语言中出现的频率和组合形式，建立起合理的词汇关联链接，形成词汇块。在《词行天下》中给大家介绍的**英语学习初级和中级阶段，多以听力为核心，围绕词义相关主题进行的大量输入训练**，都是词汇块建立的有效学习手段。

有话不必直说

具备了高级词汇和语法应用的新认识，我们就更能分出精力来观察一些隐喻或类比的固定词汇搭配形式。语言中除了少量"幸福就像花儿一样"的这种直接的比喻句式以外，更多的是使用隐喻形式来描述事物。比如用 cookie cutter 来形容那些价格低、缺乏独特设计的大路货。

cookie cutters

"cookie cutter" houses

cookie cutter 是"饼干模子",把面粉放入饼干模子中在烤箱中去烤,就成了具有一定形状的饼干。但这种饼干烤出来,样式简单且大批生产出来的都是一个样子,生产成本低,缺乏独特性。这个比喻用来形容某个产品是"便宜无特色的大路货"非常生动形象。比如千篇一律的住宅建筑群,和同样设计风格的低档家具等。

又比如 jump the gun 的原义是指运动员比赛时"发令枪还没响就跳出去了"。用 jump the gun 这种行动,来形容说话做事太急太早,以至于产生了负面结果。

spill the beans 用"撒了豆儿"来形容"暴露了机密",很像汉语中"露了馅儿"的比喻方式(见彩插 11)。因为这些隐喻的使用方式很像汉语的成语,我们姑且把这些词汇的固定搭配称为"英语成语"吧,尽管其文字工整度和文学水平,都无法跟汉语成语相比。

干吗不直白地描述，而用 cookie, gun, bean 这些不相干的概念来进行隐喻呢？这是所有语言的共同特征。亚里士多德说：人们经常会用自身经历领域中的事物，去描述一些更抽象领域的概念。《我们赖以生存的隐喻》一书的作者，语言学家 Lakoff 认为，类比和隐喻在日常生活中不但极其普遍，它甚至是我们思维的核心。语言中类比的使用，正是大脑对抽象概念和过程进行思维的重要手段（Lakoff, 2008）。所以现在认为成语是语言中最主要的组成部分之一。

成语的一个特点，就是大多含义不透明，即从字面含义上无法推测其真实含义。比如 kick the bucket, buy the farm, bite the dust, 字面的含义是"踢水桶""买农场、咬尘土"，如果不经过专门学习，就完全看不懂它们的含义都是"死亡"。过去认为成语是为了给语言提供更生动的点缀，是偶尔使用的成分，所以成语曾经一直被当作"语法特例"来学习和教学。还有很多人认为这种成语是"俚语"，主要在口语中使用，在正规的学术交流等文字中会很少使用；或者认为成语在文科语言中比理科语言中比例高。这些想法都非常不正确。研究发现，在学术对话和文章中，使用成语、谚语的比例，与日常对话中的比例是相同的。只是日常对话中有少数几个被反复使用的成语，在学术交流和文章中不出现而已。另外，成语的出现比例，在自然科学内容中，与在社会科学和文科交流或文章中中出现的比例也是一致的。当今通过计算机对语料库的统计分析，发现英语中这些特定成分的使用程度和实际出现的比例，远远超出了人们过去的预估。比如研究发现，在正常的英语交流中，英语中类比的使用量高达每分钟 6 个（Gibbs and Raymond Jr., 1992），在文字中出现的频率是每 100 个单词中有 5 个（Pollio et al. 1990）。

> 不同的语言，比喻方式大多有差异。有的能从字面中推测含义，有的则不能。比喻和类比，都是语言中常见的表达方式，即便是在科学文献中也会大量使用，大家不要误以为是俚语。

在学术对话和文章中，使用成语、谚语的比例，与日常对话中的比例是相同的。

成语的出现比例，在自然科学内容中，与在社会科学和文科交流或文章中中出现的比例也是一致的。

对英语成语具体应该如何学习呢？主要的学习渠道当然是，从阅读中去发现和掌握，但我们也可以找到专门介绍这些成语用法的材料来研读。比如，语言学家们按照使用频率统计和总结出来的成语表。下图就是美国密歇根大学的学院英语对话语料库 MICASE 中，对学院对话中的成语使用情况进行统计的部分结果：

Idioms Occurring Four or More Times in MICASE

Idiom	Total tokens	Idiom	Total tokens
1. bottom line	17	17. out the door	6
2. the big picture	16	18. rule(s) of thumb	6
3. come into play	14	19. take (something) at face value	6
4. what the hell	12	20. beat to death	5
5. down the line	11	21. put the heat on	5
6. what the heck	10	22. a ballpark idea/guess	4
7. flip a coin; flip side of a/the same coin	10	23. come out of the closet	4
8. on (the right) track	9	24. full-fledged	4
9. knee-jerk	8	25. get a handle on	4
10. hand in hand	8	26. goes to show	4
11. right (straight) off the bat	7	27. nitty-gritty	4
12. carrot(s) and stick(s)	7	28. on the same page	4
13. draw a/the line (between)	7	29. ring a bell	4
14. on target	7	30. split hairs	4
15. thumbs up	7	31. take (make) a stab at it	4
16. fall in love	6	32. take my/someone's word for it	4

Simpson, R., & Mendis, D. (2003). A corpus-based study of idioms in academic speech. TESOL quarterly, 419-441.

> 对英语成语具体应该如何学习呢？主要的学习渠道当然是，从阅读中去发现和掌握，但我们也可以找到专门介绍这些成语用法的材料来研读。

另外一个来源，就是对成语或成语故事进行专门讲解的文章。这种讲解文章通常本身就有很高的可读性，并且会对成语进行很好的分类总结，非常值得一读。下面就是《美国之音》的词语典故 WORDS AND THEIR STORIES 栏目中一篇，介绍了英语中各种与狗相关的成语。

Dog Talk

Americans use many expressions with the word dog. People in the United States love their dogs and treat them well. They take their dogs for walks, let them play outside and give them good food and medical care. However, dogs without owners to care for them lead a different kind of life. The expression, to lead a dog's life, describes a person who has an unhappy existence.

Some people say we live in a dog-eat-dog world. That means many people are competing for the same things, like good jobs. They say that to be successful, a person has to work like a dog. This means they have to work very, very hard. Such hard work can make people dog-tired. And, the situation would be even worse if they became sick as a dog.

Still, people say every dog has its day. This means that every person enjoys a successful period during his or her life. To be successful, people often have to learn new skills. Yet, some people say that you can never teach an old dog new tricks. They believe that older people do not like to learn new things and will not change the way they do things.

Some people are compared to dogs in bad ways. People who are unkind or uncaring can be described as meaner than a junkyard dog. Junkyard dogs live in places where people throw away things they do not want. Mean dogs are often used to guard this property. They bark or attack people who try to enter the property. However, sometimes a person who appears to be mean and threatening is really not so bad. We say his bark is worse than his bite.

A junkyard is not a fun place for a dog. Many dogs in the United States sleep in safe little houses near their owners' home. These doghouses provide shelter. Yet they can be cold and lonely in the winter. Husbands and wives use this doghouse term when they are angry at each other. For example, a woman might get angry at her husband for coming home late or forgetting their wedding anniversary. She might tell him that he is in the doghouse. She may not treat him nicely until he apologizes. However, the husband may decide that it is best to leave things alone and not create more problems. He might decide to let sleeping dogs lie.

> Dog expressions also are used to describe the weather. The dog days of summer are the hottest days of the year. A rainstorm may cool the weather. But we do not want it to rain too hard. We do not want it to rain cats and dogs.
>
> —Voice of America，Special English Program，written by Jill Moss.

网络资源：

https://learningenglish.voanews.com/z/987

http://www.manythings.org/voa/words/

http://www.macmillandictionaryblog.com/tag/stories-behind-words/

语言中实际使用隐喻的成分，不但比我们想象中要高很多，而且很多词汇本身就是隐喻，并不需要与其他词汇组合。这种隐喻形式更隐蔽，我们在交流中却对其充耳不闻、熟视无睹，直接理解的是其比喻含义，根本不会去注意和思考其来源。比如汉语中"矛盾"这个常用词，我们的头脑中谁会去思考"矛"与"盾"的本来意义，和"以子之矛，攻子之盾"的比喻形式呢？

说起"涂鸦""裁员"，我们也不会去想"鸦"是乌鸦，"裁"是剪裁。

隐喻词汇在语言中的一个使用特点，就是其含义透明度通常比较高。明明是借用不同的事物或动作来暗喻，但由于所借用事物与要比喻的对象具有某种共同的特质，所以听者能够迅速发现其中的关联，从而理解说话

人的真正意图。比如：

> "I am not buying it." 此处的 buy，不是"买东西"，而是"相信"的意思。要"相信"卖主的诚信和货品的质量才会买，所以用"买"来比喻"相信"，听者能够不假思索地理解。

用词是隐喻还是直白只是程度问题，不存在明显界限。比如这篇新闻报道：

> Apple Inc's latest phone *lured* throngs of gadget lovers, entrepreneurs and early adapters to its stores in New York, San Francisco and other cities around the world in the latest sign of strong initial demand for the new, larger generation of iPhones.

文章中的这个 lure（引诱），既可以认为是一种隐喻，也可以认为是比较夸张的形容，总之理解起来全无障碍。然而在学习外语的时候，这种词汇的隐喻形式，在学习中存在着一个突出的问题：不同语言所使用的比喻方法相似，但具体形式却可能不同。不了解英语的比喻形式而直接把汉语的比喻形式进行直译，肯定会闹笑话。比如"他的胆子很大"这句汉语，就曾出现过"He has a very big gallbladder."的神翻译。

再比如"勇气"这个抽象的概念。由于勇气出于人自身且表现于自身，所以过去人们认为勇气是由身体某个部分来控制的。我们汉语中，用"胆"这个内脏的大小，来形容一个人的勇敢程度。为什么呢？因为中国的古人认为，胆是所有器官的统领，《黄帝内经》上说："胆者，中正之官，决断出焉。"所以，胆的功能是负责决断。犹豫不决就是胆的过错，可能胆的尺寸太小。而勇敢的人，胆的尺寸肯定很大。传说张飞的胆"晒干了都有倭瓜大"。赵云两进两出曹军重围勇不可当，刘备赞其"一身都是胆"。还有很多与胆相关的成语：胆战心惊、胆大包天、明目张胆、提心吊胆、熊心豹胆、披肝沥胆、肝胆相照。我们俗话中也经常说："借你俩胆儿你也不敢。""你有几个胆子？""你好大的胆！""胆大心细、遇事不慌。"害怕、怯懦的人则"胆小如鼠""吓破了胆""有色心无色胆"等。

在西方文化中，也是用身体内脏来比喻勇气，比喻手法完全相同，但具体的部位却不一样，是用"肠子"（guts）。古希腊人认为人的爱恨情仇是由"肠子"来控制的，所以勇气的程度，是用肠子的多少来衡量的。于是英语中表示一个人很勇敢，就要说他"有很多肠子" has a lot of guts，而不是 gallbladder 很大。比如：

◇ Only Sarah has the guts to tell the truth.

另外形容直觉，也用 gut。比如：

◇ I have a gut feeling that he was lying.

而汉语的肠子，可能是因为绕来绕去的形象，因此被认为负责品性和思维，出现了"花花肠子""好心肠""铁石心肠""肝肠寸断"和"肠子都悔青了"之类的比喻。英语中的"胆汁"（gall），因为味道苦，被用来形容伤痛、烦恼和坏脾气。

英语中使用五官来比喻的例子非常多，且比喻方式跟汉语类似。这个不奇怪，五官能够实现的功能，很容易跟抽象概念之间直接建立联系。比如 head, brain 联系聪明和知识，tongue 联系会说话，所以 the gift of tongues 是有口才。eyes 比喻见识、观点等等。唯独汉语中的"脸"一词特殊，比喻的用途和范围比英语神太多了。我们看鲁迅先生《且介亭杂文》中，说"面子"的一段：

"面子"究竟是怎么一回事呢？不想还好，一想可就觉得糊涂。它像是很有好几种的，每一种身价，就有一种"面子"，也就是所谓"脸"。这"脸"有一条界线，如果落到这线的下面去了，即失了面子，也叫作"丢脸"。不怕"丢脸"，便是"不要脸"。但倘使做了超出这线以上的事，就"有面子"，或曰"露脸"。

英语大师林语堂先生，更是用生动的笔触，把 face 的心理机制分析出来：

Interesting as the Chinese physiological face is, the psychological face makes a still more fascinating study. It is not a face that can be washed or shaved, but a face that can be "granted" and "lost" and "fought for" and "presented as a gift". Here we arrive at the most curious point of Chinese social psychology. Abstract and intangible, it is yet the most delicate standard by which Chinese social intercourse is regulated.

一个令我大中华很 have face 的事情是，这个"面子"的比喻用法，现在已经在英语国家中流传开来，特别是在商界和政界，save face, lose face, loss of face 成了流行的语言表达方式，不知鲁迅先生和林老师对此现象又会做何感想。

我们顺便说一下谚语、名言和俚语。

谚语（或名言）与隐喻的功能和表达方式不同。谚语不是做比喻，而是借用某个公认的比较有道理的"说法"，作为对当前形势进行分析的总结，或某个观点的论据。比如：说明"不付出痛苦就不会有回报"的道理：No pain, no gain.；钱"来得快去得也快"：Easy come, easy go. "有志者事竟成"：Where there is a will, there is a way. 谚语在语言中使用得较少，但却是一个人知识量的重要衡量标志。所以多掌握一些名言、谚语都能够提高自己的文字或表达水平。另外，名言谚语无国界。很多来自中国古代的经典名言、谚语都深受西方人喜爱。《孙子兵法》不但是美国军校的必修课，甚至是很多商学院的重要课程。孙子的名言就被广泛引用，比如：Quickness is the essence of the war（兵贵神速）等。只不过很多在中国已经被精炼为四字成语的典故用法，翻译成英语因为太长太复杂，以至于不得不以谚语、名言的形式出现。比如：One cannot refuse to eat just because there is a chance of being choked.（不能"因噎废食"）

语言中的俗语和俚语，具有特定的使用范围，通常是在某个特殊的群体中流行和使用，比如特定的年龄组、特定的职业、特定的地域或族裔中，并非全民通用。俚语有实效性，往往是刚出现不久，但很可能流行的时间不会很长。比如几十年前形容一个事情很牛，北京的俚语是"盖了"或"震了"，现在早已不用，当今表达这个含义的流行俚语是"碉堡了"，这个词的确很 cool，真心希望能多流行几年。

在中国，当前也出现了一些"俗语和网络语流行令人担忧"之类的文章。这是对语言的演变无知的表现。每个时代都会诞生很多新词和新说法，开始时不少都是以俚语和俗语的形式开始流传。如果这些俚语、俗语能经历了长时间的考验并且被更多的群体所接受，就变成了成语或标准的语言表达（比如 cool）。所以说俚语的出现和流行都不是坏事，是让语言更加丰富多彩而不是污染语言。然而作为学习外语来讲，俚语不必刻意去学习，只把身边碰到的几个常用的学会就好，不会俚语没有什么伤害。作为外语来讲，俚语、俗语学多了也并没有很大的用处。刻意地学说俚语，反而经常会弄巧成拙，显得可笑。

相约不如偶遇

> 突击了1万个低频词后，我们就有条件开始学习用正常的速度来阅读原版英语读物了。

突击了1万个低频词后，我们就有条件开始学习用正常的速度来阅读原版英语读物了。此时我们在大部分阅读材料中碰到生词的机会，从只有5000词汇量时的11%，降低到了只有2%左右。大家一开始阅读就会立即出现这种感觉：怎么前两天刚学过的生词，今天就碰到了好几个呢？用这种在原文中去"遇到"刚学过的单词的学习方式效果惊人。在阅读中碰到刚学过的词汇而能够在原文中理解时，总会给人带来一丝惊喜。而此刻这种惊喜让头脑产生的多巴胺，不但能带来成就感和提高阅读兴致，还能极大地增加记忆强度。刚突击完的很多词汇，我们会对其词义掌握不牢，常常回想不起来。而此刻突然在原文见到，通常都能借助文字背景确认生词的含义，模糊的知识突然变成了"啊哈！"，是最能够让人印象深刻的。

正常的平均阅读速度在250单词/分钟左右。但在我们刚开始阅读英语原文时，阅读速度能达到100单词/分钟就很不错了。亚马逊的图书数据库显示，英文小说的平均长度是64000个单词。所以即便是以每分钟100个单词的速度，一部小说大概用11个小时就能读完，而一本书中大概能够碰到3000~5000个我们刚突击学习的低频词。这样的话，几本书读下来，大部分我们突击过的低频词汇都能至少碰到一次。这样来看，如果能读上十几部小说长度的读物，我们的词汇量就可以得到很好的巩固了。

此时我们可以进行阅读的材料，都是来自英语国家的日常工作和生活，就是大家常说的"原汁原味"的英文，不再是经过改写和简化、专门针对外语学习者编写的初中级教材或教学辅助读物了。前一节我们讲过原版的大学教材尽管适合阅读理解，但并不适合巩固低频词汇。该选择什么类型的材料来帮助提高和巩固低频词汇呢？

所以当前面临的主要问题之一，是阅读材料的选择。如何选择适合的阅读材料呢？从形式上讲，阅读材料可以分为"课文类"和"专题读物"类。我们先来看一下课文类阅读材料的特点。

✓ 课文类读物的特点

阅读课文中的文章，每篇文章的篇幅普遍较小，内容和风格各异，跨越各种不同话题。在阅读课本中的课文后，需要做课后练习题。课本阅读的主要作用，是熟悉阅读中的句法结构、句子间的衔接、段落整体的含义表达等。所以建议对课文中的每课内容，可以放慢速度精细地阅读，一次只读一课。大致的学习流程是：

- 通篇阅读理解全文。碰到生词可以查词典。
- 参照词汇、短语表和译文，检查自己的阅读理解是否正确。
- 做课后练习题，核对答案，改正错误。
- 再通读一遍，本课学习完毕。

> 对课文中的每课内容，可以放慢速度精细地阅读，一次只读一课。

我们用《新概念英语》第四册举例来看：

Lesson 6　The Sporting Spirit

I am always amazed when I hear people saying that sport creates goodwill between the nations, and that if only the common peoples of the world could meet one another at football or cricket, they would have no inclination to meet on the battlefield. Even if one didn't know from concrete examples (the 1936 Olympic Games, for instance) that international sporting contests lead to orgies of hatred, one could deduce it from general principles.

Nearly all the sports practised nowadays are competitive. You play to win, and the game has little meaning unless you do your utmost to win. On the village green, where you pick up sides and no feeling of local patriotism is involved, it is possible to play simply for the fun and exercise; but as soon as the question of prestige arises, as soon as you feel that you and some larger unit will be disgraced if you lose, the most savage combative instincts are aroused. Anyone who has played even in a school football match knows this. At the international level sport is frankly mimic warfare. But the significant

> thing is not the behaviour of the players but the attitude of the spectators: and, behind the spectators, of the nations who work themselves into furies over these absurd contests, and seriously believe — at any rate for short periods — that running, jumping and kicking a ball are tests of national virtue.

这篇课文是摘自著名英国作家乔治·奥威尔（George Orwell）的文章 The Sporting Spirit。原文有 1500 字，教材只选用了其中 230 字。对只有 5000 单词量的同学来说，其中 10% 会是生词，比如：

> goodwill, cricket, hatred, inclination, utmost, concrete, orgy, deduce, principle, patriotism, prestige, significant, spectator, disgrace, savage, combative, instinct, arouse, frankly, mimic, warfare, prestige, fury, absurd, virtue

我们突击学过 1 万个低频词后，应该只有很少的生词，比如：cricket, orgy, fury。这时阅读就会比较顺利地理解整段内容："国际体育竞赛，会增加敌意而非增进友谊，是很露骨的国家间战争的模拟……这种战争行为并非是出现在场上比赛的运动员的行为，而是观众心态。观众对荒唐竞赛产生的狂暴，是因为他们把这种跑啊跳啊和踢个球什么的是否能赢，当成了检验一个国家是否优秀的标准。"

参照译文后，课后的练习题是：1. 针对段落含义理解的提问；2. 词汇理解和词汇应用的练习题；3. 句子结构练习题；4. 关键句型练习题；5. 重点难点练习题；6. 多项选择练习题等。

教材通常都是选材精良，难度增长梯度控制到位，题材覆盖了几个不同领域。比如本篇课文的下一篇课文，是摘自英国动物学家 Maurice Burton 的科普著作 Curiosities of Animal Life 中一段关于蝙蝠超声定位的生物学领域文章：

> Not all sounds made by animals serve as language, and we have only to turn to that extraordinary discovery of echo-location in bats to see a case in which the voice plays a strictly utilitarian role. To get a full appreciation of what this means we must turn first to some recent human inventions...

再下一篇课文，是摘自著名《经济学人》杂志（The Economist）的有关贸易标准（Trading Standard）的文章。

> Chickens slaughtered in the United States, claim officials in Brussels, are not fit to grace European tables. No, say the American: our fowl are fine, we simply clean them in a different way....

上面这三篇文章从前一课深刻的社会问题，一下子跳跃到了生物学和仿生学，然后突然又转向了国际贸易标准。这种多题材的编写方式，可以广泛接触不同的文化背景，不同性质和类型的生词，适应不同写作特点和叙述方式，但内容主题没有连贯性，阅读起来比较无趣。

✓ 专题读物的特点

所谓专题读物，一般是指具有一定长度、以同一写作风格围绕同一主题而编写的读物。比如：各种小说、科普书、社科书、影视剧本、专业课本等。

小说最大的优点是趣味性强。但小说的种类繁多，如何选择呢？基本经验是：写于七十五年以前的小说，基本不建议选用。这样一来，大部分"英文名著"写作时间都在这个范围内。"读名著学英语"这个说法不是"对"或者"错"，而是**大部分名著不适合外语学习**。从现代语言的观察角度来看，大部分的名著<u>用词陈旧，偏词比例高，写作风格古板过时，其中大量引证写作当时的文化和历史背景知识，很多连英语是母语的人读起来都感到困难，更何况对这种文化不了解的外语学习者</u>。我们用名著《飘》举例。第一章对斯嘉丽亮相出场时的描写。

> 写于七十五年以前的小说，基本不建议选用。这样一来，大部分"英文名著"写作时间都在这个范围内。

SCARLETT O'HARA was not beautiful, but men seldom realized it when caught by her charm as the Tarleton twins were. In her face were too sharply blended the delicate features of her mother, a Coast aristocrat of French descent, and the heavy ones of her florid Irish father. But it was an arresting face, pointed of chin, square of jaw. Her eyes were pale green without a touch of hazel, starred with bristly black lashes and slightly tilted at the ends. Above them, her thick black brows slanted upward, cutting a startling oblique line in her magnolia-white skin—that skin so prized by Southern women and so carefully guarded with bonnets, veils and mittens against hot Georgia suns.

Seated with Stuart and Brent Tarleton in the cool shade of the porch of Tara, her father's plantation, that bright April afternoon of 1861, she made a pretty picture. Her new green flowered-muslin dress spread its twelve yards of billowing material over her hoops and exactly matched the flat-heeled green morocco slippers her father had recently brought her from Atlanta. The dress set off to perfection the seventeen-inch waist, the smallest in three counties, and the tightly fitting basque showed breasts well matured for her sixteen years. But for all the modesty of her spreading skirts, the demureness of hair netted smoothly into a chignon and the quietness of small white hands folded in her lap, her true self was poorly concealed. The green eyes in the carefully sweet face were turbulent, willful, lusty with life, distinctly at variance with her decorous demeanor. Her manners had been imposed upon her by her mother's gentle admonitions and the sterner discipline of her mammy; her eyes were her own.

On either side of her, the twins lounged easily in their chairs, squinting at the sunlight through tall mint-garnished glasses as they laughed and talked, their long legs, booted to the knee and thick with saddle muscles, crossed negligently. Nineteen years old, six feet two inches tall, long of bone and hard of muscle, with sunburned faces and deep auburn hair, their eyes merry and arrogant, their bodies clothed in identical blue coats and mustard-colored breeches, they were as much alike as two bolls of cotton.

Outside, the late afternoon sun slanted down in the yard, throwing into gleaming brightness the dogwood trees that were solid masses of white blossoms against the background of new green. The twins' horses were hitched in the driveway, big

(见彩插 12)

该书的低频生词量在 20% 左右，偏词也比较多，比如 basque，chignon，读起来相当困难。如果只有 5000 单词量的同学读这种读物，生词就如上面图中显示的情况，两小段文字要查 50 多次字典，还没等查完整个人都不好了，很难学下去。建议当前只有或不到 5,000 词汇量的同学不要尝试"读名著学英语"。即便是突击了低频词的同学，读此类书也是有相当难度的，建议暂缓进行。

其次，该作品跟美国特定的本土文化关系极其紧密。如果对时代背景和人文地理不了解，就会对其词汇的使用感到困惑，不知是否该学。比如文中形容斯嘉丽的肤色是"白如木兰花"magnolia-white。这种说法不但现在不用，就算当时也罕见。为什么作者要这样写？这个疑问要等你有机会在春天造访美国的亚特兰大或佐治亚州，看到那里南方旧时住宅房前屋后怒放的木兰花时，才会恍然大悟。作者是借这个词抒发了对南方白人优越感的怀旧。

而随后出现的 mammy（照料白人小孩的黑人保姆）一词，则因带有种族歧视性质，现在社会是绝对不可以使用的。所以尽管《飘》的确是一部优秀的文学作品，但其中存在很多具有偏见和争议的语言使用方式，目前我们是难以分辨的。最主要的问题是文字难度过高，表达方式过时，作为外语学习读物则非常不适合，有点像是让汉语还不流利的外国人去读《红楼梦》一样勉为其难。

白色木兰花

如何判断小说的难度？除了自己翻看书的样本来判断以外，在 lexile.com 网站上，可以检索到大部分英语读物的阅读难度评估值。比如下列作品的 lexile 值比对：

Examples of books with Lexile measures [edit]

Title	Author	Lexile
The Cat in the Hat	Dr. Seuss	260L
Clifford the Big Red Dog	Norman Bridwell	330L
The Very Hungry Caterpillar	Eric Carle	460L
The Giving Tree	Shel Silverstein	530L
The Sun Also Rises	Ernest Hemingway	610L
Charlotte's Web	E. B. White	680L
Twilight	Stephenie Meyer	720L
A Farewell to Arms	Ernest Hemingway	730L
Harry Potter and the Sorcerer's Stone	J. K. Rowling	880L
A Tale of Two Cities	Charles Dickens	990L
The Hobbit	J. R. R. Tolkien	1000L
Gone with the Wind	Margaret Mitchell	1100L
A Brief History of Time	Stephen Hawking	1290L

大部头名著普遍难度都过高，但其中也有少数例外。比如诺贝尔文学奖得主、美国作家海明威，他的小说就因为语言通俗易懂，低频词使用得极少，经常出现在美国小学生的阅读书单上。我们一起来看一下《太阳照常升起》的开头一段：

Robert Cohn was once middleweight boxing champion of Princeton. Do not think that I am very much impressed by that as a boxing title, but it meant a lot to Cohn. He cared nothing for boxing, in fact he disliked it, but he learned it painfully and thoroughly to counteract the feeling of inferiority and shyness he had felt on being treated as a Jew at Princeton. There was a certain inner comfort in knowing he could knock down anybody who was snooty to him, although, being very shy and a thoroughly nice boy, he never fought except in the gym. He was Spider Kelly's star pupil. Spider Kelly taught all his young gentlemen to box like featherweights, no matter whether they weighed one hundred and five or two hundred and five pounds. But it seemed to fit Cohn. He was really very fast. He was so good that Spider promptly overmatched him and got his nose permanently flattened. This increased Cohn's distaste for boxing, but it gave him a certain satisfaction of some strange sort, and it certainly improved his nose. In his last year at Princeton he read too much and took to wearing spectacles. I never met anyone of his class who remembered him. They did not even remember that he was middleweight boxing champion.

从 lexile 表可以看到，海明威的 The Sun Also Rises 的 lexile 值为 610L，难度简直比小人儿书 The Giving Tree（lexile 值 520L）高不了多少。

著名儿童读物 The Giving Tree, by Shel Silverston

相比之下《哈利·波特》系列小说，尽管是当代作品，其中低频词比例就比较高，比如 Harry Potter and the Sorcerer's Stone 的 lexile 值达到了

880L。但这个难度我们当前是可以应对的。来看一下样本:

None of them noticed a large, tawny owl flutter past the window.
At half past eight, Mr. Dursley picked up his briefcase, pecked Mrs. Dursley on the cheek, and tried to kiss Dudley good-bye but missed, because Dudley was now having a tantrum and throwing his cereal at the walls. "Little tyke," chortled Mr. Dursley as he left the house. He got into his car and backed out of number four's drive.

类似难度的又比如 Dan Brown 小说《天使与魔鬼》:

Sixty-four minutes had passed when an incredulous and slightly air-sick Robert Langdon stepped down the gangplank onto the sun-drenched runway. A crisp breeze rustled the lapels of his tweed jacket. The open space felt wonderful. He squinted out at the lush green valley rising to snowcapped peaks all around them.

可以看出,上面两部当代小说中,尽管生词比例稍微有些高,但语句相对比较容易理解,所以很多同学都能非常有兴致地读完全本书,当然可以算是理想的阅读材料了。所以无论是从内容、体裁,还是兴趣来说,大部分当代畅销小说(bestsellers),都会比大部分的古典名著更适合当前的学习。从前面的列表中大家可以看到,Gone with the Wind 的 lexile 值则高达 1100L,连英语是母语的中学生都会感觉难读,显然不应该作为当前的外语学习读物。

> 无论是从内容、体裁,还是兴趣来说,大部分当代畅销小说(bestsellers),都会比大部分的古典名著更适合当前的学习。

前面表中大家还可以看到,霍金的《时间简史》A Brief History of Time 的阅读难度为 1290L。难度值虽然高,但这是一部科普读物,我们阅读起来并不感觉十分困难。这是因为 lexile 估值的对象,主要是英语为母语的中小学生,考虑到科普读物中的内容、概念、逻辑和分析论证,是中小学生不容易理解的,才会出现把成人科普读物的阅读难度高估。但实际上科普读物中使用的语言,却普遍是简单的,生词也不多。对于学习外语的成年人来说，因为知识量和逻辑分析能力远比美国的中学生高，所以科普读物反而是非常合适的英语阅读材料。我们看一下《时间简史》中对大爆炸和时间起点的这段描述就知道了：

> Hubble's observations suggested that there was a time, called the big bang, when the universe was infinitesimally small and infinitely dense. Under such conditions all the laws of science, and therefore all ability to predict the future, would break down. If there were events earlier than this time, then they could not affect what happens at the present time. Their existence can be ignored because it would have no observational consequences. One may say that time had a beginning at the big bang, in the sense that earlier times simply would not be defined. It should be emphasized that this beginning in time is very different from those that had been considered previously. In an unchanging universe a beginning in time is something that has to be imposed by some being outside the universe; there is no physical necessity for a beginning. One can imagine that God created the universe at literally any time in the past. On the other hand, if the universe is expanding, there may be physical reasons why there had to be a beginning. One could still imagine that God created the universe at the instant of the big bang, or even afterwards in just such a way as to make it look as though there had been a big bang, but it would be meaningless to suppose that it was created before the big bang. An expanding universe does not preclude a creator, but it does place limits on when he might have carried out his job!
>
> —Steven Hawking, *A Brief History of Time*

> 科普读物中使用的语言，却普遍是简单的，生词也不多。对于学习外语的成年人来说，因为知识量和逻辑分析能力远比美国的中学生高，所以科普读物反而是非常合适的英语阅读材料。

原版英文的报纸和杂志（比如 Wall Street Journal, New York Times, Time, Economist）等，则普遍难度偏高，建议大家在实践大量阅读的初期不必去读。杂志中只有科普类（比如 Discovery, National Geography, Scientific American）的难度比较适中，有兴趣的同学可以多读。

精而不慢、泛而不滥

阅读虽然有精读和泛读两种特点，但不可把两者对立。一些难度适中的阅读，适合处在精和泛之间的状态进行。总之，精读虽然要精细，但不可过于深入，否则速度太慢；泛读虽然要速度相对快，但不要追求数量多，不要太轻易放过不懂之处。

我们平时一说起通过阅读学习英语，大家就会想起经常听到的"精读"和"泛读"两种阅读方式。"精"与"泛"的分工听起来很符合逻辑，然而在实践方面问题非常多。很多同学都是在只有几千词汇量的情况下就开始实践精读和泛读。最典型的精读学习过程是这样：用很长时间精读一篇小文章，分析半天，钻研了很多难词，同一篇文章翻来覆去搞很久很久，学得都要吐了，很难坚持学习下去。即便是咬牙坚持学习，且**精读**每篇文章的学习效果的确不错，但阅读量太少，有质量无数量。且不同文章之间，无论是话题、词汇还是句式之间都缺乏联系。这种学法不但进度缓慢，而且前一篇的内容很快就淡忘了。而同样是由于词汇量有限，**泛读**时则为了追求数量和速度，对文章中没有理解的部分和难点，都是采用迅速跳过的策略，真正能看懂的大多都是以前已经掌握了的词汇或句式。所以这样囫囵吞枣地读了很多很多文章，真正分析一下，却发现没有收获什么新知识。

我们可以选取篇幅短小的教材类读物，作为阅读速度稍慢的精细阅读并完成课后练习作业，而选用大部头的专题读物，作为阅读速度稍快的大量阅读的材料。

而当突击拿下来 1 万低频词后，此时虽然仍然可以区分为"精读"和"泛读"，但此时两者之间已经不存在严格的界限了。前一节中我们介绍过，我们可以选取篇幅短小的教材类读物，作为阅读速度稍慢的精细阅读并完成课后练习作业，而选用大部头的专题读物，作为阅读速度稍快的大量阅读的材料。下面就用专题读物来演示这种大量阅读学习过程。我们选读一段哈佛大学 Steven Pinker 写的科普读物 The Stuff of Thought 中的一段文字：

飞龙在天篇

If a speaker and a listener were ever to work through the tacit propositions that underlie their conversation, the depth of the recursively embedded mental states would be dizzying. The driver offers a bribe; the officer knows that the driver is offering him a bribe; the driver knows that the officer knows; the officer knows that the driver knows that the officer knows; and so on. So why don't they just blurt it out? Why do a speaker and a hearer willingly take on parts in a dainty comedy of manners?

The polite dinnertime request—what linguists call a whimperative—offers a clue. When you issue a request, you are presupposing that the hearer will comply. But apart from employees or intimates, you can't just boss people around like that. Still, you do want the damn guacamole. The way out of this dilemma is to couch your request as a stupid question ("Can you...?"), a pointless rumination ("I was wondering if..."), a gross over-statement ("It would be great if you could..."), or some other blather that is so incongruous the hearer can't take it at face value. She does some quick intuitive psychology to infer your real intent, and at the same time she senses that you have made an effort not to treat her as a factotum. A stealth imperative allows you to do two things at once—communicate your request, and signal your understanding of the relationship.

这段文字总共 248 个单词，低频单词有 27 个，占全文 10% 左右的比例，符合我们对低频词比例的预估。这些低频词是：

有词根词缀

proposition	提议，意图（pro 向前；posit 放。同根词：deposit, repository）
underlie	在……之下（under 与 lie 的合成词）
manner	举止，方式（man 手；同根词：manual, manage, command）
recursively	反复出现地（re 再次；cur 跑。同根词：occur, incur）
embed	插入，嵌入，植入（em 进入；bed 平面，床）
linguist	语言学家（lingua 语言。同根词：bilingual）
presuppose	预料，预先假定（pre 之前；sup 在下面；pos 放）
comply	顺从（com 共同；ply 弯曲，折叠。同根词：imply, reply）

intimate	亲密（intim 内部）
dilemma	两难境地（di 两，二；lemma 说理，词条）
pointless	无意义的（point 观点；less 无）
rumination	反刍，反复思索（rumen 反刍，胃）
incongruous	不一致（in 不；con 一起；gru 落下）
intuitive	直觉的（in 进入；tui 看）
factotum	杂役，听差（fac 做；totum, totus, total 全部）
stealth	隐秘（steal 偷；th 名词后缀）
imperative	命令，祈使（im 进入；pera/par 做，产出。同根词：prepare, separate）
signal	表示（sign 标志；al 词缀。同根词：signature, signage）

 无词根词缀

dizzy	眩晕。这个词我们在前一章分析词汇 zzy 的声像特点时中碰到过。
blurt	脱口而出。典型的带有声像特征的词，前一章介绍 bl 辅音簇时见过。
blather	喋喋不休。这也是个带有明显声像特征的词汇。类似的词汇有：blab 胡扯，bla bla 废话。前一章介绍 bl 辅音簇时碰到过。
gross	粗大的。
bribe	贿赂。这两个词中辅音簇 gr, br 虽然有一些声像特点，但含义联系不够明显，大家不必去勉强找联系。
tacit	心照不宣，缄默。（taciturn 沉默的。该词在 SAT, GRE 考试中很常见）
dainty	精确的，讲究的。
guacamole	鳄梨酱。
whimperative	这个词连字典上都没有。这是个比较特殊的学术概念，由 whimper 和 imperative（祈使句）合成的。这个词合成得比较巧妙，因为 why, when, where, which, who, how 是疑问词，wh 经常被用来表示"提问"，所以可以把这个词理解为"wh-祈使"或"疑问祈使"。此类词汇在阅读中可以忽略，因为读者中几乎没人认识，作者一定会给予解释（如本文 polite dinnertime request—whimperative，破折号表示前后段含义相同）。

我们知道低频词的含义成分高。如果低频词不认识的话，这篇文章内容就基本看不懂；但由于我们已经突击记忆了 10000 个低频词，此刻就只剩下 guacamole, dainty, blather, factotum 等几个偏词没见过。查阅后理解整段文字不会感觉困难。译文如下：

> 如果对话双方真的去分析他们对话语句背后大家心照不宣的意图，就会发现其中反复植入的心理状态简直能把人整晕。违规司机问警察能否'通融一下'；警察知道司机是在行贿；司机知道警察知道司机是在行贿；警察知道司机知道警察知道司机是在行贿。如此这般。那他们干吗不有话直说？为什么说的人和听的人都乐于去参与这个可笑的装 X 互动呢？
>
> 用餐时使用的礼貌请求——一个被语言学家称为"劳驾祈使"的东西——给我们提供了答案线索。当你提出一项要求时，你当然会想要听者遵从你的指令。但除了你的下属或至亲以外，你不能对别人呼来唤去的。可是你就 TMD 想吃那个鳄梨酱，需要叫人家给你递过来，那该怎么办？要走出这个两难境地的方法，是把你的请求包装成一个愚蠢的问题（您能……吗？），一个无意义的反问（我不知您是否能……），一个过分的浮夸（如果您要是能……的话，那就太好了！），或者什么其他形式的废话，总之都是些很不搭调的絮叨，听者绝不可以按字面含义去直接理解。她听到后会凭直觉迅速地进行一个心理分析来判断出你的真实意图，同时还能意识到你在努力表现出不是把人家当催本儿使唤。一个隐蔽的祈使语能让你一举两得——既传达了你的要求，同时又显出你尊重双方的社会关系。

由于大幅度降低了生词的障碍，我们用以接近过去泛读的速度实现了精读的学习功能。像本例这样的文字，大家在开始读的时候，达到每分钟 100 个单词是很容易做到的事。如果每天读两个小时，一本书一两周肯定能读完。读上几本这样的书后，我们不久前突击的上万低频词就都得到了巩固！

有这样一个问题：原文中 "Still, you do want the damn guacamole." 直

译应该是:"可是,你就是想要那该死的鳄梨酱。"可译文却是:"可是你TMD就想吃那个鳄梨酱,需要麻烦人家给你拿来,那该怎么办?"这多余的内容哪里来的?而"该死的"几个字怎么不翻译呢?原来这里牵扯到了西方文化的社交礼仪的问题,我们将在下一章中讲解。

我们看到,这两段文章中的句子本身难度不高,但比喻运用比较多,主要是短语动词和各种固定表达的运用。这些因素直接影响到了对文章的理解,我们来看一下。

本文中的固定表达主要是这些:

mental state	心理状态
the way out of	解套的方法
over-statement	言过其实
take it at face value	按字面含义去理解
infer someone's real intent	推断出某人的真实意图
at the same time	与此同时
make an effort	努力
do two things at once.	一举两得
couch as	表达,措辞。此处的couch是个动词,不是名词"沙发"。
treat as	当作……对待
If... were ever	如果真的去……
I was wondering if...	不知是否能……?
It would be great if...	如果能……就太好了

最后这三个固定表达,看起来都是属于虚拟语气的语法应用,但学习使用时应该是从固定表达的方向入手,而不是去记忆其语法知识。Michael Lewis 在其著名的英语教学法著作 Lexical Approach 中分析道:使用 If I were you, I'd... 这种常用的虚拟语气句式时,说话者根本不思考语法,而是将其作为一个整块直接调取使用。只有这样,才能做到流利而准确。这几个用法我们都能理解,但通常在使用中要思考很久或者出错。如果我们把它们作为词汇块来处理和练习,使用起来就自如多了。对这些词汇块的掌握,其实也没有什么特定的学习方法,<u>主要来自阅读中多次相遇,在多</u>

次碰到后自动引起重视，主动对这些用法有意识地进行几次默念或诵读，就会对这种使用方式越来越熟悉。

文章中的短语动词共有 4 个：

work through	完成，推敲，通过。状态类短语动词。
blurt out	脱口而出，直说。状态类短语动词。
apart from	除了。方向型短语动词。
boss around	指使，差遣。比喻型短语动词。

两小段文章中，出现了很多个比喻的手法。比如：

blurt out	字面含义是"脱口而出"，此处比喻说话"直白，不绕弯子"。
boss around	是用"老板命令员工"来比喻"支使他人做事"。
the way out of	是用"出路"来比喻"解决难题的方法"。
take it as face value	用"钞票的票面价值"含义，来比喻"按文字的字面意思直接理解"。
couch as	"认真放好"。把"文字认真放好"，即"措辞"的意思。couch 的原始含义就是"放下和躺下"的意思，当演化出名词"沙发"后，这个动词也不再用于形容"躺下"，现在只剩下"措辞"这种用法了。但该动作的比喻手法仍然比较透明，看了就能理解其大致含义。

比喻用法在英语中相当普遍，也是中国同学学习外语的难点之一。尽管在英语学习的任何阶段都可以去学习这些比喻用法，但学习效率最好的阶段，却是在低频词汇掌握之后。**一方面是因为此时我们在语言应用中不必因为生词量过大而影响理解，反而会有更多的精力去关注这些比喻用法；另一方面是因为只有这个时候，我们才容易理解这些比喻用法的含义。**比喻和类比在语言中的应用比例比较高，而英语的比喻运用方式和特点有其特殊性，接下来我们详细介绍。

> 尽管在英语学习的任何阶段都可以去学习这些比喻用法，但学习效率最好的阶段，却是在低频词汇掌握之后。

学院书不乏学院词

我们先来介绍一类比较特殊的阅读材料——美国的大学专业教材,比如大学本科使用的数理化、历史、地理、心理学、计算机、工程技术、管理、财务、金融和经济等专业所使用的教科书或教学参考书。

英文专业教科书中使用的语言,无论从句子还是词汇,都比大众媒体或文学作品的难度低很多。专业书中基本使用的都是大家熟悉的5000常用词汇。很多人一说到专业书籍就谈虎色变,认为其中肯定有大量难懂的专业词汇。而实际是跟大多数人的直觉相反,大部分专业领域独特的专业词汇数量都非常有限,通常只有一百个左右的专业词而已(比如计算机专业词汇还不到一百个)。少数专业词汇数量比较大的专业(比如生物、化学、医学),其大部分这种词汇是拉丁词根组合而成的专业名词。比如我们看一段 MIT 出版社出版的《脑理论和神经网络》一书中介绍神经元(neuron)的一段:

Introducing the Neuron

We introduce the *neuron*. The dangerous word in the preceding sentence is *the*. In biology, there are radically different types of neurons in the human brain, and endless variations in neuron types of other species. In brain theory, the complexities of real neurons are abstracted in many ways to aid in understanding different aspects of neural network development, learning, or function. In *neural computing* (technology based on networks of "neuron-like" units), the artificial neurons are designed as variations on the abstractions of brain theory and are implemented in software, or VLSI or other media.

> There is no such thing as a "typical" neuron, yet this section will nonetheless present examples and models which provide a starting point, an essential set of key concepts, for the appreciation of the many variations on the theme of neurons and neural networks presented in Part III.

文章中除了 neuron 这个专业词以外，都是常用词汇，句子结构也非常简单。即便是使用比喻的手法来讲解某个抽象的原理，也是使用直接描述的比喻方式，或者是对含义不透明的比喻方式做出进一步详细的解释。对英语不是母语的学生来说，这种对比喻进行解释的方式是个非常大的帮助。比如接下来的一段中，就是用"交通工具"的类比方式讲解这个概念：

> An analogy to the problem we face here might be to define *vehicle* for a handbook of transportation. A vehicle could be a car, a train, a plane, a rowboat, or a forklift truck. It might or might not carry people. The people could be crew or passengers, and so on. The problem would be to give a few key examples of form (such as car versus plane) and function (to carry people or goods, by land, air, or sea, etc.). Moreover, we would find interesting examples of co-evolution: for example, modern highway systems would not have been created without the pressure of increasing car traffic; most features of cars are adapted to the existence of sealed roads, and some features (e.g., cruise control) are specifically adapted to good freeway conditions. Following a similar procedure, Part III offers diverse examples of neural form and function in both biology and technology.
>
> ——*The Handbook of Brain Theory and Neural Networks*, The MIT Press.

美国大学专业教材的写作宗旨，都是把读者当作完全没有背景知识的零起点学员来传授知识，所以对专业知识概念讲解得非常浅显易懂，用各种生动的例子、照片和图表，来把复杂的概念简单化，把抽象的概念具体化。比如我们来看下面这个美国大学本科语言学专业教材的截图：

CHAPTER 9 Semantics: Making Meaning with Words

Table 9.1 Antonym Types

Gradable	Relational	Complementary
smart/stupid	teacher/student	dead/alive
often/rarely	friend/enemy	before/after
fat/thin	question/answer	permit/prohibit
most/least	doctor/patient	precede/follow
up/down	mother/father	send/receive
tall/short	parent/child	beginning/end
rich/poor	lawyer/client	day/night

hwæt!
Some words can have two diametrically opposed meanings: cleave can mean either to adhere closely or to divide. Look up some other "contra-nyms": sanction, oversight, moot.

RPE 9.7
RPE 9.8

be thin, but not everyone would share this interpretation. These antonyms therefore express degree in various ways: by comparative and superlative morphology (*smarter, thinner*) or syntactically (*more gigantic, extremely minuscule*). Complementary antonyms are another subtype of antonymy: if you are one, you cannot be the other; these are "absolute" opposites. That is, if you are dead, you cannot also be alive; if you are asleep, you are not awake, and so on. Similar pairs of this sort include *legal/illegal* and *beginning/end*. Relational antonyms are a third type; these are pairs in which each member describes a relationship to the other: *teacher/student, father/mother, lawyer/client, doctor/patient*. All languages have antonyms as well as these subtypes of antonyms. (See Table 9.1.)

Did You Know...?

Can Something Be *Very Dead*?

Although it may seem obvious that *dead* and *alive* and other antonyms are complementary, it doesn't mean we always use them that way. We say such things as "Downtown is completely dead by 8 p.m." and "That plant is quite dead" and "She's really pregnant," where we modify *dead* and *pregnant* with degree words even though these adjectives by definition should not be modifiable (because you either are or aren't dead or pregnant). We also say *very unique*, a phrase that rubs many language purists the wrong way but which is nevertheless quite common even among the most educated speakers. Our colleague Eric Hyman explains such examples as morphosyntax "outranking" meaning: adjectives can always take degree words precisely because they are adjectives. Our unconscious knowledge of lexical categories allows us to use degree words with adjectives regardless of prescriptive, meaning-based edicts.

Similar Meanings: Synonymy

Words that are different in form but similar in meaning are called synonyms. Synonyms are derived from a variety of sources, and we make choices among synonyms for a variety of reasons.

One source of synonyms is dialectal variation. In some dialects of North American English, a long, upholstered seat is called a *couch*, but speakers of another dialect call the same piece of furniture a *sofa*. Canadian English speakers might call this item a *chesterfield*, and still other speakers might call it a *divan*. Though these words all mean the same thing and are therefore synonyms, they tend to be dialect specific and may not be shared across dialect boundaries.

Synonyms can also cross dialect boundaries; most North American English speakers are familiar with the synonyms *professor/instructor, doctor/physician*, and *lawyer/attorney*. Still other synonyms arise as a result of language change over time. For example, your grandparents might use a particular term that seems old fashioned to you, and you might use a more modern term. For example, what might be a *pocketbook* for your grandmother is called in current fashion circles a *handbag* or a *bag* or a *purse*. An older term for *dress* is *frock*, and what used to be called a *baby carriage* or *perambulator* is now a *stroller* or *jogger*; we are less likely now to refer to women as *gals*.

Two other, closely related sources for synonyms are style and register. In casual speech, a speaker might say, "That's a nice car," but in more formal speech, "That's a nice automobile." For a variety of historical reasons (discussed elsewhere in this book), we attach social value and prestige to words with Latin or Greek roots. We therefore often choose a Latinate synonym over its native English (Anglo-Saxon) counterpart in formal, academic writing. Table 9.2 shows some pairs of synonyms or at least close synonyms. (Exact synonyms are quite rare.)

hwæt!
Isn't it fun when antonyms come to be synonyms? *Bad* is bad and it's good. It's bad to be sick, but *sick* can mean 'good'.

RPE 9.9

synonyms words that have similar meanings (*purse/handbag*)

Euphemisms

English has a vast number of synonyms, more than most languages, largely because of borrowing from other languages, especially French and Latin. Though synonymy allows for a variety of ways to express ideas, it can also be the source of euphemisms. Euphemisms are words and phrases used to avoid offending (by directly addressing taboo subjects) or to deliberately obscure actual (usually unpleasant) meanings. Government terminology provides a good source of examples. *Area denial munitions* are 'landmines', and *physical persuasion* means 'torture'. *Operational exhaustion* means 'shell shock', and *wet work* is 'assassination'. We use euphemisms to avoid talking about bodily functions: *sweat* can be replaced by *perspire*, *genitalia* by *privates*, and *urinate* by *go to the bathroom*. Still another source of synonyms

euphemism word or phrase used to avoid offending or to purposely obscure (*collateral damage* for 'civilian deaths')

(见彩插13(2))

这种教科书形式，简直跟带有大量插图的小学课本没有太多区别。比如我们看下图美国小学六年级自然科学课本：

（参考彩插14①②）

对于大多数想出国留学，或者想对某个专业领域的知识继续学习研究的同学来说，读美国的大学专业教材，边学习专业知识边通过阅读提高英语能力，是一件一举两得的事情。

> 对于大多数想出国留学，或者想对某个专业领域的知识继续学习研究的同学来说，读美国的大学专业教材，边学习专业知识边通过阅读提高英语能力，是一件一举两得的事情。

一些词汇研究领域的专家，在对英语原版大学专业教材中使用的词汇特点进行研究分析后，得出来这样一个结论：**作为只有常用单词词汇量的英语学习者，再掌握学专业教材中少数专业词汇的话，就应该能够顺利读懂用英语编写的各科的大学专业教科书。**除了不同专业所具备的特定专业词汇（比如上面出现的 neuron 一词）以外，<u>不同学科中具有一些通用的专业词汇</u>（比如：method 方法，concept 概念，analyse 分析，data 数据，formula 公式，procedure 过程，define 定义）。<u>这些通用的专业词，被称为学院词汇（Academic Words）</u>。著名的英语词汇学专家、惠灵顿大学的 Nation 博士编制了有 570 个主词的学院词汇表 AWL（Academic Word List）。这 570 个主词又按照其各自的使用频率，从高到低分为了 10 个组。我们就把第一组 60 个学院词放在这里展示一下，其他的请在书后附录中查阅：

---

analyse approach area assess assume authority available benefit concept consist constitute context contract create data define derive distribute economy environment establish estimate evident export factor finance formula function identify income indicate individual interpret involve issue labour legal legislate major method occur percent period policy principle proceed process require research respond role section sector significant similar source specific structure theory vary

---

下面我们通过具体实例，带大家零距离接触原版的大学专业教科书。

 实例一：数学领域，摘自美国大学本科使用的统计学教材

> **Chapter 6 Probability—Understanding Random Situations**
> 第六章概率——理解随机情况
> Our goal is to understand uncertain situations, at least to the greatest extent possible.

> Unfortunately, we will probably never be able to say "for sure" exactly what will happen in the future. However, by recognizing that some possibilities are more likely than others, and by *quantifying* (using numbers to describe) these relationships, you will find yourself in a much more competitive position than either those who have no idea of what will happen or those who proceed by a "gut feeling" that has no real basis. The best policy is to *combine* an understanding of the probabilities with whatever wisdom and experience are available.
>
> How can you understand uncertain, *random* situations without being troubled by their *imprecise* nature? The best approach is to begin with solid, exact *concepts*. This can help you know "for sure" what is going on (to the greatest extent possible) even when you are analyzing a situation in which nothing is "for sure".

这两段的大致译文如下：

> 我们的目标是去理解，至少是最大限度地去理解所谓不确定状态。遗憾的是，我们也许永远不能"肯定"地断言将来要发生的事情。尽管如此，通过识别出某些结果的可能性会比另一些结果的可能性大，来"定量"（使用数字描述）这些结果之间的关系，你会发现你比其他那些对将来会发生什么事情一点概念都没有或全凭没有任何根据的"直觉"来行动的人，有更多的竞争优势。最好的策略，就是把你对概率的理解，与你现在具备的智慧和经验相结合。
>
> 你怎样才能做到理解不确定的"随机"的状态，却又能不被其"不精确"的本质所干扰呢？最好的方式就是从可靠而又精确的概念定义开始。这样一来，尽管你是在分析一个对任何事情都不能"肯定"的状态，也能帮你（最大可能性地）知道"肯定"会发生什么事情。

本章的开头的这种写作方式，无论文字还是内容，都具备美国大学教材典型的写作特点。作者使用非常精炼和简要的句式和文字形式，浅显而又明确地交代了下面将要讨论的技术内容的目的和掌握后有什么用，同时引起学生对将要讨论的内容的一定兴趣。甚至对初次出现的新概念或者生词，很多作者都会随着叙述及时加以注释。比如本段中新词 *quantifying* 出现后，立即用括号进行了解释。相比中国的教科书来说，**美国教材在每个主题开头，对其目的和作用的描述上花的笔墨都比较多**。尽管文字读起来很简朴，但却是作者或作者团队经过长期反复推敲的结果，所以一般都叙述得非常清楚而明白，容易让读者透彻理解并产生兴趣。**而且作为学生来说，在接受新概念时，先读一些前期铺垫性的文字，学生能够更容易接受新概念，对新概念的理解往往也会比较深刻**。把这种类型的叙述作为外语来学习，效果也是非常好的。

经过了前面的铺垫，后面开始对概念进行描述、分析和讨论，逐渐通过实例进行说明。所以接下来的两段是如下内容：

> Such an *approach* establishes clear *boundaries*, starting with an exact *description* of the process of interest (the random experiment) together with a list of every outcome that could possibly result (the sample space). You may have a number of special cases to study that either happen or don't (e.g., "the project succeeded"); these are called events. The likelihood of an event happening is indicated by an exact number called its *probability*.
>
> You may want to combine information about more than one event, for example, to see how likely it is that the *reactor* and the safety system will both fail. Or you may wish to keep your probabilities up to date by using *conditional* probabilities that *reflect* all available information. The easiest way to solve such probability problems is to first build a probability tree to organize your knowledge about a situation; this is much easier than trying to choose just the right *combination* of *formulas*. Some people also find joint probability tables and *diagrams* useful in building *intuition* and solving problems.

我们把这几段相关的生词，主要是具有专业特征的词汇摘录出来如下：

> quantify, combine/combination, imprecise, random, concept, approach, boundary, describe/description, probability, reactor, conditional, reflect, formula, diagram, intuition

这些词汇几乎全部出现在 AWL 中。

实例二：计算机编程

那具体讲解技术细节时使用的英语，是否会变得更复杂呢？下面我们就来看一段计算机编程教材中，有关一个计算机语言体编程中对一个特定指令的描写：

> **Counting Your Data with PROC FREQ**
> （用 PROC FREQ 命令计算你的数据）
>
> A frequency table is a simple list of counts answering the question "How many?"
>
> When you have counts for one variable, they are called one-way frequencies. When you combine two or more variables, the counts are called two-way, three-way, and so on up to n-way frequencies.
>
> The most obvious reason for using PROC FREQ is to create tables showing the distribution of categorical data values, but PROC FREQ can also reveal irregularities in your data. You could get dizzy proofreading a large data set, but data entry errors are often glaringly obvious in a frequency table. The basic form of PROC FREQ is *PROC FREQ；TABLES variable-combinations…*
>
> ——美国 *SAS* 学院出版的 *SAS* 程序编写教程

这一段描述的是某段程序指令语句的使用背景、使用方式和编写过程。想象中这种内容读起来肯定如读天书，而一读之下就发现，不但语言简明易懂，就连其描述的专业内容，理解起来也没有什么困难的。为了让读者容易理解，作者对这个语句的作用，引语了非常直白的"how many"，并且对该语句的另一个作用，也用了非常生动的描述。"人工校对大量数据的时候会让你头昏眼花（get dizzy），在语句生成的频率表（frequency table）中，常会让"数据输入错误格外地显眼"（glaringly obvious）。

段落中的专业词汇有：frequency，variable，combine/combination，distribution，category/categorical，data，irregular/irregularity。这些词不但难度不高，且全部都是在学院词汇表 AWL 范围内的。

你千万不要认为专业课本中使用的语言都是非常生硬、平淡、无趣和不自然的。其实美国教科书中使用的语言，普遍是在清晰简洁的基础上，既生动又风趣，而且比我们以前读到的中级教材中的语言，更加接近实际生活中使用的语言。与文学作品相比，少掉的是一些比较隐晦的比喻、绕弯子的长句，特殊的引用等。从内容的可读性来说，零基础的外行都能读懂。

这一教材编写风格跟中国专家有很大差别。中国的专家们很多都是把语言整得过于抽象，晦涩难懂，把学生都当成少年班的天才去对待，刻意在考验像俺这种只有普通智力的读者的耐心。相信这一点也造成了很多中国同学把美国大学教材或专业书籍的语言难度想象得过于难的原因之一。然而实际情况却是，越是感觉专业难度比较高的教材，用来讲解这种专业知识的语言越通俗易懂，用语生动而简洁。

 实例三：本科金融专业教材

Ratio Analysis—Short-term Solvency, or Liquidity, Measures

As the name suggests, short-term solvency ratios as a group are intended to provide information about a firm's liquidity, and these ratios are sometimes called liquidity measures. The primary concern is the firm's ability to pay its bills over the short run without undue stress. Consequently, these ratios focus on current assets and current liabilities.

For obvious reasons, liquidity ratios are particularly interesting to short-term creditors. Because financial managers work constantly with banks and other short-term lenders, and understanding of these ratios is essential.

Current Ratio: one of the best known and most widely used ratios in the current ratio. As you might guess, the current ratio is defined as follows:

$$\text{current ratio} = \frac{\text{current assets}}{\text{current liabilities}}$$

本段是在讲述一个财务和金融概念 current ratio，中文叫作"流动比率"，用来衡量短期的资产与负债比率。如果用买房来比喻，买的房子是你的资产 assets，银行贷款是你的负债 liabilities，它们之间的比值才能反映出你真正的经济状况。流动比率太低，表示负债过高，出现资不抵债的风险太大；流动比率太高，则可能是不善于投资的表现。一般建议比较理想的资产与负债的这种比率数值是 2∶1。所以如果谁在炫耀自己"有车有房"

时，你可以说：That's nice. What's your current ratio?

可以总结出，英文原版大学教材，具有以下特点：

1. **生词的词汇量比例不高，且生词主要都出现在一些特定的领域内。**其实大部分所谓的本专业词汇的数量都有限，普遍都只有一百多个。即便是在为数不多的含有大量专业词汇的特殊领域（比如医学和化学），其专业词汇也因为具有高度的规律性而容易记忆，且对于熟悉本专业的人来说，掌握这些专业词也并不十分困难。

2. **生词在整部书中各个章节中反复出现。**另外，书中的很多段落内容，都从各个相关方面论证了出现的生词所代表的概念，并且通过实例和分析充分地演示了生词的适用范围，让我们从感性和理性等多层面深度掌握生词的含义和用法。

3. **句子一般都不长，且结构紧凑，很少使用多层嵌套的从句。**因为作者的目的是让读者学会概念而非欣赏文学，所以即便存在各种比喻手法，表达也都非常直白和形象，并没有因晦涩难懂而让读者有太多猜测和想象的空间。

4. **文章的文体和叙述方式整部书保持一致。**所以读过前几章后，读者很快就熟悉了作者使用语言的风格，增加了对其所描述事物的理解度。又因为后面章节是不断涵盖前面章节中的知识的，所以随着内容的不断深入和丰富，读者对文章所叙述事物的理解程度会越来越高，与此同时对语言的理解和体会也是越来越深刻。

包括 Nation 博士在内的一些语言专家都曾经认为，只要掌握了最常用的 2000 个英语核心词汇，再加上这 570 个学院词汇，就可以独立学习大学课本了。但通过对美国和加拿大的中国留学生学习情况的调查显示，很多英语没有学好且没有过硬托福成绩就出国的同学，一般都是只有 2000 个单词的词汇量。他们进入大学后，即便是学会了一些学院词，但由于常用词汇数量过低，上课根本无法听懂老师的讲解，阅读教材时速度极其慢且理解非常不到位，于是学习起来非常艰难。很多同学因此跟不上学习进度。所以 Nation 博士近几年也调整了自己的观点，认为**至少要掌握 5000 个单词再加上这 570 个学院词汇，才能相对从容地应对大学课本和专业书籍**。所以对于目前具备 5000 词汇量，但没有来得及去突击 1 万个低频词就必须出国学习的同学，的确是可以通过立即背熟这 570 个学院词汇暂时应对即将开始的全英语学习。但如果你的词汇量只有 2000，实在是不应该立即出国。

美国大学各专业的教材，是非常好的英语学习材料。大家在开始读这些课本教材之前，应该先把几百个"学院词"熟悉一下。

研究发现，对不同类型文字的选用，对学习效果的影响主要表现在：核心词汇搭配使用的语义可理解度；文章领域、体裁和写作风格；背景文字难度和生词、难词出现的密集程度等 (Borovsky, Elman & Kutas, 2012)。原版大学教材可以说是被大多数同学忽略了的，其实是非常适合的阅读材料。但同时必须认识到，原版专业教材中的低频词出现比例偏低，虽然对阅读能力的提高有帮助，但从提高和巩固刚突击过的低频词汇的角度来看，反而并不适合。我们下一章讲应该如何进一步提高和巩固低频词汇。

原版专业教材中的低频词出现比例偏低，虽然对阅读能力的提高有帮助，但从提高和巩固刚突击过的低频词汇的角度来看，反而并不适合。

网络资源：

https://www.victoria.ac.nz/lals/resources/academicwordlist

http://www.englishvocabularyexercises.com/AWL/index.htm

http://www.uefap.com/vocab/select/awl.htm

http://www.time4english.com/aamain/lounge/awl.asp

第五阶段小结：
五多功

　　不同阶段单词的学习特点和适合使用的学习手段，到此基本都介绍了一圈。当然这些绝对不是固定的或不能变化的学习技术。技术是根据战术的变化随时调整的。

　　之前我们介绍了几种不同类型词汇的特点。从词汇学习策略层面来讲，有两种非常不同的学习方向。一种是显性学习，主要是用分析、讲解和记忆等手段去主动学习词汇；另一种是隐性学习，即主要依据背景文字以及词汇的搭配组合，自然习得词汇的含义和使用方法。这两种策略各有特点，也各有其优势与劣势，所以学习中适合将两者有机地进行结合。

　　在本阶段的单词，以带有词根的低频词为主，适合使用显性的学习手段来突击记忆。这个阶段词汇量会突飞猛进，增长速度是惊人的。之所以有这种爆发力，是跟之前几个阶段的正确学习方式分不开的。

　　单词突击完成后，是最容易获得成功的乐趣的。特别是我们能够比较自由地阅读我们感兴趣的原版书，不但是一种真正的乐趣，同时也是英语能力提高的最好途径。阅读我们最感兴趣的读物，很容易进入一种"漂流"（flow）状态：忘记了时间，忘记了环境，完全沉浸在读书的快乐之中。著名的理学家 Csikzentmihalyi 给出了出现漂流状态的条件，如下图：

> *阅读我们最感兴趣的读物，很容易进入一种"漂流"（flow）状态：忘记了时间，忘记了环境，完全沉浸在读书的快乐之中。*

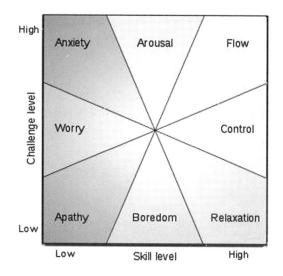

Mental state in terms of challenge level and skill level, according to Csikszentmihalyi's flow model.

　　实现漂流，是挑战度和驾驭能力两种因素的平衡。如果挑战低，容易掌控但很无聊；如果难度过高，虽有挑战性，容易兴奋，但难以执行。这个阶段的阅读难度高，但我们的单词解读能力也高，刚好落在了实现 flow 的"高挑战性＋高技巧度"的最佳领域中。祝大家漂流愉快！

亢龙有悔篇

之前我们采用了一个比较简单的突击学习低频词的手段。然而突击学习结束后,尽管发现在听力和阅读中,能够碰到很多刚学会的低频词,大幅度地帮助我们实现了被动的理解,但当我们自己需要说英语时,除了5000个常用词汇以外,能够主动应用的低频词汇并不多。即便是能够应用的少数低频词,一般也都是局限在我们自己专业领域中经常接触到的内容。这种现象是非常正常的。尽管是高级阶段,在日常学习和工作中,输出能力最好的体现在于常用词汇的搭配使用,以及文字内容的正确性、流畅性、逻辑性、条理性,而不是低频词的使用数量。

此时只要能通过阅读来把刚突击学习的低频词进行巩固,做到被动"认识"就可以了,并不需要大家深入探索和钻研低频词的使用,也不必进一步拓展使用频率更低的更多的低频词汇。

此时只要能通过阅读来把刚突击学习的低频词进行巩固,做到被动"认识"就可以了,并不需要大家深入探索和钻研低频词的使用,也不必进一步拓展使用频率更低的更多的低频词汇。**此刻应该采取"亢龙有悔"的态度,把学习重点转移到审视和回顾自己的整体学习状态,在广泛横向地拓展常用词汇的应用的同时,花一些时间调整好自己说英语的发音和优化对词汇的使用,以及寻找和弥补自己学习中的其他不足之处。**

在高级阶段的英语应用能力上,发音的准确性和自然连读的能力,也是体现说英语水平的关键要素。单词发音的准确性,原则上必须是在英语学习一开始就逐渐培养,到高级阶段只能对少数不准确的发音进行纠正,想整体上来改变不良的发音习惯为时已晚。但说英语的语音语调和连读的能力,却适合于在高级阶段来集中学习和训练。在中级阶段开始学说英语时,不使用连读是完全没有问题的。高级阶段的英语交流,通常是工作对话、商务演讲、专业讲课等场合来说的英语,是真正意义的实际应用。在这些场景中的交流,如果不会连读,说出的句子尽管可能发音标准,词汇和句法都正确,但会让听者感觉间断而不自然(choppy and unnatural),让听众严重低估我们的英语实际水平,甚至造成对我们所说内容的可信度也打折扣。所以连读的本领一定要掌握,也适合于在这个阶段来掌握。接下来我们会重点介绍连读能力应该如何建立。

> 单词发音的准确性,原则上必须是在英语学习一开始就逐渐培养,到高级阶段只能对少数不准确的发音进行纠正,想整体上来改变不良的发音习惯为时已晚。

在介绍完连读之后,我们还会给大家介绍一些近期的外语学习研究成果和分析一些获得更多学习资源的经验。对这些研究成果的了解,以及对获得信息的方式的拓展,不但有助于我们自身高级阶段的英语能力的继续提高,同时也使我们能向他人传授学习经验,提供一些理论依据和正确思路。

心是口非音似浊，
字通词顺声得清

真实自然的语言都是连续读音的语句（connected speech）。除了刻意停顿处，句子中的词汇之间并不存在声音空隙，所有词汇的发音都是连成一片的。所以连读实际上是正常的说话方式，不是只在非正式场合或快语速时才使用。

连读实际上是正常的说话方式，不是只在非正式场合或快语速时才使用。

应该如何才能"听懂"英语连读，从操作角度上并没有什么可讲的，因为这是一个自然形成的能力。**我们之所以能听懂连续的语言发音，主要是因为连续发音中的组成片段，与我们头脑中的词汇的声音模式印象相符，大脑会自动在连续发音中制造间隔感，下意识地把连续发音"切割"成以词汇为单元的发音段，让我们感觉词汇发音之间好像存在时间空隙。实际上连续发音中词汇之间的间隔感，完全是一种心理幻觉**（Pinker, 1994）。那些抱怨听连读英语很困难的同学，其实并非什么听不懂"连读"，而主要是头脑中对词汇的发音印象太浅或发音印象不准确，在听到连续的读音时，大脑无法辨别出其中的一些词汇发音，无法自动切割出词汇发音段或对发音段切割得不正确，导致无法正确解读。这种情况建议从听慢速读音入手，

逐渐在头脑中建立起词汇和词汇组合的正确发音印象和对其出现频率的熟悉度，而不是一上来就去听快速的连读发音或刻意学习如何去解读"连读发音形式"。

> 从听慢速读音入手，逐渐在头脑中建立起词汇和词汇组合的正确发音印象和对其出现频率的熟悉度，而不是一上来就去听快速的连读发音或刻意学习如何去解读"连读发音形式"。

输出英语时的连读发音操作，的确需要经过一定的练习才能够顺利实现，前提一定是在先建立起能够正常在听力中解读连续发音的能力。中国同学对英语的连读发音都很重视，但学习起来却普遍感到纠结。一方面是在听力不够扎实的情况下强行去学习连读输出肯定是很难学好，而更主要的问题是学习连读的方式不合理。很多连读教程尽管水平很高，但大部分是对连读中各种"读音现象"的归类和分析。比如对相邻词汇的"辅音＋元音""元音＋元音""辅音＋辅音"等连读发音形式进行分类，以及对"链接""同化""省音""吞音""叠音""增音"和"缩读"等连读现象进行讲解等。然而**这些连读现象，是听觉对连读发音的感受，并非语言输出中连读发音的实现机制**。对连读现象分析和介绍得再精细，如果不理解连读发音的形成原理和操作过程，都很难培养出真正的连读能力，还容易出现错误的读音。

举例来说，连读中特点最鲜明的一个分类，就是相邻单词"辅音＋元音"的"链接"（linking）读音。这个看似最简单的连读形式，中国同学却普遍存在问题，最著名的例子，就是把 not‿at‿all 读成"闹太套"。首先，单词结尾处的单一辅音，是不可以重新划分音节挪到后面单词前的，即不可以按 no-ta-tall 的音节划分来发音的（只有多辅音结尾才可重新划分音节，我们后面会详细讲）。最突出的问题是，在 not‿at‿all 的美式连读发音中，t 的发音要"反转"为弹音 D，所以听起来更像是汉语的"拿得到"而不是"闹太套"；而 not‿at‿all 的几种英式发音连读形式，发音接近汉语的"诺他脱""诺得多"或"诺呃喔"，都与"闹太套"相差甚远。之所以会犯这个错误，本质原因是不了解英语的"连读发音总原则"。

> 输出英语时的连读发音操作，的确需要经过一定的练习才能够顺利实现，前提一定是在先建立起能够正常在听力中解读连续发音的能力。

> 连续发音过程中每个音素的实际发音，都会受其当时的相邻音素的影响而产生一定的变化。

"连读发音总原则"就好比是"独孤九剑"的"总诀"。在"总诀"的驱动下，"剑法"能够随心所欲地展开360种变化，顺其自然地施展"破剑式""破刀式""破枪式"等应用方式，来自然应对各种分门别派的武功招式。当从高的战略层面领悟到"各种动作形式需顺其自然"的道理后，再观察战术层面的各种招数，就会发现每个招数的破绽都非常明显，并不需要事先见过或学习过，用一个"以无招胜有招"的操作就可以破解了。同理，掌握了连读发音的总体原则，对真实语言中可能出现的各种连读操作早已了然于心，连读中自然就会展现出"链接""同化""吞音""增音""叠音"和"缩读"等各种纷繁复杂的连读形式，根本不必刻意去思考各种招式。

连续发音过程中每个音素的实际发音，都会受其当时的相邻音素的影响而产生一定的变化（Pinker，1994），绝大多数都不是从记忆中调取各种以前学过的连读发音形式。正确的连读发音，是在语言输出"概念生成""词句编码""发音输出"三个阶段的最后一个"发音输出"阶段，对发音进行的一个"音素组装"过程。这个过程是在一个"连读发音总原则"的驱动下，根据表达意图、内容背景、表达情绪、话语节奏"应机而变"，当场合成的一个发音计划，是迅速、自动、下意识地自然实现的。刻意模仿各种连读形式的做法，不但会导致发音不到位，最严重的问题是无法实现自然迅速的应用，是一种本末倒置的学习方式。这样学的话，你不但会发现招数多得学习不完，也会在实战中难以当场应对各种招数变化。

> 刻意模仿各种连读形式的做法，不但会导致发音不到位，最严重的问题是无法实现自然迅速的应用，是一种本末倒置的学习方式。

总之，连读学习的重点是搞懂"连读发音总原则"。特别是对中国同学来说，因为在对某些音素的概念上，与说英语的人存在差异，所以还必须首先对英语发音与汉语语音在认知上的相同点和不同点进行了解，然后引入正确的发音原则。掌握连读发音原则，才能正确地指导连读发音的实践，连读能力自然就会形成。但如果在这些基本概念不清楚的情况下，急于刻

CHAPTER 1: SCIENCE IS EVERYWHERE

1.3 Section Review

1. Are you a scientist? The answer is yes! Each day you do things that are related to investigating the world in a scientific way. Write down activities that you did today that answer the questions in the table below.

	What did you do today?
What observations did you make?	
What questions did you ask?	
What problems did you solve?	
Did you make a hypothesis? If so, what was it?	
Did you collect data? What data did you collect?	
What conclusions did you make today?	

2. Give an example of a scientific fact about the human body.
3. Give an example of an inference. Use your experiences from your favorite subject in school to come up with an inference.
4. You see small yellow flowers on a tomato plant. You also see that bees are attracted to these flowers. In a few weeks, you notice that the tomato plant has red tomatoes. What can you infer from this scenario?
5. Give an example of a question that you would like to answer by doing an experiment. State a hypothesis for your question.
6. What is the difference between a scientific fact and a scientific theory?
7. A very famous and important scientific law is the law of gravity. What is gravity? Do a test to see if gravity exists.

 CHALLENGE

Before scientists accepted the theory of plate tectonics, another scientist, Alfred Wegener, proposed the idea of *continental drift*. This idea stated that continents like Africa and South America were once connected. The idea also stated that the continents pushed through the ocean floor when they moved apart.

Use the Internet or reference books to find out why continental drift was not accepted by scientists. Or you can read ahead to Unit 3!

Scientific facts, laws, and theories

What is a scientific fact? Scientific facts are statements that are accepted as being true because the facts have been repeatedly measured or observed. Here are some scientific facts:
- The ocean is salty.
- It takes 365.25 Earth days for Earth to orbit around the sun.
- Earth has one moon.

Scientific laws and theories Knowledge about a topic grows based on the results of experiments. Over time this knowledge may support a *scientific law* or *theory*. Both a scientific law and a scientific theory are statements that are supported by observations and evidence collected from many experiments performed by many different people. Scientific laws describe but do not explain an observed phenomenon. An example of a scientific law is the *law of gravity*. Scientific theories address more complex topics. An example of a scientific theory is the *theory of plate tectonics*. Scientific laws and theories are always being tested by experiments.

VOCABULARY

scientific law - a statement that describes an observed phenomenon; it is supported by evidence collected from many observations and experiments.

scientific theory - a statement that explains a complex idea; it is supported by evidence collected from many experiments.

What is the law of gravity?
The law of gravity states that objects attract other objects. Your pencil falls to the ground when you drop it because the mass of the pencil and the mass of Earth attract each other!

What is plate tectonics?
The graphic in the text illustrates the location of tectonic plates on Earth's surface.

The surface of Earth is broken into many pieces like a giant jigsaw puzzle.

The theory of plate tectonics describes how these pieces move on Earth's surface. You'll learn about plate tectonics in Unit 3.

16 UNIT 1 THE SCIENTIFIC PROCESS

美国小学六年级自然科学课本截图

▲ 彩插 14 ②:见 231 页

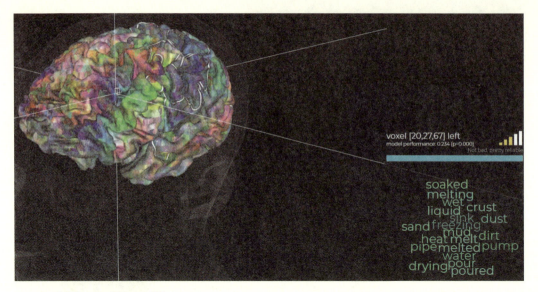

▲ 彩插 15：见 285 页

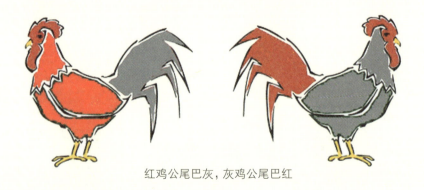

红鸡公尾巴灰，灰鸡公尾巴红

▲ 彩插 16：见 287 页

蜂窝的精美构造

◀ 彩插 17：见 300 页

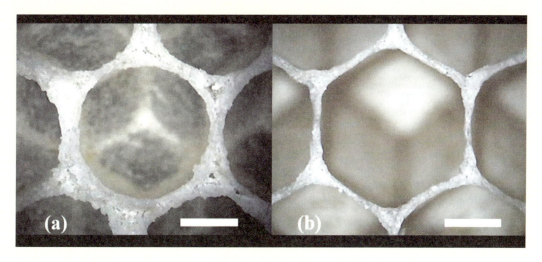

左为刚建好的巢室,右为最终形状。

▲ 彩插 18:见 302 页

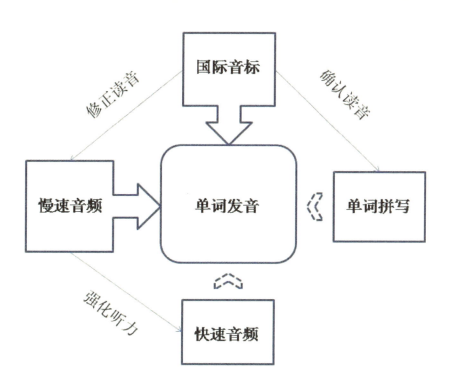

单词正确发音的来源和实现流程

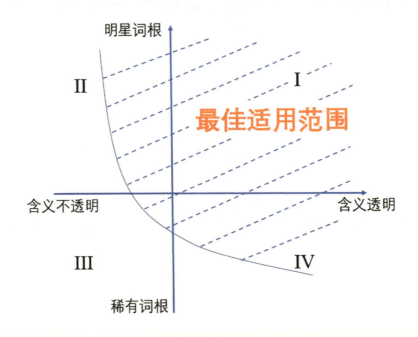

词根词缀记忆法的适用范围

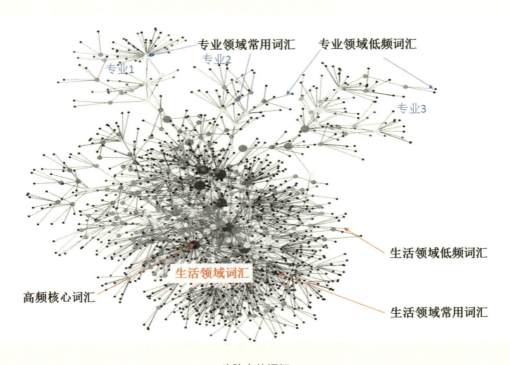

头脑中的词汇

意地模仿各种连读的表现形式，很难培养出连读能力，而且不但模仿出的连读节拍和语音显得不自然，还很容易出现发音和应用的错误。下面我们就从介绍连读发音总体原则出发，来讲解适合中国同学执行的连读发音操作。下面关于连读发音的介绍，主要以美式发音为主。

乒乒兵浜八

连读中看似最简单的"链接"读音操作，中国同学出现问题比较多，特别是在爆破音的读音上容易出错。英语中爆破音 /t, d, p, b, k, g/ 的使用比例非常高，句子中一半的词汇衔接连读都跟爆破音有关，显然我们应先来解决这个重要问题。我们先用 p 和 b 这一对爆破音的读音举例说明。

比如对 keep ⌣ in 的连读，很多中国同学认为要这样操作：把 keep 的结尾辅音 p，与后面相邻单词 in 的起始元音相连，读成 kee-pin 就实现连读了，听起来像是读 key pin 这两个单词。然而 native speakers 通常并不这样发音。在美式英语中，keep in 的连读不是 key pin，而是 keebin。

keep in = key Pin? 表酱紫！

p 连读时怎么变成 b 了呢？

其实我们对 p 的发音会变成 b 的现象并不陌生。中学英语课就讲过，在以 st, sp, sk 开头的单词中，t, p, k 的读音要"浊化"变为 d, b, g。比如 p 在 pie 中是 p 的发音，在 spy 中，就必须变成 b 的发音，读成 sby。但我们以前没有讲过的是：在自然语言中，p 只有在作为单词起始字母和重读音节时，才是发 p 的音，比如 port 和 report。而 p 在"非单词起始且非重读音节处"，通常也都用 b 的发音。比如：单词 sport, shopping, apple, happy, happen, open 中的 p，既不是单词的首字母也不是重读音节，所以通常读 b，在中国同学听起来就是 shobbing, abble, habby, habben, oben。

> 单词中间非重读 p 的读音（比如 shopping, happy），如果在句中是强调内容，则普遍仍然使用 p 的发音。在非强调或是快语速时，普遍用 b 的发音。严格来说，这个 p 的发音和 sp 中 p 的发音有一点点差异，有些语言学家主张进一步细分，但大部分语音专家都认为可以同等对待。因为在自然读音时，sp 中的 p，由于受到 s 发音方式的影响，这种细微差异自然会体现出来，所以没有必要再进行细分。我们可以简单地认为：单词非重读 p 在自然连读时是发 b 的音。

在相邻词汇的连读中，读音原则跟单词内部的情况是一样的。比如 keep ⌣ in 或 drop ⌣ out，前面单词的结尾辅音 p，并没有变成后面单词的起始读音，p 就要按照"非单词起始且非重读音"来对待，所以要用 b 的发音，连读的读音分别是 keebin 和 drobout。

有同学会说："不对啊，我没听出这些单词和连读中 b 的发音呀？"这主要因为我们受到了文字拼写印象的影响而没去注意过，认为自己一直听到的是 p 的发音。你现在把原版美音仔细再听一次试试？奇怪，真的是 b！大家可以看一些比较流行的美语发音教学网（比如 Sozo Exchange 或 Rachel's English 等）上的教 happy 这个词的教学视频。视频中的美国老师在一个音节、一个音节地读 happy 这个词的时候，是非常清楚的"嗨—皮"读音。但接着整体读这个单词时，无论是用正常速度还是两倍的慢速来演示，都是货真价实的"嗨比"！

http://sozoexchange.com/dailypronunciations/2016/7/12/happy.html
http://rachelsenglish.com/say-happy-birthday/

单词非重读音节处和词汇衔接处的 p 要变成 b，为什么连读教程中没有跟我们讲这个事情呢？这主要是因为语音教程的编写者的母语是英语，而母语是英语的人，并不知道自己把 p 的发音读成了 b 这件事情。他们在说 speak, happen 或 keep ⌣ in 中的 p 的时候，是典型的"心是口非"，明明嘴里说的发音是 b，但心里却认为自己是在说 p，根本没有意识到读音的不同，很多人甚至在被别人指出后仍然不承认。哈佛大学的 Pinker 教授对这个现象的评论是："对某个发音的心理认知与实际发出的声音不同，是当代语言学上最有趣的发现之一"。(Pinker, 1994) 要搞懂这个问题，就必须简单介绍一下"音位异体"(allophone) 现象，即心理上的同一个音素，在真实语言中具有多个不同发音形式。

> 对某个发音的心理认知与实际发出的声音不同，是当代语言学上最有趣的发现之一。

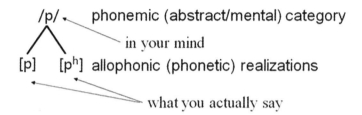

比如心理上同一个音素 /p/，在英语实际应用中主要有以下几种不同发音形式：

- p 在单词开头或重读音节处，比如 pie, computer, report, GPS 中的 p，使用的是"送气"的（aspirated）发音方式，即中国同学最熟悉的 p 的发音。用精确的国际音标 IPA 标注为 [p^h]，其中的小 h 标记代表"送气"。

- p 在非重读音节处或跟在字母 s 后面，比如单词 spy, respect, happen, apple 中，以及连读 keep⌣up, drop⌣out 中，使用的是"不送气"(unaspirated) 的发音方式，精确 IPA 标注为 [p]，即中国同学认为的 b 的发音。

- p 还有一种"未释放"(unreleased) 的发音方式，发生在的 p 位于某些辅音前，比如 empty, captain，以及非停顿处的单词结尾 p，比如 deep, cap。此时只做出发 p 音的初始口型，并且留出一定的发音时间，但不完成发音动作，既不发声也不送气，IPA 音标为 [$p^{˺}$]。这个发音方式我们后面会进一步介绍。

[pʰ] [p] 和 [p] 这些国际音标符号怎么没见过？原来我们课本上或字典上使用的音标标注方式，被称为“宽式音标标注”（broad transcription），用来记录一个单词能区别于其他单词发音的最显著声音特性，严格来说是应该在/ /中记录。[pʰ] [p] 和 [p˺] 是“严式音标标注（narrow transcription）”方式，是用来标注词汇在语言使用中的真实准确的发音，放在 [ ] 中记录。这种严式音标我们平时不用，也不必系统去学。我们在此借用几个严式国际音标标记来解说连读中的真实发音，就用少数几个，非常容易理解，大家不用紧张。

同位异体的现象在任何语言中都有。比如在汉语中，(v) 和 (w) 就是同音位的，在中国同学的心理上这两个音是没有本质区别的，使用中经常可以互换。比如“新闻”（xīn wén），我们可以说成（xīn vén）。交流中把“外”说成（wài）和（vài）都可以。比如“屋外”我们基本都会说（wài），“四外”“体外”见外“天外”则说（vài）的比例比较高。中国同学通常也意识不到自己说了两个不同的音。电台播音员在工作中会被要求只说（w）不说（v），但对其他节目主持人的这个同音异体使用，要求就宽松很多。不同语言中同位异体音的差异，经常会给掌握外语发音带来一定的阻碍。比如英语中不同音位的/w/和/v/，还有/θ/和/s/，在汉语中却都是同音位的异体音，我们通常意识不到它们的区别，这也是很多同学没有意识到自己把 very 读成了 wary，和把 thank 读成 sank 的主要原因。

英语为母语的人在说话过程中，能够根据不同的文字背景或语气，下意识地自动选用最适当的/p/的同位异体发音。他们并不知道中国同学无法自动做到这一点，更不知道中国同学对/p/发音的认知，和说英语的人是有区别的。这也是造成很多语音教程的水平很高，但中国同学的学习效果却不太理想的原因之一。

为什么说我们中国同学/p/的认知和说英语的人不同？说英语的人又是如何做到在语言输出中自动选择正确的发音形式的呢？我们中国同学又该如何来建立这种能力呢？我们接下来就对这些问题进行分析和解释。下面这个小节内容比较烧脑，请慎入。不喜欢深度思考的同学，可跳过下面这个小节，直接进入下下个小节去看连读原则和发音操作技术。但强烈建议大家弄懂其中的原因。因为如果懂了这其中的 WHY，掌握 HOW 就会变得自然而快捷了。

清浊轻倾着

对于 p 和 b 的发音，中国同学和说英语的人在心理认知上是不同的。我们来看下面这个"汉语拼音与英语发音的国际音标对照表"。

Consonants			
IPA	Pinyin	Chinese Example	English approximation
p	b	幫（帮）	span
pʰ	p	滂	pan
t	d	端	stop
tʰ	t	透	top
k	g	干	skin
kʰ	k	口	kin

上图摘自 wikipedia: IPA/Mandarin

英语单词 pan 中的 p，IPA 为 [pʰ]，相当于汉语"胖"的声母（p）；单词 span 中的 p，IPA 为 [p]，相当于汉语"帮"的声母（b）。说英语的人认为这两个音都是同一个音素 /p/，而中国同学则认为单词 pan 是 p 的发音，单词 span 中的 p 却是 b 的发音。

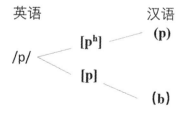

为什么汉语"帮"字中的（b）音，不用英语单词 ban 中的 b 来对应，而偏要用 span 中的 p 音来对应呢？这是因为说英语的人认为 ban 中的 b 是浊辅音 [b]，需要振动声带，而汉语中的（b）并不振动声带，实际上是一个清辅音，所以与 [b] 发音不同。汉语拼音中并没有浊音。尽管大家熟悉的汉语拼音声母（b）读"播"，实际上其中"喔"音是多余的，是为了把它读响而硬加上去的，真正起作用的（b）本身并不振动声带，实际上同于英语中不送气的清辅音 [p]，即 span 中的 p 的发音。

如果你现在还没被绕糊涂，就应该发现这样一个问题：咱们在中学英语课上讲的"清辅音浊化"的说法是不正确的。实际上 st, sp, st 中的清辅音 /t, p, k/ 并没有被"浊化"，而是使用了不送气的发音方式 [t, p, k]，仍然是清辅音，跟浊辅音 [d, b, g] 并不同。然而尽管"清辅音浊化"的说法不正确，但我们并不需要纠正这种教学方式，反而成了一种简单实用的聪明教法。因为中国同学把 st, sp, sk 的发音理解为"要读成 sd, sb, sg"，实际发音时大家用的都是汉语的（d, b, g），发音操作上并没错。中国同学实际上是在真正的浊辅音 [b, d, g] 发音上普遍存在问题，这个我们后面再说。

让人感到又可气又可笑的是，英语以 d, b, g 字母起始的单词，比如 boy, bus, dog, day, girl, gap 等，按说应该是浊辅音 [d, b, g]，但在正常语速的真实语言应用中，发这些音时并不振动声带，完全可以归类为不发声（voiceless）的清辅音，IPA 标为 [d̥, b̥, g̊]（Lisker and Abramson, 1964）。浊辅音本来就都是不送气的，又拿掉了声带振动，[d̥, b̥, g̊] 实际上不就几乎等同于清辅音 [t, p, k] 了吗？的确如此。所以有些语言学家索性直接用不送气的 [t, p, k] 来为以 d, b, g 开头的单词来注音。比如我们看下面这个论文截图，就是美国 UIUC 的语言学教授 Silverman 博士，直接使用 IPA ['tɑk] 来给英语单词 dock 注音，即用 [t] 来标注单词起始 d 的发音；[tʰ] 才是单词起始 t 的注音（Silverman, 1998）。

The English alveolar lenis-fortis distinction:

	lenis:		fortis:	
	form:	example:	form:	example:
(a) word-initially:	t	'tɑk	dock	tʰ	'tʰăp	top

上图摘自 Daniel Silverman, Alveolar Stops in American English, and the nature of allophony, NELS 28, 1998

> 中国同学的爆破音发音，在非连读时发音准确，然而在连读时却会出现问题，这也是造成"中式口音"的最主要原因之一，所以这个问题我们是必须解决的。

这样一来在英语的自然连续发音中，以 t, p, k 开头的英语单词发音是送气的 [tʰ, pʰ, kʰ]，跟汉语的（t, p, k）发音方式一样；而以 d, b, g 开头的英语单词，名义上是浊辅音，但实际使用时却都不振动声带，结果反而跟汉语的（d, b, g）发音一致了。所以中国同学在读以爆破音 t, p, k, d, b, g 起始的英语单词时，尽管用的是自己熟悉的汉语（t, p, k, d, b, g,) 的读音,反而让英语国家的人感觉发音非常自然而地道,成了中国同学说的英语被公认为"最容易听懂"的原因之一。而很多其他国家来的留学生,由于母语中爆破音没有送气的发音方式,就会在 t, p, k 的发音上出现混乱。比如来自法国、印度和日本的同学,说 two pumpkin pies 时,听起来就是 do bumbgin bies,这对任何母语背景的听者来说都是惨虐。

真正的浊辅音 [d, b, g] 到哪里去了?

在英语的实际使用中,真正振动声带的浊辅音 [d, b, g],通常是在紧跟元音后出现。比如:

- 单词中间的**重读**音节处。
  比如单词:produce, adopt, about, begin, again, ago 中
- 相邻词汇连读处,前一个词是元音结尾,后面的词以浊辅音起始时。
  比如:a⌣day, a⌣boy, I⌣doubt, my⌣gun; two⌣dogs, go⌣by, he⌣goes, I⌣guess。
- 某些以 b, g 结尾的单词的连读中。
  job⌣offer, big⌣apple。(注意,单词结尾 d 与其后单词的起始元音连读时,比如 good⌣at,通常发弹音 D 而不发浊辅音 [d],这个我们后面会讲)
- 以 b, d, g 结尾的单词带上 s 时(此时 s 的发音为 /z/)。
  比如:cabs, bags, digs, robs, pods, leads。注意 ds 的发音 /dz/ 比较特殊。

真正浊辅音的发音,需要在辅音起始前就开始前期振动声带,然后贯穿整个辅音,而不是像汉语 (d, b, g) 那样,等到辅音后面元音出来时才产生声带振动。很多中国同学习惯用汉语 (d, b, g) 的清辅音读音方式来发浊辅音 [d, b, g],造成 I go 听起来像"爱狗",again 听起来像"阿干",about 读成"阿抱特"。这种发音方式在英语是母语的人听起来,明显感觉生硬而不连贯。要学习使用浊辅音,最主要的操作技巧,是把浊辅音前元音的后半部分,当成这个浊辅音的一个组成部分连续发音,这样在前面元音的发音不停顿的状况下就过渡成这个辅音的口型动作,发音就自然而准确了。

具有讽刺意味的是,尽管说英语的人和中国同学对 p, b 读音的心理认

知不同，但在感知上是相同的。在对英语 native speakers 进行的语音测试发现，自然语言中的非单词起始音节的 p 读音，比如 shopping，drop ⌣ out 和 the ⌣ spout 等，如果只播放其中 p 出现处的发音，参加测试的人都认为听到的都是 b 的读音。而当显示出完整的文字时，所有被测试者对此结果都感到很惊讶（Lisker, 2002）。这说明其实他们在对 p, b 的听觉感受上，和中国同学没什么不同，单独听到 [p] 的发音，他们也认为是 b。在 p, b 认知问题上，中国同学才是正确的。

说英语的人对 p, b 的不分，是一个主观的心理作用。这个心理作用产生的原因，正是英语连读中自动选择爆破音的正确发音形式的关键音素。我们一旦把这个道理搞明白，就能领悟英语连读的操作总原则了。下面就来揭秘这个关键问题。

省气剩声弃

说英语的人，明明能听出不送气的 [p] 的发音是 b，却偏要在心理把它认作为 p 的原因，是为了能在说话时尽可能说 b 不说 p，还要心安理得地认为自己说的就是 p 不是 b。干吗非要在这个事情上如此纠结呢？

存在必有道理。大家还记得齐夫博士（Zipf）提出的"省力原理"（Least Effort Theory）吗？在语言输出时，说话者会尽最大可能去节省能量消耗，所以连读发音原则中的核心是"节能原则"，正是这一点影响了 p, b 的发音应用。

我们来对比一下 p, b 的发音情况：

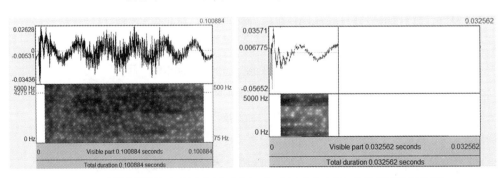

Praat 音频分析软件对（左）[pʰ] / (p)，与（右）[p] / (b) 的发音频谱分析对比。

- [pʰ] / (p) 发音，带有送气动作，发音时间长度大约为 100 毫秒；
- [p] / (b) 发音，无送气动作，发音时间长度大约为 30 毫秒；

从上图分析来看，显然说 b 要比说 p 节省时间和能量，当然是节能原则的首选。这个原则对所有的爆破音都适用，即说 d 比说 t 节省能量，说 g 比说 k 节省能量。但省力原理同时还要求语言输出不能产生混淆，否则需要重复和解释，反而更费能量。所以"节能原则"的附带条件是"区分原则"。"节能原则"和"区分原则"共同起作用，就形成了连读发音的"总诀"。**在实践中，表达者在这个"总诀"的心理指导下，会根据语言背景自动选择最适当的发音方式。**主要有以下几种不同的情况：

> "节能原则"和"区分原则"共同起作用，就形成了连读发音的"总诀"。

"能省就要省"：能说 b 处就尽量不说 p

英语单词的拼写特性，造成很多单词中把 p 读成 b 并不会产生混淆。在这种情况下，就尽量选用 b 的发音：

- 英语单词中没有 sb 连在一起的拼写形式，比如英语单词只有 span 没有 sban，有 speak 没有 sbeak，所以把 s 后面的 p 都明显读成 b，根本不会被人误解为可能是 b，所以 sp 处的 p，可以绝对放心地发 b 音，所以这种发音方式已经被固化了。
- 英语单词中非重读音节处出现的 p，替换成 b 后仍然有意义的情况极为罕见，比如单词有 happen 但没有 habben，所以英语中非重读音节中的 p，可以随意选用 p 或 b 的发音而不会被误解，当然大家通常就会选用最省力的 b 的发音。例外情况的确有，但只有极少数几对，比如单词 harper（竖琴演奏者）和 harbor（港口），simple（简单）和 symbol（符号），staple（装订）和 stable（稳定）等。这几对单词的读音的确不容易区分，但往往也会因为其中一个单词使用频率很低或者两个词是不同词性，产生混淆的可能性极低，所以单词中非重音处使用 b 发音方式，也是被非常普遍使用的。
- 以 p 结尾的单词与后面元音起始的单词连读时，比如 keep ⌣ in, drop ⌣ out, sleep ⌣ over 中的 p，也都尽量读成 b，听起来像 keebin, drobout, sleebover。这种使用方式可以说是一箭双雕，既节省了能量,又能表明这个连读中的 p 不是另一个单词的起始音节,给听者正确切割和辨识连续语音提供了便利。所以是"省力原则"和"区分原则"共同作用,决定了词汇衔接处的连读发音选择方式。

一旦我们的大脑认识到英语单词或连读中某些情况下的 b 就是 p 的问题后,在听英语时就会时常"发现"这个以前没有注意到的现象,逐渐地在说英语时就会不自觉地主动应用。这种应用能力的形成,具有相当高的自动化程度,并不需要特殊训练。其实汉语如果符合条件,我们也会在语言中自动用(b)去代替(p)。但汉语中(b)和(p)全都是字的起始发音,必须用送气方式来进行区别,所以汉语中极少有可以自由选用(b,p)的地方,但北京人仍有办法钻空子。比如因为三个字以上的词汇不容易带来混淆,所以北京人经常在三个字以上的词汇发音上偷工减料,比如把"乒乓球"(pīng pāng qiú),说成是(bīng bāng qiú-er),用(b)代替(p)来加快语速和实现省力,甚至进一步缩略为(bīng be qiú-er)。这是典型节能原则起作用的表现,说话的人自己通常意识不到。大家可不要认为把"乒乓球"说成"兵浜球儿"的人没文化。

"不能省别省":说 b 可能造成混淆处,就一定要说 p

若把 p 发音换成 b 后会造成混淆,区分原则要求选用能增加读音的响度和清晰度,和最能表现读音差异的发音方式来读音。

- 单词的起始字母,英语中 p 与 b 的读音必须进行明显区别,比如 pig 和 big 不能出现混淆。此时 p 就使用特点鲜明的送气发音方式 $[p^h]$,发音就能与 b 明显区分开
- 单词中的重读音节是单词最典型的发音特征,所以重读音节的 p,必须使用送气的 $[p^h]$ 发音。比如只有用这种发音方式,repel 才不会被听成 rebel。
- p 作为单词结尾,如果不与其后单词连读,比如 cap, deep, sleep,在单独说单词时或者刚好是句子中的停顿处时,就需要发送气的 $[p^h]$,才能增加这个发音的响度,容易被听者听清楚,且与 b 明显区别开。

前面北京人把"乒乓球"说成"兵浜球"的例子，是典型的省力原则起主导作用下尽量说（b）不说（p）的例子。但在可能出现混淆的语境下，"区分原则"自然会发挥作用。比如北京人说"世乒赛"，你会发现他们大多都会转回用（pīng）的发音。因为如果此处再说成（bīng），读音就成了"士兵赛"而会产生歧义，所以说话者就会自动选择（p）音。

 "白省更要省"：说了 b 还不够省力时，要想办法进一步省力

- 单词中的 p 在某些辅音前面时，比如 captain，empty，September，development 等单词，p 使用"不释放"（unreleased）的发音方式，IPA 标注为 [p̚]。即只要做出 /p/ 发音的初始口型，然后就立即停住不动，留出适当的时间后，即开始下一个辅音的发音。比如 empty 读音为 [emp̚ti]，听起来像是在读 em _ ty。

- 以 p 结尾的单词，如果跟后面以辅音起始的单词连读，比如 deep⌣water 和 keep⌣doing，我们知道此时要使用相当于把两个单词合并在一起的发音方式，即：deepwater，keepdoing。这样就跟单词中 p 在辅音前的情况完全相同，p 也要使用不释放的发音 [p̚]，听起来像是 dee _ water，kee _ doing。所以 p 结尾的单词在句子中非停顿处，只要后面单词不是元音起始，就都使用不释放的发音 [p̚]。

干吗要有个只做个样子的这个不释放的 [p̚] 的发音方式？

如果 /p/ 选用送气的发音方式 [pʰ]，那么会与后面跟着的大部分辅音（s，l，r 除外）的发音动作发生相互干扰，非常笨拙且耽误时间，不可用。如果使用不送气的发音方式 [p]，由于其后没有元音的帮助，就很难听到这个不送气的发音，用了也白用，索性不把动作做完整，只做出 [p] 的初始口型就好了，即所谓"不释放"的发音方式。

既然听不到，为什么不连这个初始口型也省了呢？这是因为做出这个初始口型是有用的。尽管不释放发音本身无法听到，但其口型会影响它前面元音的结束动作，这个元音的结束动作能让人听出这个口型，从而能够判断出是后面必是 p 或 b 二者之一。而英语单词拼写在此很少混淆的特点（比如 empty，captain，submit，没有可能混淆成 embty，cabtain，supmit，因为这些拼写不存在），就足以让听者辨别出准确单词了。

但如果是以 [p̚] 或 [b̚] 发音结尾，比如 cap 和 cab，前面元音结束的口型只能让听者把范围缩小到 "p 或者 b"，这样 cap 和 cab 是无法区分的，怎么办？说英语的人当然也很清楚这一点，所以此处是通过它前面元音的长短来区分的。以 p 结尾的单词，前面元音的发音时间短；以 b 结尾的单词，前面元音发音时间长，这样就实现了区别发音的目的。用精确的 IPA 标注，cab 的发音为 [kʰæːb̚]，而 cap 的发音为 [kʰæp̚]。当然在实际交流中，听者还会同时借助文字背景来判断词汇。

这个不释放的发音动作 [p̚]，发音延续的时间缩减到了只有几个毫秒的长度，起到了跟 [p] 相同的作用，但同时获得了最大节能效果。所有爆破音 /t, d, k, d, b, g/ 在同样处境下，都用这种不释放的发音方式，比如：doc̚tor, sig̚nal, band̚width, foot̚ball, sub̚mit 等。以爆破音结尾的单词（比如 bad, cap, sit），与其后辅音起始的单词连读时也是如此。比如 good ⌣ girl，big ⌣ boy, sick ⌣ dog 等，前面单词结尾的爆破音，都用不释放的发音方式。一些同学对不释放的发音方式总有一层心理障碍，生怕别人听不到，不但不敢用不释放的读音，甚至还在后面加上了一个短 [ə] 或 [u] 音，比如把 good 说成 "顾得" [gudə]，把 keep 说成 [kiːpʰu]，把 but 说成 "爸特" [bʌtʰə]，这样的读音是非常错误的。

清辅音前元音短，浊辅音前元音长的这个发音特点，通用于所有辅音结尾的单词。 比如 bus [bʌs] 和 buzz [bʌːz]，bus 的元音发音时间相对比 buzz 短。但如果辅音前是双元音，其发音时间本身就很长，怎么区别呢？比如 tribe 和 tripe，right 和 ride。这种情况是采用**把清辅音结尾的单词中双元音提高音频**的做法，就实现了区别。比如 right 发音是 [rʌit]，而 ride 的发音是 [raid̚]。美国北部地区和加拿大，都非常明显地使用这种发音区别方式，所以被称为 Canadian raising。不过在这个问题上，加拿大人做得有点过了，把清辅音前的双元音 [au] 的读音，声调为 [əu] 或 [ou]，造成 about 和 out 的读音，听起来像 a boat 和 oat，成了美国人嘲笑加拿大口音的经典案例。

总之，前面讲解的 /p/ 发音的应用机制，貌似复杂，其实原则很简单，即：**无论是单词中还是连读处，核心的发音是不送气的 [p]。** 当它在单词起始和重读音节处，需要在发音动作中增加送气来突出发音区别；当它后面没有元音来帮助它读响时，发音动作自然就释放不出来，跟 [p] 的发音并没有本质区别。反过来说，即便是开始选用了不释放的发音方式，如果突然发现后面跟着的是元音，它也就立即自动读响被释放听成为 [p]。所以这个不释放的动作也是自动出现的，并不需要特意采用特殊的发音方式。

爆破音后面跟着的是辅音发音时，普遍使用不释放的发音方式，这一点正是造成"辅音+辅音"连读时出现所谓"同化""吞音""叠音"和"缩读"等特定连读现象的基本原因。所以只要掌握了这一项原则，后面各种复杂的"招式"都会自然应用。对此我们后面还会详细介绍。

> 爆破音后面跟着的是辅音发音时，普遍使用不释放的发音方式。

尽管 /p/ 在语言应用中有几种不同的发音形式，但只要理解了其发音原则，实践时并不需要刻意去区别操作这几个读音方式，每种读音方式都是根据其所处位置、音节轻重、相邻音素特征自然实现的！所谓的各种"连读"操作，都是包含在上述发音原则之中的，并没有什么特殊的地方。

在同样的省力原则的引导下，爆破音 /k, g/ 的读音情况，跟 /p, b/ 类似。即在单词开始处使用送气的 [kʰ]，即大家熟悉的 (k)，比如 key；在 sk 起始的单词中，用不送气的 [k] 音，即大家熟悉的 (g)，比如 ski 读成 sgi；同样，在单词中非重读音节起始处，通常使用不送气的 [g] 音，比如 lucky, buckle, cookie, vodka, asking 听起来很像 luggy, buggle, coogie, vodga, asging；在与元音起始的词汇连读时，也普遍使用的 (g) 音，比如 makeover, speak up, break up, sick of..., take a... 等，普遍也使用不送气的 [k] / (g) 音；在与辅音起始的单词连读时，也通常使用不释放的发音方式 [k ̚]。

在实践中，由于 /k/ 的发音在口腔中的部位比较靠后，所以即便是送气的 [kʰ] 发音方式，其送气程度也非常弱，发音速度快，所以与 /g/ 相比，能量消耗并不高。正因为如此，在自然语言中，[kʰ] 应用得范围比较广，不但单词非重读音节和词汇衔接处使用 [kʰ] 的比例高，甚至在 s 后面的重读，也经常被读为 [kʰ]，比如 discovery。而相对而言，dispute 中的 p，则通常读为 b 的音；distill 中的 t，则读 d 的音等。

爆破音中 /t, d/ 发音的形式变化情况有点复杂，但表现复杂的原因正是总体连读原则的表现形式。下面我们来单独介绍 t, d 在连读中的读音形式和操作过程。

踢踏嘀哒呐

英语字母 t 在英语单词中的使用频率排名第二，平均每两个半单词中就会碰到一个 t。英语中不但字母 t 使用数量多，音素 /t/ 的同位异体音也最多，细分能有 10 个以上的不同发音形式，也是连读中花样变换最多的一个。

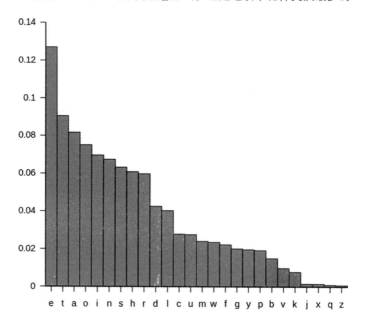

英语字母在实际语言中的使用频率排名

现在因为我们已经清楚了连读发音原则，所以再多的变化形式，我们也能通过理解其变化产生的原因和发音原理，"以不变应万变"地自然掌握其发音的操作应用。下面我们来搞定 /t/。

同属爆破音，根据连读发音原则，/t/ 在连读中的发音变化跟 /p/ 的情况应该是一样的，即：

1. 送气发音（aspirated）[tʰ]。t 在单词起始处或者单词中重音起始的发音，基本上等同于汉语中的（t）。比如：take, tap, tea, return, eighteen, attack

2. 不送气发音（unaspirated）[t]，音节起始 st 中 t 的发音，基本上等同于汉语中的（d）。比如：student, study, stay, astonish, restore

3. 未释放（unreleased）[t̚]。t 作为单词结尾，或者在单词中某些辅音前，通常使用未释放的发音方式。比如单词末尾：what, but, put, hot, sit, cat, fat；比如在某些辅音前：hotdog, sitcom, pitfall, nightmare, atlas, department, fitness, catfish, football, outbreak

在非重读音节的 t，如果是处于两个元音之间，比如单词 better 或连读 get‿up，按说应该用 [t] 的发音。但在美式发音中，受到其发音动作的影响，发音形式产生了变化。

碰到元音就"弹"

夹在元音之间的 [t] 的发音动作是：在前元音未停止的状态下，舌尖略微弯曲快速上滑，当刚刚轻触上牙床部时，立即"弹回"转而发其后的元音。这样一来，这个 [t] 的发音就呈现出一个特点鲜明的"弹音"形式，IPA 标注为 [ɾ]。这个标注符号的形状，跟发这个音时舌头的形状很类似。

[ɾ] 在听觉上明显具有 d 的发音特色，所以被称为"弹音 D"。包括乔姆斯基在内的很多语言学家，都习惯用 [D] 来标注这个发音。我们在此也借用 [D] 这个符号。它的使用情况如下：

- 在单词中 t 处于两个元音发音之间的非重读音节处：
  比如：better, water, writer, butter, city, party, pretty, thirty, forty, eighty, beauty, atom, bottom, computer, senator, little, bottle, cattle, battle, turtle, rattle（注意：t 之前的 r 和 t 之后的 l，虽然是辅音字母，但起到元音发音的作用，所以按元音发音来对待）
  词汇衍生形式 -ting, -ter, -test, -ty, -ted
  比如：meeting, getting, putting, eating, sitting, writing, better, greater, smarter, shorter, harder, brightest, shortest, sweetest, quality, ability, serenity, shouted, seated, sorted

- 以 t 结尾的单词与其后单词连读：
  比如：got‿it, what‿is, that‿is, get‿in, get‿out, get‿up,

put ⌣ up, put ⌣ in, put ⌣ out, cut ⌣ in, set ⌣ up, at ⌣ it, a lot ⌣ of, upset ⌣ about ⌣ it, not ⌣ at ⌣ all

我们现在来看 not ⌣ at ⌣ all 连读。其标准的音标是 /nɒt ət ɔːl/。连读应该是按照 notatall 的读法，此时两个 t 都夹在了元音之间，都要"反转"为弹音 [D]，真实的发音是 [naDəDɔt]，听起来像"拿得到"，跟"闹太套"差远了；在英式发音中，尽管两个 t 都可通常会使用送气的 [tʰ]，即英式 not at all 的连读可以是 [nɒtʰ. ətʰ. ɔːt]，但这个读音接近于汉语的"诺特脱"，也绝对不是"闹太套"。其实很多英国人也觉得非重读音节使用送气的 [tʰ] 太累，所以也经常使用不送气的 [t]，即 d 音，所以连读读音像"诺得多"；很多英国人甚至还把这个 [t] 的发音做进一步不释放的省略，变成连 t 的口型都不做，在喉部"吭"一下就完了的"喉音"。比如把 better 说成 be _ er，water 说成 wa _ er。用这种发音方式，not ⌣ at ⌣ all 就成了 no _ a _ all，听起来就像"诺呃噢"。几种英式连读，跟"闹太套"相差更远。这个 not ⌣ at ⌣ all 连读的公案应该可以结了。

弹音 [D] 由于有明显"弹舌尖"的动作，像是在嘴里"打半个嘟噜"，且在发音过程中完全不阻碍气流，所以实际上已经丧失了爆破音的身份。英国人认为美国人这种发音是"太懒惰"，而美国人则认为英国人连读中使用刻板而费力的送气 [tʰ] 是"装腔作势"。

- 单词中非重读音节处和词汇衔接处的 d，使用的是完全同样的弹音 [D]。比如单词：rider, ladder, saddle, middle, Prada, spider, radar, Canada, body, melody, serendipity, stupidity（后两个词中的 di, ty 都是弹音 [D]）。

单词语法变形：bedding, kidding, harder, speeding, speedy, reader, reading, shredded, guided, loaded, added, faded

词汇连读：good ⌣ at, bid ⌣ on, ride ⌣ on, food ⌣ and, bad ⌣ egg, speed ⌣ up。

没错，writer—rider, latter—ladder, betting—bedding, metal—medal 这几对单词中的 t 和 d 的读音完全一样，都是弹音 [D]。前面我们已经介绍

过，这几对词中的元音发音长度有一些区别，特别是 writer 中的双元音 [ai]，在美国北部和加拿大，通常被升调为 [ʌi]，所以从前面的双元音上能明显听出与 rider 的区别，后面的 ter 和 der 的发音是完全一样的。在美国南方一些州，[ai] 的读音像 [aːe]，writer 和 rider 的读音很难区分。

正确使用弹音 [D]，通常是判断一个人的美式发音是否地道的主要标志。"弹音 D"在美式发音中不但使用频繁，而且通常是个不可随意自由替换的发音方式。[p] 发音的使用，有相对的自由度，即如果我们把适合读 [p] 的地方都选择使用 [pʰ]，比如把 happy 读为 [ˈhæpʰi]，通常会被认为是可以接受的发音方式。但在应该使用弹音 [D] 的地方却使用了送气的 [tʰ]，比如把 water 中的 [D] 读成 [tʰ] / (t)，则会被认为发音别扭或带有口音。

如何能做到自然应用"弹音 D"？核心还是必须理解"弹音 D"的出现原因。"弹音 D"是最符合省力原则的自然发音结果。在应该发 [t] / (d) 音的时候，如果前后都有元音，做这个 d 的发音动作，是必须等前面元音的发音动作完全停下来后，阻碍住气流去做 d 的口型，然后再爆破释放气流继续后面的元音发音动作，即出现了一个"停车再突然启动"环节，笨拙而费力。语速一旦加快，就会在这个环节上出现停滞。为了实现发音的流畅，最好是不要等完全停稳后再启动，而是"轻点一脚刹车"但不停车，能表现出有个停车的动作就可以了。用这种方法来发 [t]，弹音动作就会自然出现。否则如果只是刻意模仿几个典型单词和连读的读音形式，是很难做到自然使用弹音的。比如单词：excited, educated, noted, completed, stated, united, loaded, aided, boarded 以及相关连读比如 excited ⌣ about, loaded ⌣ up, treated ⌣ as, cheated ⌣ on 等形式，必须在交流的当时根据音素组合自动进行，是很难通过练习几个典型例子就能做到。

t 和 d 连读中使用弹音，在汉语中也有类似的情况，特别是在"节能标兵"北京话中。比如北京人在用快语速说"郭德纲"三个字时，"德"字中的声母 (d) 就是夹在两个韵母之间的，使用的也是弹音。另外当北京人把"瞎折腾"说成"瞎折蹬"；把"扑腾蛾子"说成"扑蹬/愣蛾子"的时候，也用的是弹音的发音方式。在英语教学中的确发现北京同学对这个"弹音 D"的掌握起来比较容易。不会北京话的同学也完全不必灰心，学这个发音是有窍门儿的，即：**必须在前面带上元音才能练习**。因为实现弹音 [D] 的

> 大部分美国人对"弹音 D"这个发音的认知，的确是/d/的发音。但如果有哪个美国外教告诉你要把此处的 t 发音变成 d，你可千万不要完全照做。弹音 [D] 既不是浊辅音 [d]，也不是不振动声带的汉语 (d)。尽管它的发音特色非常接近 (d)，但它的发音动作与 (d) 的差异很大。

先决条件，是与它之前的元音紧密相连。经常能发现一些同学学这个发音时，只带上后面的元音来练习，比如努力尝试 water 中 [Dər] 的发音，"得儿""得儿"了半天，结果是越练舌头越硬。一定要记住必须要带上前面的元音才行，且前面的元音发音要长而响，反而是弹音后面的元音要短而轻。

碰到鼻音就"软"

鼻音 /n/ 在实际应用中有两个主要发音形式。一个是音节起始的 [n]（呐），另一个是音节结尾的 [n̩]（嗯）。比如单词 nine [naɪn]，就包含了 /n/ 的这两个不同形式。音节结尾的 [n̩]。非重读处 [t]，和 [n̩] 发音动作的口型是一样的，区别是 [t] 的气流是从嘴里出来，而 [n̩] 的气流是从鼻子放出，所以 [t] 与 [n̩] 碰到一起就开始撕逼。但由于音节结尾的 [n̩] 带有声带振动而 [t] 没有，所以 [t] 每次都认栽。

✓ 先 t 后 n

- 相邻发音是先 [t] 后 [n̩] 的情况。[t] 口型完全不变的情况下，就转为发 [n̩] 的音，声带一边振动，气流一边从鼻子中释放出来，成了一个从喉部发出的"喉音（glottal）t"，IPA 为 [ʔ]。这个标记的形状就像是发这个音时舌头跟部隆起的形状。比如：button ['bʌʔn̩]，听起来有点像"吧-嗯"。由于喉音 [ʔ] 的气流走鼻子，完全丧失了 /t/ 的发音特色。

英语单词中间或结尾处非重读音节的 en, in, an, on, ain 等字母拼写，普遍是 /ən/、/en/ 或 /in/ 的读音，但它们在连读中通常都发 [n̩] 音，所以单词中非重读的 ten, tin, tan, tun, tain 等拼写处，就出现了 [t] 和 [n̩] 相邻的情况，此时的 [t] 就变成了发喉音的 [ʔ]。喉音 [ʔ] 尽管是一个独立的发音，但学习和使用时，都要和 [n̩] 在一起，成为 [ʔn̩] 组合才行。

使用喉音 [ʔ] 的典型单词有：beaten, button, eaten, cotton, curtain, certain, importance, forgotten, written, kitten, Britain, beaten, shorten, rotten, Latin, frighten, Satan, Manhattan

在词汇中的 /dn/ 相邻处，d 当然也同样要使用喉音，比如 warden, widen, hidden, burden, forbidden, pardon, didn't, shouldn't, wouldn't, suddenly 等。其中使用频率越高的词汇，喉音特征越明显，比如 didn't 和。

在美式英语中，无论语速快慢，单词中的喉音 [ʔ] 的使用是常态，即该用的地方一定要用，这个音也是美式发音的重要标志之一。除了某些特殊强调的场合以外，平时说话不用这个发音，听起来会感觉不自然，还可能会被笑话。动作演员 Steven Seagal 在电视讲话中提到俄罗斯总统普京（Putin）的名字时，就因为没有使用喉音 [ʔ]，而用的是送气的 t 读成了 [ˈputʰin]，结果被 ABC "吉米鸡毛秀" 的主持人吉米和观众狂虐。

这个喉音 [ʔ] 听起来怪异，但同样也是连读原则下最自然的表现形式，我们搞懂它的来龙去脉就会使用了。喉音 [ʔ] 的形成主要机制，就是 [t] 的发音在不停顿的情况下转为 [n] 形成的。我们可以这样尝试：第一步先闭住嘴或用手捂住嘴，舌尖停在上牙床位置不要做任何动作的情况下，尝试说字母 d，但要让发音的气息不从嘴而是从鼻子里出来，就出现喉音了；第二步再尝试用同样的发音方式，双唇自然略分开，舌头肌肉也略放松，但仍然是舌头完全不动和让气流从鼻子出来，就是个比较自然的喉音；第三步，紧接着喉音 [ʔ]，口型完全不变，发拉长的鼻音 [n]，就出现了我们需要的 [ʔn] 音节，比如单词 button [ˈbʌʔn] 的第二个音节。

[ʔn] 组合没有词汇相邻的连读形式，比如相邻词汇 right ‿ now, not ‿ known, should ‿ not, did ‿ not 等，n 不是音节尾 [n]，而是音节起始的 [n]。[n] 带有一个舌尖从上牙床后部离开的动作，[t/d] 无法与其进行连续发音，就不出现喉音，而是非常自然使用不释放的发音方式。在一些组合形成的词汇中，比如 fitness, lightning, Whitney, madness, kidnap, midnight，词汇后段是以 [n] 起始的发音，[t/d] 同样也无法发出喉音，而是发不释放的音。

✓ 先 n 后 t

- 在先 [n] 后 [t] 的情况下，t 发 "鼻弹音"（nasal flap），IPA 为 [ɾ̃] 或 [ñ]，听觉上带有鼻音/n/的特色。比如 center [ˈsnñər]，听起来像 cenner。

如果单词中碰到先 /n/ 后 /t/ 的情况，[n] 是个起到元音作用的响音，t 后面如果是元音，即满足了 [t] 反转为弹音 [D] 的条件。但由于跟前面鼻音 [n] 的口型相同，如果要自然衔接，弹音 D 发音的起始处就无可避免地会从鼻子放出部分气流，这样就演变成了一个具有鼻音性质的弹音 [ň]。

带有鼻弹音 [ň] 单词有：winter, center, internet, hunter, twenty, seventy, ninety, advantage, percentage, international, interview, dentist, Santa

单词的语法变化形式：wanted, counted, mounted, rented, painting, painter, printing, printer 等。

在实际应用中，越是高频词，弹鼻音的使用概率也越高，比如 twenty, internet, wanted, international, center, percentage, advantage, accounting, 我们经常会听到弹鼻音明显的 twenny, innernet, wannid, innernational, cenner, percennage, advannage 和 accounning 的读音；而 banter, centimeter, quantify, interface, tantamount 等低频词，弹鼻音使用概率较低。

弹鼻音 [ň] 使用与否，跟单词平时的使用频率极其相关。比如加拿大城市多伦多 Toronto, 在美国使用率非常低，所以美国人就是按标准注音 /təˈrɑnto/ 来发音的。而这个词在加拿大使用频率太高，/n/ 后面的 /t/，加拿大人全都使用弹鼻音 [ň]，读成 [tʰəˈrɑňňo]，听起来像 ToronNo。这个发音成了是不是加拿大人的有力证据。在电影 Argo 中，Ben Affleck 扮演的主角在教几个美国人如何冒充成加拿大人时，其中就有 Toronto 这个单词应该如何发音的问题。当然他此处并没有使用"弹鼻音"这种专业说法，而是简单地解释 nto 中的"t 音不要发出来"。

词汇衔接处的 /n-t/ 连读的情况是这样的：首先弹鼻音并不出现在两个单词之间的 n-t 相邻处，比如 seven times。原因很简单，后面单词的起始 t 是一个送气发音方式的 [tʰ]，前单词结尾 [n] 的鼻音被口中送气发音方式的气流打断，/t/ 就失去了鼻音性质。但是如果前面的单词是 /nt/ 结尾，后面单词又是元音起始时，此时 t 被夹在了 [n] 与元音之间，应该是发弹音 D，就会自动出现弹鼻音 [ň] 了。比如 percent ‿ of，读音听起来像 percennof。其他类似连读有：want ‿ it, went ‿ out, went ‿ on, sent ‿ out, doesn't ⌣ it, wasn't ⌣ I, don't ⌣ ask, couldn't ⌣ offer, student ⌣ aid, president ⌣ announced, patient ⌣ asked, didn't ⌣ answer 等。弹鼻音在实际使用中，可以自由选择使用 [t] 或是 [ň]，通常是在两者之间的不同使用程度问题。越是使用频率高的词汇组合，鼻音化程度越高，比如 doesn't ⌣ it，基本都是 [ň]，很少有人使用 [t]。

每当 t 有情况时，通常 d 也跟着起哄。在 /nd/ 组合中，d 也会出现鼻弹音。比如词汇：amending, pretending, handle, bandage, bender, blender, Panda, blinding, 动词变位 handed, funded, wounded, landed, rounded 等，以及连读 send ⌣ out, bend ⌣ over, second ⌣ option, and ⌣ I, hand ⌣ out, friend ⌣ of mine, find ⌣ out, kind ⌣ of 等等。同样，越高频的词汇或词汇组合，弹鼻音的使用频率越高。但 nd 使用跟 nt 相比有两处不同。一是鼻弹音的总体使用频率比 nt 低，二是 nd 有两种连读方式，一种是 d 用弹鼻音，则 kind ⌣ of 和 send ⌣ out 听起来像 kin-nof, sen-nout；另一种可以不要弹鼻音，而使用普通辅音 [d]，读成 kin-dof 和 sen-dout。两种连读的使用都很普遍，甚至经常在一段内容中两种连读形式的读音交替出现。

理解了 /t, d/ 在什么情况下会出现弹鼻音，就会发现一些教材中把以 n 结尾的单词与 t, d 起始单词的连读归类为"同化"或"吞音"的做法，显然是不合理的。

✓ 多 t 多 n 相邻

/t-n-t/ 相邻时，如果是单词，通常最后一个 /t/ 是单词结尾，比如 latent 和 important。在不考虑与后面词汇连读的情况下，最后一个 /t/ 应该是不释放的 [t̚] 或送气的 [tʰ]，所以只要前面的 /tn/ 读喉音就好了，不考虑后面的 /nt/ 相邻。但如果后面跟元音连读，比如 important ⌣ issue 和 latent ⌣ energy，则喉音和弹鼻音都会出现。但实际使用中，很多人选择只使用一个，要么选择发前面的喉音，要么选择发后面的弹鼻音，喉音＋鼻音同时使用的情况不多。

/ntn/ 的读音，的确有点麻烦。前面 /nt/ 要发鼻音，后面 /tn/ 要发喉音，总之两个组合都是要把 /t/ "干掉"。这个发音的动作特点，是以鼻音为起始，随后以喉音主导。"鼻音"和"喉音"顺序协同作用结果，就成了一个特殊的、完全没有 /t/ 的发音特色的清喉音 [ʔ]。

发清喉音的典型单词有：

> mountain, Clinton, accountant, acquaintance, maintenance, fountain, sentence, sentinel, badminton

清喉音 [ʔ] 是鼻音和喉音碰到一起时产生的效果。如果选择不使用清喉音 [ʔ]，则鼻音和喉音都不能用，t 只能读成 [tʰ]。所以上面这些单词在强调语气或慢语速时，t 通常会选用送气的 [tʰ] 发音。

同样，越是高频使用的词汇，清喉音使用比例越高。在一些词典中，甚至对相关高频词的标准注音中，也记录了这种发音现象。比如下面牛津大学出版社的牛津词典网络版对 sentence 这个词的注音，用 (t) 表示这个发音可选择不读：

截图来自 oxforddictionaries.com

/ndn/ 也可以发清喉音，比如 abandon, London, dependent, tendency。但在实际交流中，对 [d] 的清喉音的实际使用程度和使用比例，远比 [t] 的清喉音低很多，所以大家对此可以不理会。

✔ **终极挑战**：带有 /tnnt/ 的 continental 这个词，连读时该怎么读？

continental /ˌkɑːntɪˈnentl/ 这个词在连读情况下，/in/ 和 /en/ 都统一为 [n]，于是就出现了 [t-n-n-t] 的局面。虽然两个 [n] 受到了 [t] 的两面夹击，但结果却是 [n] 左右开弓把两个 [t] 都干掉了，尤其是在快语速时，可读为 [ˌkʰanʔˈnenʔ]，听起来像是"扛你难闹"。但前提是交流双方对指代内容很熟悉的情况下才会这样读。而在缺乏内容背景的情况下突然引入这个概念，通常就不这样发音了。比如在新闻中反复提到 Continental Airline 的时候，因为内容背景大家已经了解，就会使用这种连喉音带鼻音的读法。而在豪车 Lincoln Continental 的电视广告片中，解说员为了宣传这个品牌，使用的都是最大区分程度的读法 [ˌkʰantʰɪˈnentʰɫ]。

粘念联连链

理解了连读发音的总体原则，以及英语和汉语在某些发音上存在认知差异的原因，然后按照将两个单词合并成一个单词的方式去发音，词汇衔接处的连读就都能自然实现。中国同学需要注意的，恰恰是需要避免因刻意模仿各种连读形式而造成的不自然发音。

连读中的"链接"现象

 相邻单词"辅音＋元音"的连读

相邻词汇"辅音＋元音"的连读，要避免按照错误的音节划分方式读音。一些同学认为，连读就是把前面单词的结尾辅音挪到后面单词开头处，与后面单词的起始元音结合为新音节，然后专注读这个跨单词的新音节。比如把 an ⌣ apple，读成 a-napple。这种发音方式是不正确的。

> 相邻词汇"辅音＋元音"的连读，要避免按照错误的音节划分方式来读音。

"I've got tooth ⌣ache, an ⌣ear ⌣ache, sore ⌣eyes, bruised ⌣arms, a stomach ⌣ache, and I fart ⌣all the time."病人采用的是把前单词结尾辅音挪到后单词上，然后刻意读跨单词音节的读音方式：too-thache, a-near-rache, sore-reyes, bruise-darms, a stoma (r)-chache, and I far-tall the time

为什么把前单词结尾辅音挪到后单词上，读音会让人感觉怪异呢？**一个原因是很多辅音在音节起始处和音节末尾处的发音不一样，特别是爆破音和 / l, m, r, n, w/的发音。**比如 /n/ 在音节起始时读 [n]（呢），在音节结尾时读 [n]（嗯）；**另一个原因是结尾辅音前的元音的发音，会根据不同的结尾辅音而产生发音的变化。**比如 an /æn/中的元音 /æ/，会受到后面鼻音 /n/ 的影响，出现鼻音化，不但有一小部分气流会从鼻子跑出，音频也会降低几百赫兹。如果拿走它后面的辅音，这个元音就能明显听出发音的差别。所以如果把 an ⌣ aim 中的 n 挪到后面单词音节上去，读成 a-naim，听起来就成了 a name，/æ/和 /n/ 全都"变调儿了"，听起来就会跟 /æn/ 在一起时有很明显差异。类似的连读比如 an ⌣ orange，team ⌣ up，far ⌣ away 和 total ⌣ of 等，如果读成 a-norange, tea-mup, fa-raway 和 tota-lof，就都会感觉发音怪异。

剑桥大学出版的《语音教学——英语教师的外国学生发音教学手册》中明确指出：

1. 正确的"辅音＋元音"的连读发音操作，是要把前一个词结尾的单辅音，当作两个相邻词共享的音素来发音，即相当于把两个词的拼写合并来读音。比如 an ⌣ apple, keep ⌣ in 要按照两个单词拼写连在一起的 anaple, keepin 来读音，这才是名副其实的"连起来读"，千万不要把前面的结尾辅音安到后面单词上，然后刻意去读这个新音节！

2. 只有当前面单词是以多个辅音结尾时，才可以用重新划分音节的方式（resyllablification）来连读。比如 jump ⌣ in, left ⌣ over, help ⌣ us, last ⌣ hour, ask ⌣ about, branch ⌣ office，可以重新划分音节 jum/-pin, lef/-tover, las/-tour, hel/-pus, as/-kabout, bran/-choffice。即便如此，被划归到后面单词音节上的辅音，也不能按单词的起始音对待。比如爆破音 /t, p, k/，被重新划分音节后，也不能用送气的发音方式（Celce-Murcia el. al., 1996）所以 jump ⌣ in, left ⌣ over, help ⌣ us, last ⌣ hour 等连读的读音是：jum-bin, lef-dover, hel-bus, las-dour, as-gabout。

特别值得一提的是动词过去式在连读中的读音变化。我们中学就学过，-ed，在除了 t 以外的清辅音后，读音要从 /d/ 变成 /t/ 比如 wraped 要读为 /ræpt/，lookped 要读 /lukt/。但在与元音链接的连读中，比如 wraped ⌣ up 和 looked ⌣ at，-ed 的 /t/ 被重新划分音节，挪到后面单词的元音前，此时 -ed 又必须变回 /d/ 的发音，即按 wrap/-dup, look/-dat 读音。类似的例子还有 picked ⌣ up, checked ⌣ in, booked ⌣ a room, jumped ⌣ in, wiped out, beefed ⌣ up 等。关于这

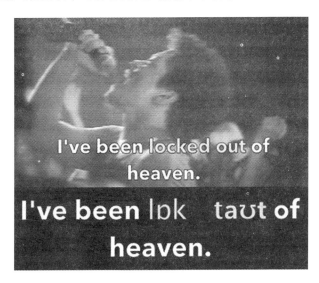

上图摘自 12 Songs to Practice the Pronunciation of ED Endings, by L. O. Barros, 2016.

一个读音变化，大部分连读教材也都没讲清楚。比如下面这个美式发音教程，用了 Bruce Mars 的名曲 Locked out of Heaven 来教 locked ⌣ up 的连读，讲解中说明了把前单词结尾双辅音的最后一个辅音挪到后单词元音前，并给出了连读音标 /lɔk taut/。这种讲解本身并没错，但作者的母语是英语，对转移后的 t 读音会自动变为 d，即 lock/-dout 的发音方式，作者并没有意识到这一点但中国同学却会被这种讲解误导读成 tout。

连读中的同化、吞音、叠音、省音等现象

✓ **当相同辅音相邻时：**

连读中所谓"叠音"现象，通常的解释是说两个相同辅音相邻时，只发一个辅音的音。比如 wide ⌣ door，两个相同的 d 连读，就"只读一个 d"或者说"吞掉一个 d"。这种说法现在认为是不正确的。研究发现，实际上这两个辅音的发音都存在，只是前一个辅音发音时间稍短，并且听不清两者的界限而已。对于 wide ⌣ door, this ⌣ seat, warm ⌣ milk 等连读，只要两个单词的正常发音中间不停顿，自然就会出现"叠音"的现象。特别是其

"辅音 + 辅音"的同化、吞音、叠音、省音等各种连读表现形式，是听觉上的不同感受，并非不同的发音操作方式。大家只要正常对两个单词进行中间不停顿的连续发音就好了，一定不要为了模仿这些形式而刻意做出特殊的省音或变音的发音动作。

中有爆破音时，我们对辅音前的爆破音自然会选用不释放的发音方式，而不必管后面的辅音是否相同。比如 wide 自然读音 [waid̚]，不停顿就开始读后面的 door [dɔːr] 时，[d̚] 和 [d] 的连续读音，听起来就会是只听得出一个 /d/ 的所谓"叠音"，并不需要使用任何特殊的读音操作。很多类似的如 good ⌣ dog, big ⌣ girl, sick ⌣ kid, white ⌣ teeth, deep ⌣ pocket 等，也都是这样自然发音，千万不要刻意去"省音"。如果故意丢掉其中一个 d 发音，而读成 why door 或 wide oar，则都是不正确的发音！

✔ 当某些特定辅音相邻时：

以前认为当 t, d, n 碰到 p, b, m 会出现"同化"的连读现象，比如 good ⌣ boy, that ⌣ boy 听起来像是 goob boy 和 thap boy；ten ⌣ people 和 can ⌣ be 听起来像是 tem people 和 cam be；hundred ⌣ pounds 听起来像 hundreb pounds；ten ⌣ months 听起来像 tem months 等。很多教程的讲解是：t, d, n 的发音受到后面双唇音的影响，发生了"逆向同化"。近年来语音学家通过对发音过程的 X 光和电颚扫描显示，上述连读中前面的这些辅音并没有被后面的辅音"改变"，而是产生了一种协同发音的听觉效果（Browman & Goldstein, 1990）。我们只要按照正常的读音规则自然发音，比如 good, hundred 结尾的 d 用不释放的 [d̚]，ten 结尾 n 就是正常的结尾辅音 [n]，只要两个音之间不刻意停顿，/n/ 在自然过渡到 /p, b/ 音时，必须有一个双唇相碰的过程，自然会"表现"出这种所谓的"同化"读音现象，根本不需要去做任何特殊操作。

其实在汉语中，也有同样的现象。比如：钱包（qián bao）仔细听好像是（qiám bao）；见面（jiàn miàn）像是（jiàm miàn）；分配（fēn pèi）像是（fēm pèi）。这些也都是自然连续发音动作带来的正常听觉感受，我们在说汉语时，根本不会去关注此现象，更是绝对不会故意去把（n）说成（m）的。在学习英语连读时，也是同样的道理。

✔ 当 n 碰到 k, g 时：

当前词结尾 /n/ 和后词起始 /k, g/ 连读时，原来的 /n/ 会变为发后鼻音 /ŋ/。比如：in ⌣ case /in keis/ 会变成 /iŋ keis/。类似的连读还有 on ⌣ campus, been ⌣ canceled, ten ⌣ grams, fan ⌣ club, green ⌣ keeper, can ⌣

come 等等。这种情况以前被归类为"同化"现象，现在也普遍认为是协同发音作用。

中国同学对单词中 n 与 g 相邻时发后鼻音 /ŋ/ 的情况是非常熟悉的，并且这也跟汉语拼音的 ng 发后鼻音的情况类似。比如：learning /ˈlɜːrnɪŋ/，-ning 的发音跟汉语的"宁"的确非常接近。没有南方口音的中国同学，发这个音本身普遍都没有问题。但中国同学都不熟悉的，是 nk 相邻也要发后鼻音 /ŋk/，比如 bank 的发音是 /bæŋk/。单词中 /n/ 和 /k/ 在一起时，全都要变成 /ŋk/，有的单词已经把这种读音方式固化为标准读音了，比如单词 thank, tank, ink, think, Frank。即使标准注音中不带后鼻音标注，实际读音时也带后鼻音，如 pancake 和 increase 等。很多同学都有这种感觉：thank 这个词，尽管前面辅音说对了，但仍然感觉跟老外的发音不一样。其实问题是出在后鼻音上。中国同学普遍说的是 /θænk/，而实际上应该是 /θæŋk/。出现这个错误的原因，是 [n] 和 [kʰ] 的口型没发到位。如果这两个单音的发音准确，无论是单词还是连读，自然就会出现 [ŋkʰ] 的音，不需要特殊发音操作。汉语中也有一个跟这种情况相同的连读实例。北京人在对话中，普遍会把"坦克（tǎn ke）"的音发成"躺克（tǎng ke）"，也是前鼻音 /n/ 衔接 /k/ 时，自然呈现出后鼻音 /ŋ/ 的发音效果。

✓ 其他：

再举一个以前被认为是"同化"或"吞音"的例子。

比如 this ⌣ ship 听起来像 thi- ship，很多教程的解释是：/s-ʃ/ 相邻，前面 /s/ 音要"丢掉"或"同化"为 /ʃ/。现在的研究发现实际上 /s/ 的发音仍存在，是 /s/ 平滑过渡到 /ʃ/ 的发音动作，从而听不出发音分界，但根本没有发生丢音（Hardcastle and Gibbon, 2010）。

一些三个辅音相邻时的连读，特别是中间为辅音 t 时，通常会呈现出非常明显的"丢音"现象，比如 stopped ⌣ working, kept ⌣ going, mashed ⌣ potatoes 等，听起来像，stop-working, kep-going, mash-potatoes。当代的语音研究发现，大部分这种词汇组合中的 /t/ 的发音动作也存在，说话者并没有故意丢弃这个发音动作，而只是没有给出足够的时间来完成其发音动作。实际上只有非常少数高频使用的词汇搭配，比如 best ⌣ friend，last ⌣ night 等，才可以认为 /t/ 的发音被完全砍掉（我们在下面小节中介绍）。而在大部分的非高频组合，比如 best ⌣ friendship，last ⌣ nightshift 中，通常能明显听出 /t/ 的存在。

- "元音＋元音"相邻时，有时出现的所谓"增音"现象，比如 I ⌣ am 听起来像 I yam，say ⌣ it 听起来像 say yit，增加了 /j/ 音；going，go ⌣ on 听起来像 gowing，go won，增加了 /w/ 音等。建议大家对这种读音表现完全不必理会，更不要刻意地去在两个元音中间来"添加"各种过渡音。

"辅音＋元音""辅音＋辅音"和"元音＋元音"的连读都是自然实现的，并不需要我们去做特殊的连读发音动作。我们只要按照连读的发音原则，自然地进行连续发音就好了，反而要注意不能刻意去模仿连读中出现的各种表现形式。

元音之间出现的增音，在实际交流中的使用比例并不很高，且往往是在慢速又不想间断或者强调时才出现。其实只要按照自然的发音方式，两个元音之间发音口型自然过渡，经常就会自动冒出这些"增音"来。在我们汉语中，当两个字是韵母相邻时，也会出现类似情况。比如说"有啊"和"摇啊摇"，也会经常变成"有哇"和"摇哇摇"的发音；"你啊你"也经常听起来像"你呀你"。实际观察发现，中国留学生在说 Moana /məuˈana/ 这个电影名字时，大部分发音都是 [məuˈwana]；说电影中 Maui /maui/ 的名字时，也自然说的是 [mau-wi]。两个名字发音中的增音 w，都是非常自然出现的，说话的人完全没有注意到这种发音变化，更没有主动去做出这个"增音"的行为。

剪减渐简俭

前面介绍过"能省就要省""不能省别省"和"白省更要省"的省力方案，主要是在连读中省掉不必要的送气或声带振动。最后还有一种"不省白不省"的连读方案，主要通过缩减读音形式来实现省力。

👆 对元音的缩减

单音节单词中的非重读元音都可以弱化。外号做作"刷子"（schwa

的元音 /ə/，是最典型的弱读元音，且只在弱读音节出现。多音节词中的非重读的元音，如果不是 /ə/ 的，原则上都可以弱读为 /ə/。最普遍的，就是 /i/ 变为"刷子"/ə/。比如 citizen /ˈsitizn/，可以弱读为 [ˈsitəzn]。

使用频率越高的词，音节越多的词，元音省略程度越高。比如大家经常会听到美国人在慢语速中，高频词 eleven /iˈlevən/ 和 event /iˈvent/，常被读成 [əˈlevn] 和 [əˈventʰ]，believe /biˈliːv/ 常听到的读音是 [bəˈliːv]。英语多元音词汇中非重读音弱化，也是一个自然的操作。我们一旦能够观察到这个现象，然后在多听原声的基础上，自然就能做到。同样，汉语中也有类似的现象。英语弱读元音"刷子"/ə/，接近汉语拼音韵母的轻声 (e)。汉语都是单音节的，但使用中可以认为汉语三个字以上的词具有一定英语多音节词的特点，所以三个字以上的词在快语速时，也有同样的元音弱化现象。最典型的是北京话，比如"山里 (le) 红""眼力 (le) 见儿""打磨 (me) 厂""大栅 (she) 栏""庄稼 (je) 地"等等。

音节单词非重读音节，如果本来就是弱读元音"小刷子"/ə/，有时这个弱读元音可以完全减掉。比如：potato [pʰəˈtʰeitou]，可以读为 p(o)tato [pʰ ˈtʰeitou]。

类似的词比如：t(o)night, fam(i)ly, sim(i)lar, t(o)gether, d(e)mocracy, p(o)tato, t(o)mato, p(o)lite, p(o)lice, m(i)rage, f(a)tige, t(e)rrific, c(o)llect, p(o)tential, mirr(o)r, suff(e)ring, s(u)bmit, p(a)cific, robb(e)ry, strawb(e)rry 等。

有些高频使用的单词，其中非重读元音已经进行了一道"强音变弱"的处理，变成弱读 /ə/ 了，但在快语速时，/ə/ 还会进一步经历"弱音变无"的变化。比如 believe /biˈliːv/，通常已经是弱读为 [bəˈliːv] 了，但语速快时还会被读成 [bˈliv]，完全减掉 /ə/ 的发音。其他单词还有如 because, believe, select, collect 等。对于这种程度的缩减读音方式，我们能听懂就好了，自己不必学习和使用。

汉语中也有高频词韵母弱化或省略的情况，通常也是发生在三个字以上的词中。比如超级高频词"他妈的 (ta ma de)"，可以读成"(te ma de)"。在快语速时，还可以进一步缩略为 (t-ma de)。类似可以缩略元音的词还有：巧克力，肯德基，郭德纲，跑得快，一个人，看不见，大佛寺，

在正常交流中，高频功能词只要不独立使用或在句子中做强调用，其中的元音全都要弱化。

螺丝钉，四喜丸子，王府井儿，他妈的，豆腐脑儿。所以中国同学对于英语多音节单词中元音的弱读方式，一经指出，明白是怎么回事后，就很容易自然实现。

需要注意的是，由于历史原因或词汇构成原因，一些高频词中从拼写上看貌似应该有"小刷子"/ə/的读音处，实际上却没有这个音。比如 comfortable，字典上的标准注音一般就是 /ˈkʌmftəbl/ 而不是 /ˈkʌmfətəbl/，其中的 or 通常是不发音的。类似的词有：choc(o)late, ev(e)ning, veg(e)table, diff(e)rent, civ(i)l, temp(e)rature 等。这通常不是省略现象，而是标准读音就该如此。这些词读出元音/ə/反而是错误的。中国同学在这些词的读音上的错误比较普遍。好在这些词的数量非常有限，改正起来不难。

高频功能词基本上都是单音节的单词。单音节词一般不能弱读其中的元音，因为会违反"区分原则"而产生混淆。比如 big / bɪɡ/ 如果读成 [bəg]，就会让人产生误解了。功能词尽管都是单音节的，但使用中主要是其他单词组成词义单元，就相当于多音节了，功能词刚好是非重读音节。比如 you and me，通常要读成 /ˈjuːənd mi/。因为这个组合使用频率高，甚至经常进一步缩读为 /ˈjuːnd mi/ 或 /ˈjuːn mi/。下面是常用功能词的弱读情况：

单词	标注音	弱读	单词	标注音	弱读
of	/ʌv, ɔv/	/əv/	be	/biː/	/bi/
and	/ænd/	/ənd/, /nd/	been	/biːn/	/bin/
to	/tuː, tu/	/tə/	would	/wud/	/wəd/
at	/æt/	/ət/	can	/kæn/	/kən/
that	/ðæt/	/ðət/	are	/aːr/	/ər/
some	/sʌm/	/səm/	was	/wɔz, waz/	/wəz/
have	/hæv/	/həv/	for	/fɔːr/	/fər/
had	/hæd/	/həd/	am	/æm/	/əm/
do	/duː/	/du, də/	as	/æz/	/əz/
them	/ðem/	/ðəm/	must	/mʌst/	/məst/

(续)

单词	标注音	弱读	单词	标注音	弱读
you	/juː, ju/	/jə/	will	/wil/	/wəl/
does	/dʌz/	/dəz/	from	/frʌm/	/frəm/
because	/biˈkɔːz/	/biˈkəz/	then	/ðen/	/ðən/
when	/wen/	/wən/	than	/ðæn/	/ðən/

只要是平时注重听力学习，且熟悉英语中常用词汇组合的同学，不用看语音教材，通常也都能准确地发音。比如 a lot of, not at all 等中的功能词 a, of, as，都会自然使用弱读的发音，所以功能词的弱读不需要多讲。

需要我们特别注意的，是很多功能词和常用词的读音不符合通常的拼读规律，中国同学容易读错。比如：is, was, his, as, does, because, news 这些词中的 s，读音应该是 /z/ 而不是 /s/。比如 because 的读音应该是 /biˈkɔːz/ 而不是 /biˈkɔːs/；of 的标准读音是 /ɔv/，其中的 f 读 /v/ 而不读 /f/。这几个功能词在连读中使用比例极其高，如果不知道其标准发音，就很难连读成功。

对辅音的缩减

研究显示，母语是英语的人在说话中使用到高频固定表达时，语速会加快，并且会尽可能地"糊弄事儿"，通过各种变化和缩减的发音手段，能含糊的地方就会尽量含糊（Slobin, 1996）。连读中真正意义上的"同化"读音现象，也发生在高频功能词连读中，目的是为了发音省力和加快语速。又比如：have to, have 的发音是应该是 [hæv] 或弱读 [həv]，结尾音是浊辅音 [v]。to 的起始音是 [tʰ]。一清一浊放在一起别扭，要"同化"掉一个。改谁呢？如果把 t 改成浊辅音，to 就变成 do 了，会产生混淆，所以只能改前面的 [v] 为清辅音 [f]。所以 have to 的连读就变成了 [hæf tʰu]。同理，has to /hæz tu/ 要读为 [hæs tʰu]；of course /ɔv kɔrs/ 要读成 [ɔf kʰɔrs]；newspaper 的标注注音是 /ˈnuːz peipər/，实际发音却是 [ˈnuːs pʰeipər]。很多教程中都总结了浊辅音和清辅音相邻时会发生的这种"同化"

实际使用中，除了动词过去时和名词复数中的发音同化现象外，我们只需要熟悉 have to, has to, of course, newspaper 这几个词汇搭配的连读同化发音方式就够了，不必费力去研究同化发音规则，也不必去学习其他使用频率很低的同化发音组合。

现象，但在实际语言使用中，除了 have to, has to, of course, newspaper 这几个超高频组合或单词外，其他使用频率稍低一点的组合，同化发音的比例就大幅度降低。比如：has time, have time, has come, five times, news conference 等中等使用频率的组合，就只有大约一半的情况会出现同化发音。而其他大量的低频使用搭配，比如 his team, has cable, have told, of two, five pigs 等，尽管符合上述条件，统计发现实际上很少使用同化发音。

连读中所谓"颚音化"（palatalizaton）的同化现象，即辅音 /d, t, s, z, ts, dz/ 跟 /j/ 相邻，两个音会合并在一起出现新的发音，比如：

/s/ + /j/ =		/ʃ/	miss you, this year, kiss you.
/z/ + /j/ =		/ʒ/	is your ..., has your..., it was you
/d/ + /j/ =		/dʒ/	would you..., did you..., had you
/dz/ + /j/ =		/dʒ/	needs you, please you
/t/ + /j/ =		/tʃ/	hate you..., last year, at your house,
/ts/ + /j/ =		/tʃ/	what's your ..., it's you, gets you.

颚音化连读，实际上我们只需要学会 did you, didn't you, would you, could you, told you, don't you, won't you, this year 和 last year 这几个固定组合的协同发音就可以了，其他组合根本不必花精力去学习使用。

所有连读教材中，都会对这种读音现象做详细的说明和分析，看架势要自己能做到实际应用很不容易。然而研究发现，在真实语言中，颚音化现象尽管出现非常频繁，但主要是发生在 you, year, your 这几个单词的组合上。而真正最常用的，就是 did you, would you, told you, didn't you, don't you 这几个。一旦超出这个范围，使用频率就显著下降。比如 last year, bet you, get you, could you, what you, at you, let you, wouldn't you, meet you, eat your... 等，使用颚音化连读发音的情况只有大约一半左右。而更多的 /t, d, s/ 与 /j/ 读音相邻的组合，使用这种发音方式的比例非常少。比如统计发现，good you, and you, not yet, out you, said yes, second year, eight yards, that year, what year, previous year 等等，尽管全部符合协同读音条件，但基本都不使用颚音化发音（Bush, 2001）。

连读中真正意义的"吞音"和"失音"现象，主要发生在这些高频词汇组合上。比如辅音簇 -st 在与其他辅音相邻时，绝大部分情况下 t 的发音动作仍然存在，只是发音时间被不同程度地压缩了。真正能够算作完全丢失掉 /t/ 发音的，只发生在少数几个极高频单词上，比如 best, last, next, must, most。即便是这几个词汇，也是在高频固定搭配组合时才完全砍掉

/t/ 的发音。

真正需要吞掉 /t/ 发音的，主要就是以下这些典型的超高频词汇搭配：

> best friend, best buy, best wishes;
> next day, next door, next week, next month;
> last week, last month, last night, last name, last minute;
> must be, must read, must see, must have;
> used to, most people, worst case, don't know, East coast, West coast

除了上面这几组超高频固定搭配外，随着使用频率的降低，t 的省略比例和省略程度也逐渐减少。比如 I don't know 的使用频率最高，绝大部分情况下，t 的发音被省略，甚至可以缩写成 I donno；而 I don't think so, I don't understand，使用频率略低，t 的省略程度和比例也略低；而 I don't recognize..., I don't consider 之类的低频组合，t 的发音很少被省略。所以除了上面列出的少数高频组合外，我们在连读时，不必刻意去"吞音"或"丢音"。

可砍克刻侃

在语速比较快的连读中，一些单词会发生缩读现象，即缩减某些元音和砍掉某些辅音。即使在慢语速也正常使用缩读形式我们早已熟悉了，比如 will 缩读为 'll, am 缩读为 'm, is 缩读为 's, are 缩读为 're, have 和 has 缩为 've 和 's 等。除此之外，还有一些在快语速下才使用的缩读形式，主要是发生在少数功能词和几个极高频使用的词汇上。我们举例说明：

and 的一些常用搭配，比如 you and me，在快语速中就成了 / 'juːn mi / 的读音，其中 and /ənd/ 被缩读为 /n/，甚至书写也可以缩写为 you 'n' me。虽然 and 的缩读现象很普遍，但实际上也主要集中在为数不多的高频词汇组合中，比如：you 'n' me, fish 'n' chips, rock 'n' roll, bed 'n' breakfast, come 'n' go, hit 'n' run, Jack 'n' Jill 等。其他的组合，随着使用频率的降低，and 的吞音程度也逐渐减低。比如，大部分人在说当今畅销书《火与怒》

(Fire and Fury) 时，and 的吞音程度都不很高，基本上能够清楚地听到完整的 [ənd⁻] 的读音。所以除了少数缩写形式已经固化的组合，我们可以当作专有名词去对待，比如 rock 'n' roll，其他的组合大家不必去刻意缩读 and，只要在正常连读中把 and 中的元音弱读，且读后面相邻辅音 d 时使用不释放的发音方式就好了。

很多连读教材对缩略形式都有详细介绍，但其中大部分我们只要做到能听懂就好了，自己不必去模仿和使用。下面我们举例说明这些缩略形式：

- him, her, have 等，快语速时 h 经常被缩略掉，比如：get 'im, let 'er, Can I 'ave 等；
- them 在快语速时会把 th 缩略掉，比如：let 'em, beat 'em 等；
- of 在快语速时，经常把 f 砍掉，比如：a cup o' tea, a friend o' mine 等；

> 连读中省略单词首字母 h 读音的做法，如果是快速读音时自动出现的，当然可以。否则的话，不要去模仿和使用。

有时两个都可以缩略的词碰到一起时，还可以小小纠结一下省哪个更好，比如 of ⌣ him 到底是砍掉 f 还是砍掉 h 好？但只能砍掉一个，所以此时有两种缩略形式：o' him 或 of 'im，用哪个是凭强调的内容或个人喜好。

ing 在历史上曾被读为 -in，所以这个缩略形式至今被普遍接受，即快语速时可以不带最后的后鼻音 /ŋ/，比如 going, coming, walking, doing 等，可缩略为 goin', comin', walkin', doin'。这种缩略在连读中也常见，比如 coming ⌣ out 连读，砍掉 g 后的连读就成了 comin ⌣ out，这个连读读音也可以是 /ˈkʌmɪnaʊt/ 而不带后鼻音。尽管 ing 去掉 g 的读音在正常语速中也可以用，但建议我们不必这样做。

以上这些缩略形式，通常都是在语速极快时的极端读音形式。在正常或稍快的语速时，都会使用正常的连读和弱读形式而不进行缩略。语音缩读专著 "Whaddaya Say?" 一书的作者，目前担任哈佛大学语音讲师的 Nina Weinstein 认为："缩读形式的决定因素是语速，而不是交流场合正规与否。**但英语非母语的人，通常是不能达到这种使用极端缩略形式的语速的**（Weinstein, 2001）。" 所以我们能够听懂这些缩读形式就可以了，而不要去模仿和适应。作为学外语的人，如果生硬地模仿缩略形式，反而会让人感觉发音别扭。在汉语中也有三个字的词汇在快语速时，把中间字的声母 h 和 f 等音砍掉的情况。比如 "西红柿"（xī hóng shì），北京话快语速的读音是（xī-óng shì），"不好吃" 快读是（bù-ǎo chī），"王府井"（wáng fǔ jǐng) 更常说成 (wáng-ǔ jǐng-er)。但这种情况只限于北京本地人之间的快语速交流，不是从小在北京长大的同学，能把标准普通话说好就可以了，不应该去尝试使用这种极端的缩略读音形式。有些同学刻意地模仿北京话，把"西红柿"说成"凶市"，把"不好吃"学成"暴吃"，"王府井"说成"王五井"，"中央电视台"模仿为"装电日台"，听起来都有"东施效颦"的感觉。

英语中一些常用的缩略形式，由于经常使用，所以已经被固化为特定词汇了，并且其缩略拼写形式也被接受使用，最典型的就是 wanna = want to, gonna = going to, hafta = have to, kinda = kind of, sorta = sort of, oughta = ought to, gotta = got to, gotcha = got you, seeya = see you, gimme = give me 等。这些固定缩略形式，大部分也是听懂就行，不需要我们主动使用。真正需要我们学会主动使用的，只有 wanna 和 gonna 这两个。

> 各种缩略连读的形式，我们只需要学习使用 'n'（and），gonna（want to），wanna（going to）这几个，其他的能听懂就行，不要去主动使用。

wanna 和 gonna，是两个高度语法化的缩略结构 (grammarized structure)。很多中国同学不了解这种缩略形式的语法和读音形成机制，而是单纯地模仿这种使用形式，导致在实际应用中经常出现错误。比如经常出现 "*I wanna to..."（不应该带 to），和 "*I'm gonna to..."（不应该带 to）等错误用法。另外由于不理解这种形式读音的演化过程，造成模仿出的发音很难准确到位。比如 wan-na 和 gon-na 的准确发音中，第二个 n 并不是一个普通鼻音，而是一个弹鼻音。生硬地发成 /na/ 的音，会让 native speakers 感觉很不地道。下面我们来讲解这两个缩读形式。

✓ wanna (wonna)

例句：I *wanna* go. = I want to go.

很多书上都会介绍 wanna 是 want to 的缩减形式，但极少介绍其形成过程。这个缩略形式是怎么出现的呢？

首先，want to 的两个 /t/ 协同发音只有一个 /t/ 的口型。所以尽管 to /tə/ 是独立词汇，但由于弱读，相当于非重读音节，/t/ 的送气被缩减，发音可为 [t]。大家已经知道 [nt] 在一起时，[t] 会发成弹鼻音 [ñ]，所以 want to 的发音就变成了 [wɑnñə]，再从这个读音返回去的字母拼读，就成了 wanna 或 wonna.

为什么要知道这个变化过程呢？

首先，表达中 want to 的缩读形式，并非固定不变的 wanna，而是根据语速和表达场景，在 want to— want ta—wanta—wanna 之间自由过渡，而 wanna 只是所有选择中最极端的情况，通常是在最快语速时使用；

其次，wanna 只是 want to 在表达的最后阶段"发音输出"环节音节组装时选择的最终语音形式，在思考中并不是一个完全独立的词汇形式。即 wanna 在输出的概念生成和词句编码阶段，仍然都是 want to。研究发现，母语是英语的人，在进行不需要思考转述的"影子跟读"时，经常会把刚听到的 wanna 不假思索地随口跟读成 want to。简单说，就是耳朵听到的或说嘴上说的虽然是 wanna，心里想的却仍然是 want to！

明白上面讲的两个道理，就会明白为什么中国同学在使用 wanna 时经常出现错误了。因为如果只是刻意模仿 wanna 的读音形式，那么在输出的词句编码时，并不是在用 want to 来编码，而是误认为选用了一个独立的动词，这个动词并没带上介词 to。这样在最终输出过程中，很容易在后面多加一个 to，说成了 *I wanna to do sth. 的形式。

所以我们学习 wanna 的过程应该是这样的：

1 先练习 want to 自然读为 want ta，即先弱读功能词 to 的读音形式；

2 然后练习把 want 中的 t 发音不释放，把 want ta 自然连读成 wanta 的读音形式；

3 然后再进一步练习再把 /nt/ 组合中的 /t/ 发为弹鼻音 /ñ/ 的读音形式，就成了 wanna [wɑnñə] 了。注意弹鼻音 [ñ] 是弹音，不能生硬地读为 [wɑn nə]。

注意在实际使用中，是根据表达背景和语速，自然地在 want to 和 wanna 的发音之间自然过渡，即在"want to"和上述 1，2，3 的三种发音形式之间适当选用的。

✓ *gonna*

例句：I'm *gonna* go.

大家都知道 gonna 是 going to 的缩减形式。这个缩读形式是怎么来的呢？

首先是选用 going 的短板 goin' 的形式。而 goin' 中的 /i/ 弱化为 /ə/，而 /ən/ 只要响音 [n̩] 就够了，所以 goin 的发音就成了 [gon̩]；其次是 to 中的元音都是弱读的 [ə]，所以 就成了 ta。最后，ta 非重读，t 几乎不送气，成了 gonta；gonta 是 nt 相邻，大家都知道 t 会服软变为鼻音 [ñ]，就成了 gonna [gon̩ñə] 的读音，注意其中有弹鼻音。

跟前面 wonna 的情况一样，必须理解这种缩读的来源和变化过程，并且在学习使用中，实际上是在 gonna 和 goin ta 之间发音平滑过渡，才能保证 gonna 发音的准确性和在句子中使用形式的正确性。

如果不了解这个发音的形成过程，而只是刻意模仿 gonna 这个词，不但容易导致使用中出现 * I gonna to go. 和 I'm gonna to go. 的错误用法，而且发音很难准确。很多中国同学生硬地把 gonna 发成"刚那"的读音，听起来是非常别扭的。这种发音一是 gonna 中带有弹鼻音 [ñ] 难以发出，二是 gon 的发音不正确。由于 gon 是 goin 演变而来，尽管 i 不见了，但大部分在发这个音的时候，o 后面仍然带有一个快速但微弱的小刷子 /ə/ 音，即实际是 [go$_ə$n̩] 而不是生硬的 [gon] 的发音。如果不了解 gonna 发音的演变过程，就很难发准这个 [go$_ə$n̩ñə] 的音。

彩车紧敲先锋鼓，
城头变幻大王旗

现代科技的发展速度越来越快，外语学习的研究和实践领域也是发展迅猛。当今的外语学习，可以采用和选择的手段丰富，各种多媒体材料、网上信息资源、手机应用软件等多得看不过来，自学外语的软硬件条件充足。**我们面临的问题从信息和硬件匮乏、不容易满足学习条件，变为信息过剩、条件充足、不知道该如何选择。**

该怎样看待当今的语言教学研究和如何选择先进而有效的学习条件和手呢？

我们先来学一个短语 bandwagon effect "彩车效应"。

bandwagon /ˈbændwægn/，band 是"乐队"，wagon 是"大车"。bandwagon 是指节日游行队伍中的"乐队花车"或"彩车"。大家都跟着彩车走，引申为"随大流，从众"的意思。bandwagon effect，就是"从众效应"。在英语学习方法研究领域，跟其他研究领域相似，存在着明显的"彩车效应"。随着新的科技手段的出现和信息的发达，二语习得的主流研究领域，也是紧跟信息化的发展，但传统意义上的"方法革命"不再发生，外语的"学得—习得"两条路线斗争也很少有人提及了，取而代之的是以各种大数据和高科技研究手段对语言研究和教学实践的全面渗透，和以往不同领域的分支研究逐渐走向统一的方向。最突出的就是近年脑神经学的成果，成了外语学习研究的重要基础依据。当今各种人文学科，都开始普遍借鉴脑神经学的研究成果，作为自己研究领域的新坐标。学术界当前有句时髦的话："研究一个大脑神经的是脑神经学家，研究两个大脑神经的是心理学家，研究一群大脑神经的是哲学家。"语言学习，是一个覆盖面比较宽的研究领域。但是脑神经学领域的任何最新研究成果，都对语言学习研究的各方面产生巨大影响。

2016 年，加州伯克利大学的脑神经学家们，通过使用先进的研究手段，终于向人类展示了词汇在大脑中存储的具体位置，证实了词汇之间的有机联系和统计认知的特性。现在全世界的人都可以免费上伯克利的 Gallant lab 网站（gallantlab.org/huth2016），3D 动态观察词汇在大脑中的真实存储位置和相关词汇之间的位置关系。

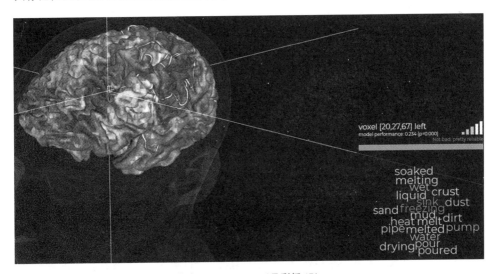

摘自 *gallantlab.org*（见彩插 15）

从上图可以看出，在大脑皮层只有一个豌豆大小的范围内，存储着这些含义高度相关的词汇：干燥、融化、浸泡、湿润、液体、表层、沉没、尘、沙、冷冻、泥、灰、热、管道、泵、水、浇（drying, melting, melt, melted, soaked, wet, liquid, crust, sink, dust, sand, freezing, mud, dirt, heat, pipe, pump, water, pour, poured）。这个发现，首次从物理上证明了含义间有紧密联系的词汇，的确是以近距离的紧密网络链接形式存储在大脑中的。这一发现不但证实了大脑中词汇存储的方式，也证实了近些年有关词汇脑神经网络方面研究成果的正确性，也给语言学习和教学提供了重要参考。

到了英语高级阶段，英语的学习与社会生活和专业工作的结合越来越紧密。语言学习经常渗透在了解社会和增长自身专业知识的过程中。语言能力的增长，跟我们对应用这种语言的社会、文化、生活习俗，甚至是语言科学研究都十分相关。越是关心、了解和思考这些貌似英语学习本身以外的相关新知识和信息，越是会对我们的语言学习的实践有帮助。仅把外语当作一个工具来看待，就很难真正把外语学好。《二语习得导论》的两位作者认为，"学外语的动机"和"对讲外语人的态度"这两点，最能预估出一个人学这种语言是否能成功了（Gass and Selinker, 2001）。

语言能力的增长，跟我们对应用这种语言的社会、文化、生活习俗，甚至是语言科学研究都十分相关。越是关心、了解和思考这些貌似英语学习本身以外的相关新知识和信息，越是会对我们的语言学习的实践有帮助。仅把外语当作一个工具来看待，就很难真正把外语学好。

红鸡公尾巴灰

四川人管"公鸡"叫作"鸡公"，有道名菜就叫作"重庆烧鸡公"。四川有个与"鸡公"相关的娱乐活动，是这样玩的：主持人跟嘉宾说："现在测试一下你的智力。请你用最快速度地大声重复我说的这句话。'红鸡公尾巴灰，灰鸡公尾巴红。'开始！"嘉宾："红鸡X⋯⋯"然后就没有然后了。

电视台的综艺节目主持人总是喜欢找女生观众上台来玩这个游戏，参与者无一例外都是表演前斗志高昂，表演后哭晕台上。（见彩插 16）

原文中并没有很黄很暴力的内容，表演者模仿的时候，怎么会不自觉地突然开黄腔呢？原来这是语言表达的"发散激活"机制在捣乱。

在语言输出的三个阶段——概念思考、词句编码和发音输出的过程中，思维过程并不是只"考虑"符合表达概念的具体某一个词汇，而是把与这个概念紧密相关的多个相关词汇，都下意识地自动同时"考虑"到，这样就把与这些词汇的相关概念词、相近含义词、相近发音方式的词汇以及词汇组合都不同程度地"激活"了，这个机制被称作"发散激活"（spreading activation）。被激活的词汇网络中的不同词汇和形式，被激活的程度并不同。其中与核心含义最相关且使用频率最高的词，被激活程度最高，被选用的可能性也就高。"鸡公"案例中的那个敏感词，不但使用频率超级高，与"鸡公"和"尾巴"既有含义联系又谐音，这样就受到了含义、使用频率和谐音的三重影响，造成表达时这个词的激活率（被称为 Luce's ratio）高得爆表了，想躲开都很难。如果想破解这个超级大坑，必须想办法阻止敏感词激活的发生。比如提前在头脑概念中把"鸡公"一词换成"济公"，就不会激活敏感词，你就可以放心大胆地快速响亮地连说几遍"红济公尾巴灰，灰济公尾巴红"，保证不会出问题，且别人听不出来你换了词。

> 词汇在大脑中，本身就是以网络的形式存储的！每个词在网络中与其他词汇的链接强度决定了这个词汇发散激活的方式，直接作用于输入时对句子的理解和输出表达时句子的构成。

当今的研究已经证实，词汇在大脑中，本身就是以网络的形式存储的！每个词在网络中与其他词汇的链接强度决定了这个词汇发散激活的方式，直接作用于输入时对句子的理解和输出表达时句子的构成。发散激活有产生一定口误的副作用，但正是发散激活保障了正常的交流速度和流利性。口误是语言学家研究句子输出机制的重要渠道。美国 UCLA 大学的三个语言学教授 Motley, Camden 和 Baars 共同设计出了一些容易导致音素层面口误的"烧脑句"，比如 tool kits 容易被重复跟读成 cool tits，口误几率高达

10%。但跟咱们的词汇层和因素层双管齐下、错误率高达 90% 以上的"红鸡公"段子比起来，水平差远了。

现实生活中的著名口误实例，往往也是语言学家绝不放过的研究机会。比如美国前副总统拜登的讲话：

"Many of us were in Rome at the president's funeral — excuse me, Freudian slip, I beg your pardon — at the pope's funeral that the president attended"

"在罗马我们中很多人在总统的葬礼上——抱歉，弗洛伊德式口误，请原谅——在总统参加弗的教皇葬礼上。"拜登意识到错误，自嘲为"弗洛伊德式口误 (Freudian slip)。"因为弗洛伊德（Freud）认为口误反映出说话者的潜意识，说明拜登的潜意识里是想让总统死掉，自己当总统。当代研究已经证实弗洛伊德的理论是错误的。语言学家的解释是：President 和 Pope 的含义高度相关，同词类且发音都是 p 开头，特别是 president 的使用频率比 Pope 高很多，导致激活度过高而被误选，所以不能说明拜登想篡权。老布什总统曾有过更加雷人的"弗洛依德式"口误："For seven and a half years I've worked alongside President Reagan. We've had triumphs. Made some mistakes. We've had some sex... uh... setbacks."

发散激活是如何在输出时发挥作用的呢？

首先是发散激活帮助交流中整体表达概念的顺序自然产生。对某个特定表达概念的思考，正是通过发散激活机制，延展到了与这个概念相关的一系列概念，产生了后续的表达内容。简单来说，就是发散激活帮我们"联想到"接下来要说什么。这一点都不奇怪，因为相关的概念在人的大脑中是呈网状链接起来的，这也是人脑语义记忆（semantic memory）的主要特征。比如下图 red 概念的语义记忆关联网络。当 red 概念被激活时，相关词汇网络中与 red 相关的多个概念都被同时激活。与 red 相关度越高或日常使用频率越高的词，激活程度越高。

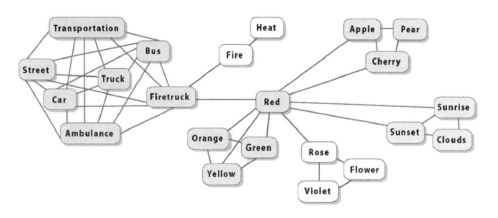

Mick Randall 更新的、最初由 Collins-Loftus 提出的概念发散激活模型 (Randall, 2007)

其次是当前的表达概念，也是借助这种机制来激活该概念的各种不同可能的具体表达方式的。比如我们要表达某人考试"不及格"，通过发散激活了相同或相近含义的多种不同表达方式，比如总结性的"失败"；婉转的"没通过"和"发挥失常"；诙谐的"挂了"；自虐的"栽了"等。我们需要根据表达的对象和情景，实时地选择最适当的表达方式。比如跟家长说得需要婉转一些，跟朋友聊天想要表现得诙谐一些等等。我们头脑中的相关词汇网络越发达，就越能发散激活更多的表达形式，我们就能够从中选择出最适合和最有说服力的表达方式。无论是说母语还是外语，表达时感觉措辞困难或词不达意，通常并非是自己掌握的词汇量少，而首先是概念层的词汇网络激活程度低。比如语言学家发现学习英语的外国学生，很少有人在表达中使用：Have you noticed anything out of the ordinary? 这种形式，而普遍只会说：Have you noticed anything strange? 然而对于这些学生来说，"Have you noticed anything out of the ordinary?" 这个说法，完全没有生词，不但理解起来完全没有障碍，而且是在真实语言中多次接触过的。然而在表达时，strange 这个概念的 out of the ordinary 表达方式没有被激活或激活度过低，所以才会感觉"想不到"去用这种表达形式。

> 无论是说母语还是外语，表达时感觉措辞困难或词不达意，通常并非是自己掌握的词汇量少，而首先是概念层的词汇网络激活程度低。

最后，在词句编码过程中，每一个被激活的单词，都是一个被激活的词汇网络中的节点（node）。该词汇网络不但包含了该词汇的各种语法形式，还包括了与其高度相关的词汇和高频搭配使用的词汇。比如下面这个 buy 作为一个单词节点的示意图：

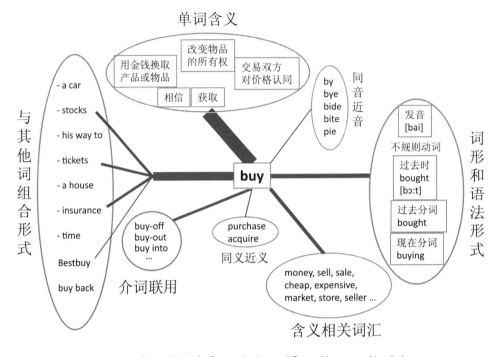

Adapted from Rober Waring's Connectionism and Second Language Vocabulary

这种词汇网络的存在，可以通过整体网络的激活，自然发散到我们即将表达的其他词汇上，实现对即将使用的词汇的成功预估，从而加快选词和表达速度。

说话时能够"想到"下面要说的内容，以及在诸多备选词汇中挑选出"最适合"的词汇，主要依靠的是发散激活机制。而我们需要的词汇发散激活路线形成的主要途径，是对文字背景中相关词汇同时出现的多次接触。

说话时能够"想到"下面要说的内容，以及在诸多备选词汇中挑选出"最适合"的词汇，主要依靠的是发散激活机制。而我们需要的词汇发散激活路线形成的主要途径，是对文字背景中相关词汇同时出现的多次接触。

人在说话的时候，如果对每个要在句子中使用的词，都需要从头脑中上万单词量的词库中进行逐一搜寻和查找，速度会很慢，难以实现流利交

流。词汇的发散激活，能使一部分高度相关的词汇被"预选"出来，从在几万个词里逐一查找，变成在少数准备好的词汇中选择，并且选择方式也从"自由答题"变成了"单项选择题"，难度显著降低，速度和准确度则大幅度增高。比如 The food is so _____！因为 food 一词的词汇网络中包含有 delicious，所以在说 food 时就被提前激活了，此时再选用这个 delicious 就会自然而迅速。

> 听、说和读句子时，至少有一半的词汇是因发散激活而实现的成功预估。即便有时不能完全预估到具体词汇，通常也能因此而确定词汇的词性和含义的大致范围，对提高交流和阅读速度有很大的帮助。

听、说和读句子时，至少有一半的词汇是因发散激活而实现的成功预估。即便有时不能完全预估到具体词汇，通常也能因此而确定词汇的词性和含义的大致范围，对提高交流和阅读速度有很大的帮助。研究发现，**语言能力越弱，阅读能力越低的人，反而是在阅读中主动去有意识地进行词汇的联想，而缺乏下意识的词汇自然发散激活，结果造成阅读速度就越低**（Posner and Snyder，1975）。我们接下来要重点介绍的，是这种发散激活的机制是如何影响语言输出的最后一步"发音输出"的。只有搞清楚了这个问题，我们才能真正理解如何实现流畅、地道和正常语速的英语发音。

语言表达最后一步的发音输出，也是在发散激活的驱动下进行的。伊利诺伊大学心理学教授 Gary Dell 的发散激活模型显示，词汇的发散激活是从词义到词形"再到音节"层层全面渗透的。

当 🐈 的含义在概念层被激活时，相关概念 cat，dog，rat 等也被同时激活；而这些概念的词汇在词汇层中被激活的同时，这些词的近音词 fog，mat 等也被激活；随后继续发散激活到发音层时，所有前两层被激活的词汇的相关音素也都被激活作为输出的备选。所以在语言输出的发音输出阶段中，/kæt/ 的发音是需要用激活的音素进行组装，而不是从记忆中调出完整的发音读出来。组装发音的速度比整体调用发音的速度慢、过程烦琐，且容易出错（比如"鸡公"口误的例子，和把 set back 说成 sex 的例子，都是在音素组装时出现了错误），但却是实现连续发音的保障。这是因为在连续的发音中，每个音素的具体读音，需要根据其相邻音素的读音、轻重音和是否停顿等情况来进行调整变化，调整变化后才能更快和更省力地实现连续发音。只有在每次输出时对词汇中所有音素进行重新组装才能适应连续发音的音素变化调整，同时也说明了连读的能力并不是靠模仿连续形式建立起来的。

在连续的发音中，每个音素的具体读音，需要根据其相邻音素的读音、轻重音和是否停顿等情况来进行调整变化，调整变化后才能更快和更省力地实现连续发音。

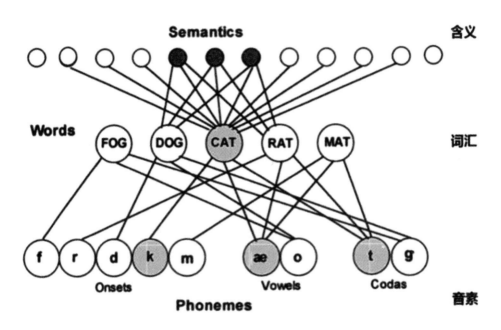

Dell 的词汇网络的激活传播示意图（Dell, 1999）

在发散激活过程中，词汇块中的词汇一起被激活和被选用，显然大幅度增加了表达的速度和流利度。语言中的常用词汇，普遍是以各种复杂而发达的立体词汇网络的形式存在的。使用频率最高的 1000 个基础单词，就形成了大约 5000 个常用的两词和三词固定搭配组合（Shin and Nation, 2008）。所以我们在之前词汇各阶段的学习策略中，也是反复强调不能把常用的高频词汇当成孤立的单元来对待，而必须结合词汇出现的文字背景和与其他词汇的搭配组合来进行学习。**如果是用纯记忆的方式背会了很多单**

词，这些词汇在头脑中就是"一盘散沙"，并没有建立起相关的词义网络，说英语时就很难出现引发语义的发散激活，总是感觉"找不到合适的词汇"。比如与 food 这个词紧密结合的词汇网络中，应该有 delicious, hot, cold, yummy, yucky 等词汇。很多同学想夸奖食物的美味，想了半天只能说：The food is very ... um... good。当被人家说出 delicious 后，立即觉得这个词自己明明很熟悉，再给我半秒钟就能想到，但自己说的时候却总是卡住，于是会埋怨自己平时说得太少。其实说不出来的本质原因并非说得少，而是头脑中的大量词汇是孤立存储的，没有形成有机的词汇网络，发散激活机制没有起作用。而低频词汇在词汇记忆中组成词汇块的程度低且比例小，所以相对来说低频词汇比较适合采用独立记忆的学习策略。对这个理念我们已经非常熟悉，不必多介绍了。

> 不能把常用的高频词汇当成孤立的单元来对待，而必须结合词汇出现的文字背景和与其他词汇的搭配组合来进行学习。
>
> 说不出来的本质原因并非说得少，而是头脑中的大量词汇是孤立存储的，没有形成有机的词汇网络，发散激活机制没有起作用。

排排坐吃果果

不久前在国内的一个比较火的娱乐节目中，某台湾艺人在跟自己的小孩说话时带了很多叠字，比如"吃饭饭""喝水水"之类的，招致大批观众吐槽。一些报纸和网站也冒出一些"早教专家"，更是以此为例来警告家长们不要跟孩子"说儿语"和"用叠字"，认为这样会阻碍儿童的语言发展，是害了孩子。对于喜欢模仿宝宝幼稚说话方式的家长，更是提出严厉的谴责。一些家长们则诚惶诚恐，严重自责。有个妈妈发微博说"自己听说这个事情后，后悔得恨不得抽自己耳光"，还有人在网上晒自己在家是如何严格执行"戒说叠字"的禁令的。很多家庭的父母们和祖父母们，也在这个问题上吵翻了天。很遗憾，事实刚好相反。大量最新科学研究都发现，跟幼儿说叠字、讲儿语，不但不阻碍幼儿的语言发展，而且能加速和促进幼儿的语言开发。而刻意不跟孩子说叠字和儿语，才是会阻碍儿童的语言发展。

卡耐基麦隆大学和威斯康星麦迪逊大学的联合研究项目显示：**家长使用儿语跟幼儿说话，能让孩子的语言词汇学习加快** 25％（Thiessen，2005）。**不但说儿语有利于儿童的语言发展，而且模仿儿童的幼稚和不正规的说法也是对儿童的语言发展有很大的好处。**《婴儿如何说话》一书的作者，美国特拉华大学的"婴儿语言研究项目"主任 Golinkoff 教授这样介绍："我们已经清楚地知道儿语的作用，比如能帮助幼儿分辨语句中的词汇等，所以家长们可以放心地跟孩子犯傻装萌地说话（talk silly），幼儿喜欢这样交流，并且这能够帮助他们学习语言！"华盛顿大学脑科学与学习学院主任，幼儿语音专家 Patricia Kuhl 教授，在新闻发布会这样回答记者："跟一岁的幼儿拉长语音和提高语调说话，能让他们尽早学会说话。"她的研究合作者，康乃狄克大学心理学教授 Esparza 补充道："一些家长很自然地跟孩子说儿语，尽管他们并没有意识到这样做确实对孩子们是有益的（McElroy，2014）。"研究发现跟幼儿说儿语，对幼儿的语言开发的以下几个方面都有帮助：提高幼儿对语言的注意力，实现对语言的词汇分割，话语区分，语音分类，语音识别，词组边界识别，语素单元识别，词汇识别等功能。这些都是在语言学习初期最重要的和需要开发的能力。帮助最为显著的方面，还是在生词的学习方面（Ma, Golinkoff, Houston and Hirsh-Pasek, 2011）。

> 跟幼儿说叠字、讲儿语，不但不阻碍幼儿的语言发展，而且能加速和促进幼儿的语言开发。而刻意不跟孩子说叠字和儿语，才是会阻碍儿童的语言发展。

叠字是儿语中的一个重要组成部分。英语的儿语有叠字吗？有啊。尽管英语绝大多数是多音节或者以辅音结尾，适合进行叠字的单词不如汉语多，但家长仍然大量使用，甚至把一些多音节词改造为重复单音节的叠音词。比如 water 被改造成了 wawa，bottle 成了 bobo；bath 成了 baba，dinner 是 dindin，火车叫做 choo-choo train，狗叫作 wow-wow，上厕所去 pee-pee 和 poo-poo。还有把很多名词加上 /i/ 结尾音，比如 kiss 变为 kissy，hug 变为 huggy，nap 变成 nappy 等。一些幼儿语言发展的专业机构，还给幼儿家长和幼教人员提供如何说萌话和造叠词的指导。比如下面这个美国的早期语言教研机构发布的《儿向语词典》。

Especially for practitioners working with infants!

Child-Directed Speech Dictionary

Vocalizing and Listening

Adults in most parts of the world speak to infants differently than they do others. When talking to babies they use high-pitched and elongated words in an exaggerated manner with lots of facial expressiveness. This kind of speech is called child-directed speech, parentese, motherese, or baby talk. This practice guide dictionary gives examples of some of the more common words used in child-directed speech. Child-directed speech can help the children in your care have an easier time understanding and attending to spoken language.

What is the practice?

Speaking parentese is a special way of being engaged in conversations with an infant. It will have the child attentively looking at, smiling, and talking back to you. Try talking to an infant in short, repetitive sentences. Change the pitch of your voice and make funny faces. This is about all it will take to get your little ones to learn the joys of conversation. Help the children in your care discover the pleasures of talking, interacting with, and having fun with people. Parentese works best when it is used along with normal adult speech.

What does the practice look like?

Picture a child lying on her back on a blanket on the floor and her mother leaning over her. The mother starts a conversation by saying, "*Helloooo*, my *sweeeetie*. How is my *baaaabeeee* today?" She says this while smiling at her daughter and making exaggerated faces. She moves closer and closer to her baby's face while talking. "You are *soooo cuuute*," Mom coos. "Are you Mama's *biiiig giirrl*?" Encouraging parents to use parentese with their infants is one way to increase and improve talking between baby and parent.

How do you do the practice?

Here is a list of some of the words and sayings that are often used as part of speaking parentese. However, this is surely not a complete list. Search the Web using **parentese** or **motherese** for other examples of "baby talk."

Baba (bottle)
Beddy-bye (go to sleep)
Blankie (blanket)
Boo-boo (bruise or hurt)
Cutie (cute)
Din-din (dinner)
Doo-doo (feces)
Go bye-bye (leave or go somewhere)
Hiney (buttocks)
Icky (disgusting)
Itty-bitty (little or small)

Jammies (pajamas)
Kissy (kiss)
Nappy (take a nap)
Pee-pee (urinate)
Poopy (soiled diaper)
Sippie (baby cup)
Stinky (smelly)
Tee-tee (urinate)
Tummy (stomach)
Uppie (pick up)
Yucky (disgusting)
Yum-yum (eat or meal time)

How do you know the practice worked?

- Does the child look intently at you when you speak parentese?
- Does she smile, laugh, and make noises when you are talking to her?
- Are you using more parentese in addition to standard adult speech?

CENTER for EARLY LITERACY LEARNING

> 现代科学早已证明了，语言能力不是培养"习惯"，而是一个认知体系建立的过程。用儿语去跟幼儿说话，不但无害，反而能加速他们语言能力的形成。

卡耐基麦隆大学婴儿语言和学习实验中心主任，心理学教授 Thiessen 说："我们经常会听到'要跟儿童说正规成人语言'的规劝，理由是因为将来他们需要说成人话，但实际情况却相反。"很多人直觉地认为，成人跟幼儿说叠字和幼稚的语言，幼儿模仿了这种"不正规"的说话方式，不是会养成坏的语言习惯吗？在语言学习这个复杂的认知问题上，凭"直觉"得出的结论往往是错误的，而经常刚好与事实相反，而这些错误结论往往对学习产生危害。所以学习语言的过程主要并不是靠模仿，更不是培养习惯，而是大脑对词汇的理解，对句式的辨识，对常用搭配的统计认识等。

为什么说叠字对儿童学习语言会有促进作用呢？其中一个重要的原因，就是**叠字能够帮助儿童辨识出每个句子中最核心含义的词汇**。在学习语言的初期，辨别出句子中起最核心含义作用的主语名词和谓语动词，是理解句子的关键。英语句子中的名词

> 学习语言的过程主要并不是靠模仿，更不是培养习惯，而是大脑对词汇的理解，对句式的辨识，对常用搭配的统计认识等。

的位置，比较容易确认，因为普遍带有标志，比如名词前带有数量词、冠词，名词本身带有单复数等。英语中的名词具有突显的特征。这些特征能帮助儿童分辨出句子中的名词，有利于儿童的语言发展（Pinker, 1984）。但为了进一步帮助儿童定位和理解这些词汇，把句子中关键的名词、动词和形容词等换成叠词，自然就有助于幼儿的语言发展了。而汉语句子中的名词没有冠词和单复数等"标志"，儿童比较难以定位这些名词，所以汉语的儿语中，名词的叠字数量非常多。比如吃"饭饭"，喝"水水"，盖"被被"，洗"手手"等。

> 在学习语言的初期，辨别出句子中起最核心含义作用的主语名词和谓语动词，是理解句子的关键。

我们的知识、分析能力和理解能力都是成年人了，但我们的外语能力，特别是听说能力，只相当于儿童的水平。所以说儿语用叠字，能够加速儿童的语言增长，这一点对成人的外语学习也有非常重要的启示。Thiessen 教授认为："**缺乏听和说儿语的条件，正是成年人学习外语比幼儿学习语言困难的重要因素之一。**"（Thiessen, 2005）我们成年人不可能再去找到说外语儿语的环境了，当然也不必重新去学习儿语和说叠字，但我们可以创造和寻找起到同样效果的学习条件。比如多听慢速度和清晰发音的听力材料，不必追求"原汁原味的自然语言环境"，不要过早开口等等。

一二三万物

我们再来看一下复杂长句的理解过程。咱们前面介绍过,因为受短期记忆容量限制,语句的理解,是不可能等全句听完或读完才开始解读句子,而基本上是每次只能处理当前听到或读到的一个短语长度的信息内容,然后立即把当前单元内容解码转换成概念,上传到概念思考模块中去理解,同时要开始处理下一个短语单元的内容。所以句式是实时理解的,是不可能思考语法规则的,越是长句越如此。比如下面这个托福阅读长句:

> Wild life zoologist Hulmut Buechner (1953), in reviewing the nature of biotic changes in Washington through recorded time, says that "since the early 1940s, the state has had more deer than at any other time in its history, the winter population fluctuating around approximately 320,000 deer (mule and black-tailed deer), which will yield about 65,000 of either sex and any age annually for an indefinite period".

分段解码和概念上传的过程如下:

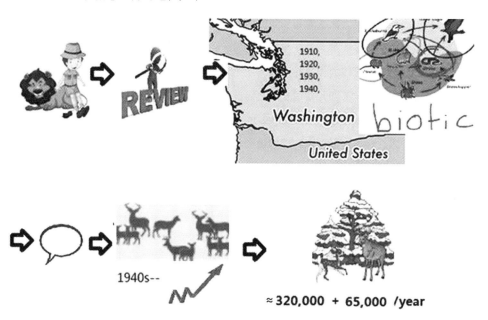

野生动物学家——回顾华盛顿州生物圈记录——说——1940年后鹿的数量创纪录地多——冬季在32万上下浮动——每年增加6.5万

如果能对一个个的单元段概念实现逐一顺利解码，然后就按这个顺序在概念思考中去理解，我们很自然就能理解全文内容了。等到句子的核心动词 says 出现时，我们的确能够迅速意识到这是句子叙述的核心"事件或动作"概念，但这并不影响每个单元段的解码过程和概念上传顺序，也不必在思考中去明确"says 是句子的谓语动词"这件事情。在理解的全部过程中，每个单元段是什么语法成分，根本不必，也不可能去分析。

一些同学在最初接触到长句时会感觉茫然，如果采用屏蔽掉修饰成分、找出句子主成分（主语和谓语动词）的手段，先理解句子的核心事件 (Buechner — says — 鹿多且还在增加)，然后再去看修饰成分，会让整个句子容易理解。这是因为首先把主要成分挑出来解码后暂存在短期记忆中，再分出精力来解码各种修饰成分，会降低认知的难度，而且即便是某个修饰成分理解得不好，对句子整体理解造成的伤害也小。有些同学甚至还因为先找到了主成分而减小了短期记忆的压力，在整个过程中大量借助汉语来翻译或调整成汉语的习惯词序，这不仅造成理解速度缓慢，还导致容易忘记很多已经完成解码的单元的概念内容。

> 碰到长句先找主要成分的做法，在学习初期尽管可以使用，但很快熟悉了几种句子衔接方式后，一定要尽快摆脱掉对这种手段的依赖。

我们必须要清楚，造成我们一次通读没有实现顺利理解的主要原因，是对分段信息没有顺利解码和迅速形成概念，而不是因为没看清楚主要成分。所以大家在看到长句时，不要习惯于"寻找句子核心成分"的短期行为，而是要重点关注和解决好句子中每个分段内容的理解和概念形成。句子中单元段的长度并没有一定之规，划分界限也没有限定，所以在初学时如果感觉某些片段过长，可以进一步切割成更短的单元。比如 in reviewing the nature of biotic changes in Washington，划分成一段、两段、三段都可以。如果能做到顺利理解每个单元段，就会发现单元段之间的衔接是非常自然的，根本不必去纠结其排列顺序或语法名称。

我们必须要清楚，造成我们一次通读没有实现顺利理解的主要原因，是对分段信息没有顺利解码和迅速形成概念，而不是因为没看清楚主要成分。

英语句子中主谓宾的顺序和汉语相近，理解和表达习惯相同，大家对此不必过度担心。其他对主谓宾进行修饰的成分的位置尽管跟汉语有一定

差异，但我们很容易适应。因为英语句子中都是修饰成分非常靠近主成分，通常放在主成分前、后都行，只是在前或在后，衔接方式略微有差异而已。在输出表达中，这些起修饰作用的单元段，通常也是哪个概念先冒出来就先说哪个。比如表达者先想到了 Buechner 的名字，随后才想到说明他的职业，就可以这样说：Hulmut Buechner, a wild life zoologist, ...。因为人名不能用来说明和修饰职业，而是反之，所以之间衔接处有逗号分开；如果先想到野生动物学家的职业，后想起人名，就直接说 Wild life zoologist Hulmut Buechner；又比如接下来动作 says 后的内容中的各种成分，如果先想到的概念是时间"20 世纪 40 年代"或强调的是发生的事件本身，就可以先说 since 1940s，后再说"鹿多"这个事情，之间用逗号间隔来衔接；如果先想到的是"鹿多"，后想到时间，最后想到事件，或者是想强调这个时间信息，就会先分段编码说"鹿多"，后说 since 1940s，之间不用标点间隔。

总之，无论句子多长，只要熟悉短语单元段中的词汇的自由搭配和固定搭配形式，以及短语单元段之间通常的衔接形式，整体句子就会以词汇含义为核心，在顺序出现的概念带动下，分段逐渐增长生成，并不需要思考显性的语法规则。听读理解是上面这个过程的反方向流程，所以也不必屏蔽掉修饰成分，先去确认句子主谓宾主成分，更不必分析这个长句中带有的"从句、插入语、介词短语和独立主格结构"什么什么的语法标签。

> 无论句子多长，只要熟悉短语单元段中的词汇的自由搭配和固定搭配形式，以及短语单元段之间通常的衔接形式，整体句子就会以词汇含义为核心，在顺序出现的概念带动下，分段逐渐增长生成，并不需要思考显性的语法规则。

我们经常会有一种错觉，觉得越长的句子，一定是越需要参照详细的语法规则才能搭建出这个句式。如果缺乏语法的指导，如此复杂的句式，如何能够靠每次只思考一个片段内容，就实现众多片段自动而正确的拼接和排列呢？其实这并不奇怪。自然界很多复杂的结构系统，都跟语言句子结构类似，即不需要总体构建法则和计划，只靠完成建立每个基本单元和执行少数几种局部单元的拼接方式，就搭建出庞大而结构复杂的体系来。我们来看个实例：

（见彩插 17）

蜂窝精美的构造，一直以来吸引了古今中外学者的极高兴趣，对其复杂结构的形成机制，有过多种猜想和推测，大多都会感慨蜜蜂高超的建筑结构规划和实践水平。但达尔文认为蜜蜂对整体结构是无知的，蜂窝结构是蜜蜂在节省材料和节约劳动力的压力下自动成形的过程，是进化历程的优选过程使得这种最佳设计方案得以存在和延续至今。事实证明他解释是非常正确的。对于蜜蜂来说，盖最利于生存的蜂窝结构，要满足几个重要的条件：

首先是盖蜂窝的蜂蜡非常珍贵，所以必须要节约材料。盖同样面积的房间，用圆形是最节省材料的，所以做圆形的巢室（cell）应该是最合适的，这个容易理解；其次是蜂窝总休积不能太大。要节约整体空间就需要把巢室按最紧密的方式排列。很多圆形的单元，怎么排列才最紧密而节省总体空间呢？我们来看，多个圆形最紧密的排列方式，有两种，一种是方形列阵排列，即每个圆周围有四个同样大小的圆相切的排列（square packing）；另一种是六角列阵排列，即圆的周围六个同样大小的圆相切的六角排布（hexagonal packing），显然是后者更能节约空间。如下图：

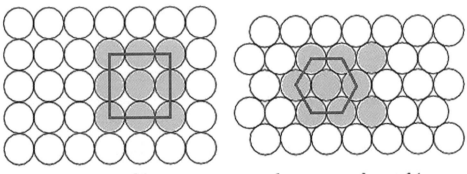

左为方形排列，右为六角排列。同样大小的球，六角排列间隙最小，最节省总空间。

但实际上蜂窝的巢室虽然是六角排列的，然而每个巢室并非圆形，而是正六边形。难道是蜜蜂还发现了圆形巢室之间的缝隙浪费空间，才制定了新的六边形巢室的建筑方案？

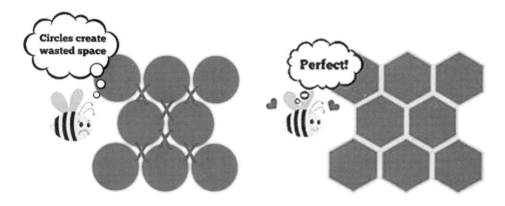

正六边形巢室的确会比圆形的空间更大，但这种建筑方式和圆形巢室相比，是否会更节约材料呢？这个问题称为蜂窝猜想（honeycomb conjecture），近2000年一直没有人能够解答，直到1999年才被美国数学家Hales证实，的确紧密排列的六边形巢室比圆形巢室更加节省材料。

这下好啦，蜂巢的结构设计，被证明了是最节约材料、获得最大单位空间同时又能实现最小整体空间的最佳设计方案。这个十几年前才被当代数学家证实的原理，小小的蜜蜂是怎么知道的呢？更让人难以理解的是，这种建筑方案非常复杂，要求蜜蜂在按照直线建造一面墙后，精确转向120度，来建筑一面同样大小的墙壁，然后再精确转向120度，总共旋转六次。每次转向角度稍有偏差，或者任何一面墙壁的尺寸不一致，整个结构就会瓦解。况且这种建筑不是一只蜜蜂来完成的，而是要大量蜜蜂同时分工合作，共同实现。这么复杂的操作是如何做到的呢？谁制定的总体建筑方案呢？谁来指挥协调呢？每个蜜蜂又是如何执行这种复杂的建筑程序的呢？

2013年，蜂巢建筑神秘拼图的最后一块，终于被中、英两国科学家的合作研究发现了。研究结果再次证明了达尔文的高明见地。蜜蜂根本不知道每个巢室需要建筑成六边形,以及用六角列阵排列的计划。它们实际上只需要一个紧挨一个地建筑最简单的圆形巢室,而圆形巢室衔接处的蜂蜡,在固化过程中同时产生特定方向的应力,最终将所有巢室全都拉成了自然的六边形。如下图(见彩插18):

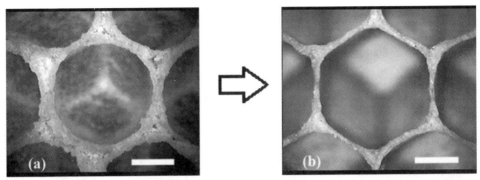

Honeycomb cells start off as circles within the first few seconds of formation (a) and then eventually morph into hexagons (b
Credit B.L. Karihaloo, K. Zhang and J. Wang

左为刚建好的巢室的形状,右为巢室最终形状。摘自《英国皇家学会月刊》2013年7月。

千年的秘密终于揭晓,原来复杂而精美的蜂巢建筑结构,完全不需要一个整体规划和结构设计,也不需要总建筑师和包工头。每只小蜜蜂只需凭本能专心建造自己局部最简单的圆形单位,然后用最紧密的搭接方式来建下一个同样的单位就好了。尽管我们可以从蜂巢整体结构中总结出复杂的数学规律和法则,这些规律被人类应用到机器制造、建筑、航空、航天和医疗器材等很多高科技领域,但蜂窝结构的搭建成功,只有两个看来非常简单的局部技术:一,圆形单元;二,单元尽量挨近。结果如此复杂的结构,就是这样按照"一生二,二生三,三生万物"的简单逐渐增长过程实现了。蜂窝构建过程的这个机制,跟语言中复杂语句的生成特点有着非常相似的原则,希望能给大家一定的启发。

复杂而精美的蜂巢建筑结构,完全不需要一个整体规划和结构设计,也不需要总建筑师和包工头。每只小蜜蜂只需凭本能专心建造自己局部最简单的圆形单位,然后用最紧密的搭接方式来建下一个同样的单位就好了。

文化习俗

在上一章中我们介绍阅读 Pinker 写的科普文章时，有这样一个内容：When you issue a request, you are presupposing that the hearer will comply. But apart from employees or intimates, you can't just boss people around like that. Still, you do want the damn guacamole. The way out of this dilemma is to couch your request as a stupid question "Can you...?"

大致是这个意思："你提出要求是期望人家听从的。但除了你的亲人或下属以外，你不能随意支使别人。可是你 TMD 就想吃那个鳄梨酱又需要麻烦人家给你拿来，那该怎么办？要走出这个两难境地的方法，就是把你的要求包装成一个愚蠢的提问："您是否可以……？"

我们会发现文字本身并不难懂，但可能会存在这样的疑惑：不能随意支使别人给自己拿餐桌上的某个食物，自己动手去拿就是了，并不需要差使别人呀，怎么会成了"两难"的境地呢？在这里，我们碰到了西方文化与中国文化上的差异。而这个差异直接影响对语言文字的理解。

西方文化中的一个社交礼仪，是不能把手伸到人家面前去。比如坐在餐桌上想要离自己比较远的某个食物，应该是叫坐在该食物近处的人拿给你，而不能自己伸手到人家面前去自己拿（eg. Could you pass me the salt please?）；上了电梯后想按楼层的按钮，是喊站在控制按钮边上的那个人去按（eg. Third floor please.），而不是把手伸人家面前去自己按。所以在西方国家，大家一上电梯都各自报楼层号，离按键最近的人会帮所有的人按键。把手伸到人家面前会被认为是非常失礼的举动。每个人身体周围的私人空间，俗称"气泡"，尽管没有固定尺寸规定，但在美国一般最小为身体周围 30 公分。欧洲这个气泡尺寸较小，在亚洲更小。中国文化习俗中对身体气泡不是很介意，所以对在餐桌上伸手去别人面前拿东西，电梯里从人家身后伸手去按键，以及随便去摸别家小孩子脸蛋儿的行为不认为不礼貌。但不知道西方这个文化习俗，不但会带来生活上的不愉快，还会造成对语言中的某些表达不理解。在高级阶段的英语学习中，语言本身的障碍越来越少，而影响正确理解的因素，往往都是一些与文化习俗相关的东西。

> 除了社交习俗和语言习俗以外，阅读作品中还包含大量有关西方的文学、艺术、体育、历史、宗教领域的知识。有些文章如果缺乏这种背景知识，就直接影响到了理解度。

对此，我们需要多留意，多了解，逐渐适应。

另外在 you want the damn guacamole 中，我们碰到了一个 damn。很多同学都熟悉它的汉语解释："（形容词）可诅咒的，该死的"。但实际上这个词在此处并不是说鳄梨酱"该死"，而是起到加强语气的作用。damn 这个词的本义是"诅咒下地狱"（damn ... to hell），曾经是英语中的高度敏感词。这是因为英语国家中的人，大部分信仰基督教，所以相信地狱的存在。诅咒人家下地狱，是个非常令人感到震惊的表达。所以 Damn you. Damn it! What the hell? 之类的词句，都是语言中的忌讳。不但日常交流中很忌讳，在媒体和图书中出现还会被"和谐"掉。然而尽管是禁忌词，但在语言中的出现概率不但非常高，且用途广泛。人们在惊呼、骂人、吐槽、夸张和感叹时，都会不由自主地使用禁忌词。好莱坞 1939 年的著名影片《飘》中，男主角白瑞德在最后一幕的最后一句台词，是跟郝思嘉临别时甩的一句："Frankly, my dear, I don't give a damn."因为使用了禁忌词，按当时的法规是不能公映的。然而"偏巧"在电影公映一个月前，美国电影协会修改了法规，声明如果 hell 和 damn 这两个词对描绘作品主题非常重要，又是来源于特定历史背景或者是对历史文学作品中原文的引用，并且不让观众感到反感和冒犯，就可以使用。"据传"因为影片拍摄时法规还没有修改，电影协会还是以此为由罚了导演五千大洋。如此成功的宣传造势，5000 块钱花得真划算。随着人们对宗教的态度越来越不严肃，damn, hell 的禁忌程度也大幅度降低。2005 年，美国电影学院把"Frankly, my dear, I don't give a damn."评为 100 年来所有电影中最受欢迎的台词。

虽然 damn 的禁忌程度降低了，但其在语言中"惊呼、骂人、吐槽、夸张和感叹"的功能依然存在，所以 Pinker 写的"Still, you do want the damn guacamole."一句中，damn 就是起到夸张和感叹的作用。因为禁忌程度降低了，Pinker 才得以比较放心地在大众科普读物中使用。然而，禁忌程度的降低，必然会同时降低这些词汇在日常语言中的作用。这样一来，人们的语言中就需要新的高敏感度禁忌词。既然大家对宗教不再感冒，还有什么能让大家敏感呢？当前比较敏感的内容，就是令人感到羞耻的两性关系，和让人感到恶心的人体排泄物。所以当今禁忌词中，最敏感和使用频度最高的两个词就是 fuck 和 shit（包括两个词的-ing 形式）。

有趣的是，在维基词典中，对单词 damn 的"形容词，做加强语气的粗

话"这种用法,其含义解释用的正是禁忌词 fucking。截图如下:

Adjective [edit]

damn (*not comparable*)

1. (*vulgar*) Generic intensifier. Fucking; bloody.
   Shut the **damn** door!

禁忌词无论敏感度高低,在生活中使用都会显得粗俗没教养。然而很多场合这些词的表达含义实在是太贴切了,以至于不用这些词简直天理不容。为了照顾大众的情绪,就诞生了一些"纯净版"的敏感词:

> fucking 变成了 freaking,比如:Have you lost your freaking mind? It's freaking cold!
>
> hell 变成了 heck,比如:What the heck? damn 变成了 darn,比如:Darn it! That was darn good! shit 变成了 shoot. 比如:Oh shoot! I lost my wallet. 其实汉语也有敏感词的纯净版,比如"我靠""牛叉"。

英语中敏感词出现频率高,所以一般都是在外语学习的初级阶段大家就都已经会了。但由于对适应的场合把握不好,所以建立大家尽量使用纯净版,既准确表达了情感,又避免显得低俗。

绕了一大圈,我们回来再说"Still, you do want the damn guacamole."中的 damn 应该如何翻译。我们已经知道这个词是个敏感词,是起感叹作用,所以不应该翻译为"可诅咒的",而应该翻译成我们汉语中应用广泛,且常年不衰的感叹词"他妈的"。鲁迅先生在《论国骂》一文中,最后也阐述了"他妈的"的感叹词作用:"……偶尔也有例外的用法:或表惊异,或表感服。我曾在家乡看见乡农父子一同午饭,儿子指一碗菜向他父亲说:'这不坏,妈的你尝尝看!'那父亲回答道:'我不要吃。妈的你吃去吧!'"。但为了避讳敏感词,我们可以借用当前网络的纯净版形式:"可是你就 TMD 想吃那个鳄梨酱,需要叫人家给你递过来。"

比如下面美国某电影中的一段非常装 X 的台词,其中多处涉及文化、社会知识和外来语:

DEAN: Jonathan Trager, prominent television producer for ESPN, died last night from complications of losing his soul mate and his fiancée. He was 35 years old. Soft-spoken and obsessive, Trager never looked the part of a hopeless romantic. But, in the final days of his life, he revealed an unknown side of his psyche. This hidden quasi-Jungian persona surfaced during the Agatha Christie-like pursuit of his long reputed soul mate, a woman whom he only spent a few precious hours with. Sadly, the protracted search ended late Saturday night in complete and utter failure. Yet even in certain defeat, the courageous Trager secretly clung to the belief that life is not merely a series of meaningless accidents or coincidences. Uh-uh. But rather, it's a tapestry of events that culminate in an exquisite, sublime plan. Asked about the loss of his dear friend, Dean Kansky, the Pulitzer Prize-winning author and executive editor of the *New York Times*, described Jonathan as a changed man in the last days of his life. "Things were clearer for him," Kansky noted. Ultimately Jonathan concluded that if we are to live life in harmony with the universe, we must all possess a powerful faith in what the ancients used to call "fatum", what we currently refer to as destiny.

——2001年浪漫电影《美国情缘》(Serendipity)

soul mate	灵魂伴侣
romantic	浪漫
Jungian	荣格心理学派，认为社会群体心理无处不在，共同影响着社会和每个人的选择。
persona	人格面具。荣格心理学派认为"人格面具"是个人在社交场合中展示出的面具形象，而最核心的人格则隐藏在面具背后。
Agatha Christie	与柯南道尔齐名的著名侦探小说作家。著名小说有《尼罗河上的惨案》和《东方快车谋杀案》。小说主人公是著名比利时侦探波罗，以收集各种线索进行推理破案著称。此处用小说作者的名字，来表达事件带有"侦探式的情节"。
Pulitzer Prize-winning author	获普利策奖的作家（新闻领域最高荣誉）

> executive editor of *The New York Times* 《纽约时报》的执行主编
> 本段是 Jonathan 的朋友 Dean 杜撰了 Jonathan 用侦探的方式寻找爱人最终失败后郁郁而亡的讣告。作为一个小报记者，Dean 把自己幻想成新闻界的泰斗、普利策奖获得者和《纽约时报》的执行主编。
> fatum　　拉丁语，含义为"宿命"。
> quasi　　拉丁语，含义为"类似"。
> fiancée　　法语，未婚妻。

对上述文化和社会知识内容如果缺乏了解，就会对整段话感觉莫名其妙。相关知识来源的最好渠道，仍然是阅读。我们需要做的是当碰到相关知识内容时，用 google 检索，读一下相关介绍，慢慢积累就好了。下面我们来谈一下英语中的外来语。

半吊子的外来语

按说现在英语单词大部分是从"外国"引进的，所以英语中外来语的概念本身很弱。有些词汇虽然在英语中是常用的单词，但保持了非英语的发音方式，能够普遍被辨认出是直接引用的外语中的单词。比如：déjà vu（似曾经历过的场景），sushi（寿司）等，无论读音还是拼写方式，一看就不太符合英语习惯，这样就可以认为是典型的"外来语"。

英语中保持外来语特色的，以法语和拉丁语单词为最多，最常用的几十个必须掌握，否则会影响到日常交流。由于我们接触过词根，所以此时看到这些外来语，通常不会感到太陌生。这些外来语词在英语词典中都能查到，但中国同学需要注意发音。这些外来词汇的发音方式，大部分是元音仍保留外语发音，特别是法语词，并且越是常用词越是这种情况。比如法语词中的 an 和 en 发音一般是 [ɑː]，有点类似汉语"昂"的发音，就不能发成 [æn] 和 [en]。比如 entrée [ˈɑːtreɪ]（主菜）不要读成 [ˈentri]，fiancé [fiˈɑːseɪ] 不要读成 [fiæns]。外来单词中的辅音，普遍用英语的发音方式，但原来在外语中不发音的辅音，英语中也不发，重音位置也要遵守外来语的

> 尽管法式元音和英式辅音结合，并非纯正的法语发音，但说的人仍然必须努力使用这种并不地道的法语音，如果完全使用英语的发音方式则会被鄙视。

原始位置。比如法语单词结尾 t 和 s 通常不发音，名词重音普遍在后面等，在英语中也要如此。比如 ballet, buffet 中的 t 不发音，重音在后；des, pas, lis 中的 s 不发音等。

英语中的法语词，主要在餐饮、娱乐、文化、政治和社交场合。这些词或词组主要是：

◇ à la carte　　一揽子，定制菜单；大家普遍把 carte 读成英语 cart 的发音。
◇ attaché　　　/əˈtæˈʃei/ 使馆人员
◇ avant-garde　前卫的；avant 要读成 /əˈvɑː/，t 不发音。
◇ ballet　　　　/ˌbɑːˈlei/ 芭蕾舞
◇ baton　　　　/bəˈtɑː/ 警棍，接力棒
◇ bon appétit　祝你好胃口；开餐前常用语。
◇ bourgeois　　/ˌburˈʒwɑː/ 资产阶级的，汉语曾翻译为"布尔乔亚"。petite bourgeois 小资。
◇ petite　　　　/pəˈtiːt/ 小
◇ bouquet　　　/buˈkei/ 花束
◇ boutique　　 /buˈtiːk/ 精品店
◇ buffet　　　　/bəˈfei/ 自助餐
◇ café　　　　　/kæˈfei/ 咖啡馆。注意重音在后面。
◇ carte blanche　/ˌkɑːrt ˈblɑːʃ/ 空白支票（想填多少就填多少），全权委托
◇ c'est la vie　　这就是生活！（感慨和吐槽用）
◇ château　　　/ʃæˈtəu/ 庄园，城堡。在红酒瓶上经常会看到这个词。
◇ chauffeur　　/ʃəuˈfɜːr/ 司机，通常是专车司机。
◇ cliché　　　　/kliːˈʃei/ 陈词滥调。注意重音在后。常用组合 such a cliche。
◇ concierge　　/ˌkɔnsiˈeəʒ/，门房，看门人。超级常用。酒店前台都能看到 concierge 标牌，但很多同学都不会读音。
◇ connoisseur　/ˌkɔnəˈsɜː/ 鉴赏家，内行
◇ coup d'état　　政变。注意 p 不发音，结尾 t 不发音。
◇ critique　　　/kriˈtiːk/ 批评，评论
◇ croissant　　 /krwɑːˈsɑː/ 牛角包。这个词读音有点接近汉语"跨—桑"，t 不发音。
◇ cul-de-sac　　/ˈkʌl də sæk/ 死胡同。超级常用词。

- début /deiˈbjuː/ 初次登场。注意 t 不发音，重音在后。
- décor /deiˈkɔːr/ 装饰，陈设，布置
- déjà vu /deiʒɑˈvuː/ 突然感觉当前的场景以前经历过，似曾相识。
- dossier /ˈdɔːsieɪ/ 档案，卷宗。最后那个 r 尽量不发音。
- encore /ˈˌɑ̃ːkɔːr/ 节目加演。注意法语中 en 的读音是 /ˌɑ̃ː/，很像汉语拼音的 ang。
- en masse /ˌɑ̃ːˈmæs/ 全体
- en route /ˌɑ̃ːˈruːt/ 在途中，正在赶往目的地的路上
- ennui /ˌɑ̃ːˈwiː/ 无聊
- en passant /ˌɑ̃ː pɑːˈsɑ̃ː/ 顺路。结尾 t 不发音。
- entrée /ˈɑ̃ːtreɪ/ 主菜。比如 main entrée。超级常用，注意读音。
- entrepreneur /ˌɑ̃ː trəprəˈnɜːr/ 企业家。超级常用。注意 en 不要读成 /en/。
- façade /fəˈsɑːd/ 建筑物正面，外表（伪装）。
- faux /fəʊ/ 假的，人造的。服装标签上就标有 faux leather, faux fur。
- fiancé(e) /ˌfiːɑ̃ːˈseɪ/ 未婚夫（妻）。法语名词分阴阳性，多一个 e 的是女方。
- fleur-de-lis /ˌflɜːr dəˈliː/ 鸢尾花形。法国人喜爱的图案。在法式的建筑、装饰、旗帜或徽章上到处可见。注意结尾 s 不发音。
- forte /ˈfɔːrteɪ/ 优点，长项。比如：This is not my forte. 注意 te 读音 /teɪ/。
- faux pas /ˌfəʊ ˈpɑː/；社交上不很严重的失礼行为。s 不发音。
- gaffe /gæf/ 社交上不很严重的出丑行为。
- genre /ˈʒɑ̃ːnrə/（文学艺术的）类型，流派
- gourmet /ˈɡʊrmeɪ/ 美食家。注意 t 不发音。
- Grand Prix /ˌɡrɑ̃ː ˈpriː/ 国际大奖赛。Grand 可用英语读音，但 Prix 要用法语音。
- hors d'œuvre /ˌɔːrˈdɜːrv/ 餐前小吃
- in lieu /luː/（of）替代。跟生活相关的很多法律或保险文件中都要用到这个词。
- je ne sais pas 我不知道
- je ne sais quoi （我）也不知是啥
- laissez-faire /ˌleseɪˈfɛə(r)/ 放任自由政策
- liaison /liˈeɪzɑːn/ 联络；男女暧昧关系

- lingerie /ˌlɑːndʒəˈrei/ 女内衣。注意此处 in 的读音是 /ɑːn/，不要读成了 /in/。
- maître d' /ˌmeɪtrəˈdi/ 餐厅门口的服务主管，负责领座的服务生。
- montage /mɑːnˈtɑːʒ/ 蒙太奇（画面剪辑）。这个词的汉语版也是借用的法语发音。
- mayday 航空或海事紧急求救语。法语 m'aider (help me) 的英式拼法，跟英语 May 和 Day 的含义无关。
- mayonnaise /ˈmeɪəneɪz/ 蛋黄酱
- marquee /mɑːrˈkiː/ 最重要的
- mêlée /ˈmeɪleɪ/ 互殴，混战。注意发音。
- memoir /ˈmemwɑːr/ 回忆录，自传
- milieu /miːˈljɜː/ 周围环境，背景
- motif /məʊˈtiːf/ 主题
- mousse /muːs/ 奶油慕斯，头发摩丝。汉语也是借用的法语词。
- panache /pəˈnæʃ/ 炫耀，假威风
- par excellence /ˌpɑːrˌeksəˈlɑːns/ 最卓越的；出类拔萃的
- parlance /ˈpɑːrləns/ 说法，论调
- passé /pɑːˈseɪ/ 过时的
- penchant /ˈpɑ̃ʃɑ̃/ 偏好。该词在美国普遍使用 /ˈpentʃənt/ 的读音。
- point blank 近距离平射（不会打不中的距离）
- potpourri /ˌpəʊpʊˈriː/ 干花，混杂物。注意 t 不发音。
- première /priˈmɪr/ 首映，初演。电影或电视剧新季出台的首映日，就是该词。
- protégé /ˈprəʊtəʒeɪ/ 门生。对应 mentor /ˈmentɔːr/ 导师，注意 tor 读音。
- rapprochement /ræprəʊʃˈmɑ̃/ 建立或恢复友好关系（外交用词）
- rendezvous /ˈrɑːndɪvuː/ 汇合点，集合
- répondez s'il-vous-plaît. 请回复。这个词普遍只使用缩写 R. S. V. P，一般出现于信件或邀请函中，让收件人回复是否接受邀请。
- résumé /rezuˈmeɪ/ 简历。大家如果曾觉得这个词发音奇怪，现在知道原因了。
- rouge /ruːʒ/ 胭脂，红色。电影《红磨坊》就是 Moulin Rouge，柬埔寨政党"红色高棉"是 Khmaey Rouge。法语的形容词是放在名词后面的。

◇ savant	/sæˈvɑː/	智者、学者。（或有自闭症但具有特殊才能的人）
◇ tête-à-tête	/ˌteitaːˈteɪt/	面对面，私下
◇ touché	/ˌtuːˈʃei/	讲得好！（用来夸奖别人讲话精彩，有说服力）
◇ tour-de-force	/ˌturdəˈfɔːrs/	力作，绝技
◇ triage	/triːˈɑːʒ/	伤员鉴别分类。医院急诊室一进门的分诊台。
◇ vinaigrette	/ˌviniˈgret/	色拉调味汁
◇ vis-a-vis	/ˌviːzɑːˈviː/	面对面，跟……比较。前 s 和 a 必须连读，后 s 不发音。
◇ voilà	/vwaːˈlaː/	瞧，这就是，行啦

除了上述必会的法语词，还有几十个在日常交流和阅读中并不常用，但在文学艺术领域，或者是食品行业中会见到的词。能掌握这些不常用的法语词会显得比较酷，就称其为"装 X 法语词"吧。我们并不一定要学会这些词，举几个例子吧：au revior, beaucoup de, bonne idée, bon jour, bon voyage, café au lait, canapé, crème de la crème, du jour, Eau de Cologne, eau de toilette, entre nous, excusez-moi, exposé, garçon, impasse, malaise, mademoiselle, merci, ménage à trois, n'est-ce pas? par avion, pied-à-terre, pinot noir, sang-froid, soupe du jour,

最后介绍一个超级装 X 的把妹绝句，也是一首流行歌曲的名字：voulez-vous coucher avec moi ce soir? 含义和发音大家上网自己检索吧。

英语中的拉丁文，主要应用于法律、政治、学术、医学等领域。大部分拉丁词语都是该专业的人熟悉，一般人看不懂。现在只介绍一些大家普遍都认识的超级常用拉丁词：

首先是几个大家熟悉的缩写形式：

◇ a. m.	(ante meridiem)	午前，上午
◇ p. m.	(post meridiem)	午后，下午
◇ A. D.	(Anno Domini)	in the year of…，公元。而和 A.D. 并列使用的 B.C. (before Christ) 公元前，却是个英语缩写。
◇ e. g.	(exempli gratia)	举例。读音就是英文字母 e, g。
◇ i. e.	(id est)	即，就是。读音是英文字母 i, e。
◇ et al	(et alia)	以及其他

以上几个表达，在使用中普遍用缩写形式，口语交流中也主要读缩写形式。要注意书写时缩写字母后的标点不能缺失。

◇ etc.　　（et cetera）等等，诸如此类。这个词在使用中，缩写形式和完全形式都会出现，有时还会连续重复两三次：et cetera, et cetera...。口语交流中的读音主要使用完全形式 et cetera，而很少有人会去读其缩写字母 e，t，c。

由于大家接触过了拉丁词根，现在就会发现这些需要掌握的拉丁文，基本上都能从其拼写中看出大致含义，所以学习记忆起来并不困难。我们必会的拉丁文大致是以下这些：

◇ a priori　　归纳，以经验为依据
◇ a posteriori　　演绎，以推论为依据
◇ ad hoc　　临时，特地。是个超级常用词。
◇ ad infinitum　　以致无限
◇ alma mater　　母校。这个词尤指大学母校。
◇ ceteris paribus　　其他条件均同
◇ cum laude　　优等。通常出现在授予学位时带的荣誉头衔上。
◇ de facto　　事实上的
◇ ergo　　即，所以是。是个咬文嚼字的词，含义等于 therefore。
◇ in toto　　完全地，全部
◇ per capita　　按人头算。大家对 GDP per capita 非常熟悉。
◇ per diem　　每天的津贴。出差时公司或单位每天提供的食宿补贴，就用这个词。
◇ per se　　就其本身而言
◇ vice versa　　反之亦然。超级常用。
◇ bona fide　　善意的
◇ de jure　　依照法律
◇ pro bono　　出于公益的。通常是免费的服务。
◇ pro forma　　形式上的。财务常用 pro forma invoices, pro forma income statement。
◇ quasi　　类似的，准……，半……

> ◇ quid pro quo　　　交换物（交换条件）
> ◇ status quo　　　　现状。政治上经常说维持某地区现状，就是这个词。
> ◇ tabula rosa　　　　从零开始，不计之前的对错
> ◇ mea culpa　　　　我的错，应该怪我
> ◇ cogito ergo sum　　笛卡尔的名言："我知故我在。"（I think, therefore I am.）人们更加熟悉的是这个拉丁文的形式。

来自汉语的词汇，在英语中也有不少，但应用范围非常窄，多半和食物有关，很多还是来自广东话的发音。比如：

dim sum 点心，小吃	bok choy 白菜	wok 镬，大铁锅
ketchup 茄汁	lo mein 捞面	ginseng 人参
chop chop 速，快点	mahjong 麻将牌	wonton 馄饨
lychee 荔枝	kungfu 功夫	Tao 道
typhoon 台风	sampan 舢板	Fengshui 风水

以前常用，现在逐渐少用的词：kowtow 叩头，极端讨好或央求别人。

新进入英语的，商界常用汉语词：Guanxi 关系。

在英语中流行的日语词，从数量上超过了汉语词，以武术和食品为主。如：

ninja 忍者	samurai 日本武士	ronin 流浪武士，浪人
aikido 合气道	dojo 道场	judo 柔道
jiujitsu 柔术	karate 空手道	kendo 剑道
bushido 武士道	sumo 相扑	miso 味增
sake 清酒。注意读音为 [saːkei] 或 [saːki]		
hibachi 火钵烧烤	sukiyaki 寿喜烧	teriyaki 烧烤
teppanyaki 铁板烧	sushi 寿司	tofu 豆腐
wasabi 绿芥末	sashimi 生鱼刺身	bonsai 盆栽
kanban 看板（一种运营管理技巧）		tycoon 太君、大亨
shogun 将军	zen 禅	emoji 表情符号
geisha 艺伎	sensei 先生	sudoku 九宫数独
ginkgo 银杏树	tsunami 海啸	

来自德语的词汇，主要跟哲学、社会学和教育相关，数量不多。比如：

kindergarten 幼儿园   zeitgeist 时代思潮   gestalt 格式塔、完型心态
fuhrer 元首   gestapo 盖世太保   kaiser 德皇
nazi 纳粹   reich 帝国

其中 kindergarten 一词，因为在英语中广泛应用，很少有人意识到它是德语词汇，还经常出现把该词错误地拼写为 kindergarden 的现象，以至于一些词典上会收录这个错误拼法并在解释中进行更正。

跟上述几种语言相比，来自其他语言的外语词常用的数量非常少，就不多介绍了。

充分利用网上资源

当代外语研究的重要成果之一，是发现语言的"统计学习"特点。我们对语言的掌握，很大程度上是来自对真实语言内容的大量接触过程中，大脑通过自身具备的统计学习能力，自动发现和掌握语言中的句法内在规律、词汇的使用频率和词汇搭配特性的结合紧密程度等。以往的传统外语学习，专注学习少量教材，重文字轻听力，重语法规则不重视词汇组合搭

配等，这些学习效率低、效果差的偏激做法，跟文字学习资料匮乏、高质量多媒体教材难寻、声像学习设备费用不容易具备、有经验的辅导老师难找等都非常有关。而现在这些条件用极低的成本就很容易获得，尤其是网络上的资源，甚至可以说是信息过量、导师过多。所以**现在自学外语，无论硬件还是软件条件都非常充足，而主要矛盾反而是在如何选择和如何应用这些条件上**。外语学习网站、教学软件、手机 APP、外语讨论论坛多如牛毛，如何才能用好这些资源呢？对数量众多的学习材料，如何选择呢？最主要的原则，是需要照顾到自学成功的三要素：动机、自律和方法。

> 我们对语言的掌握，很大程度上是来自对真实语言内容的大量接触过程中，大脑通过自身具备的统计学习能力，自动发现和掌握语言中的句法内在规律、词汇的使用频率和词汇搭配特性的结合紧密程度等。

动机：想要学的内容。最方便满足这个条件的选择，就是找一系列自己非常感兴趣的内容。

自律：能坚持学的内容。往往有兴趣的内容，就容易坚持。但为了保证长期坚持，每个单元材料的难度不能太高，内容不能太多，还要有一定的连贯性。

方法：主要是指材料的形式和应用。即便是到了高级阶段，听力仍然不应该放松，平时仍然可以把听力作为最主要的学习手段。

基于上述的自学成功三要素，推荐美国名校公开课、可汗学院、Coursera 和 TED 论坛演讲等音频、文字同时具备的学习材料。比如优秀公开课的共同特点，是无论语言还是教学内容，都非常容易理解。容易理解就容易吸收并变成自己的东西。比如可汗学院的文理工课程，图文声像俱全，教师讲述生动有趣，讲课内容文字和声音可以同步出现，并且章节长度设计合理。每一堂课短的几分钟，长的十几分钟就讲完了。比如下面这一节世界历史课，视频长度 8 分 30 秒，全文 1500 单词左右。大家采用先听讲后读文字、先通读文字后听讲，或是听一句读一句都可以。每种方式都有各自的学习特点。下面是该课的截图：

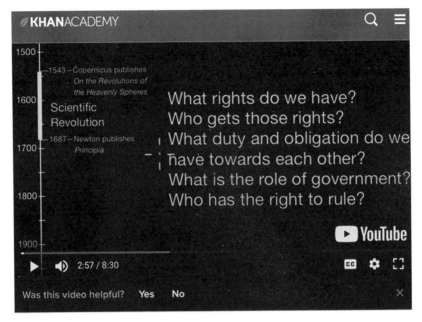

—All Khan Academy content is available for free at www.khanacademy.org

很多人认为自学英语的两大不利因素，一是碰到问题没人可以解答，二是缺乏交流对象。对于第一点，当前网络资源已经基本能够解决了。当我们碰到英语内容中有疑惑的地方，最快最有效的方式，就是用问题的关键词上网进行检索。比如不久前有个同学问：at arm's length 是"胳膊的长度"的意思吗？我说你 google 一下。结果把 at arm's length 一打进去，在 0.42 秒产生是一千零七十万个结果，排在最前的是这些：

> at arm's length
>
> # at arm's length
> phrase of **arm**
>
> 1. away from the body, with the arm fully extended.
>   "I held the telephone at arm's length"
>
> # keep someone/something at arm's length
> phrase of **arm**
>
> 1. avoid intimacy or close contact with someone or something.
>
> Translate at arm s length to Choose language
>
> Show less
>
> *Feedback*
>
> **Keep at arm's length - Idioms by The Free Dictionary**
> https://idioms.thefreedictionary.com/keep+at+arm%27s+length ▼
> At or occupying a distance, either physical or figurative, away from oneself that affords a level of safety or security or that excludes intimacy. I'm involved in all the board meetings, but I prefer to stay **at arm's length** if the issues become too contentious. John always keeps his friends **at arm's length**, so that no one gets close ...

字面含义和引申用法，连介绍带例句，极其生动详尽。

又比如有个同学写作时，对该用 in respect of 还是 with respect of 拿不准，可以直接用这个问题当关键词检索，比如输入：in respect or with respect, in respect vs. with respect, 最相关的答案一定是排在最前面。你通常会看到早有人在网上问过这个问题，也有很多人给出了答案和解释。

比如下面的截图：

meaning - "In respect of" / "With respect to" - English Language ...
https://english.stackexchange.com/questions/123274/in-respect-of-with-respect-to ▼
Aug 20, 2013 - Both of the phrases **In respect** of and with **respect** to are standard and acceptable phrases (at least in British English), as shown by the dictionary extracts and other references below. ... with reference to, or in connection with (a particular matter, point, etc).

differences - How to use "**in respective of**" and how ...	5 answers	Aug 2, 2015
meaning in context - What does "which" refer to in "**in** ...	5 answers	Jul 23, 2014
prefixes - Is re a prefix **in respect**?	4 answers	Nov 19, 2013
meaning - Difference between "**respect** of others" and ...	6 answers	Mar 28, 2012

More results from english.stackexchange.com

with respect to versus in respect of | WordReference Forums
https://forum.wordreference.com › English Only › English Only ▼
Aug 3, 2009 - I use 'with **respect** to' frequently, but I never use '**in respect** of' and my opinion is that '**in respect** of' is not commonly used in the US. Which form...

In respect of or with respect to Synonyms | Collins English Thesaurus
https://www.collinsdictionary.com/us/dictionary/.../in-respect-of-or-with-respect-to ▼
phrase. concerning, in relation to, in connection withThe system is not working **in respect** of training. He is the sixth person to be arrested in relation to the coup plot. The UN has urged sanctions with regard to trade in arms.

　　截图中的 english. stakexchage. com 和 forum. wordreference. com 是网上最为活跃的英语问题论坛。绝大部分情况下，你会发现你的英语问题在这两个论坛里都有讨论。如果没有发现相关答案，你也可以自己提问，很快就会有人跟帖答复。答复者基本都是 native speakers，其中还有很多是专业英语教师。

　　对于缺乏交流伙伴的问题，我们现在应该不再执着了。因为我们已经知道，说英语本身并不提高英语水平，听者纠正你说英语的错误并不提高说英语的正确性，而是正确的输出内容和正确的输出流程决定了输出的水平；说英语本身也不提高发音准确度，而是听音准确度决定了发音的准确度。但输出的练习是可以增加输出的流利程度的，所以我们自己组织好正确内容来自己练习输出就可以了，并不需要听众。比如自己组织一个演说内容、故事内容等，自己开讲就行了。对演讲方式和使用的词句，大家不妨多看 TED。

输出的练习是可以增加输出的流利程度的，所以我们自己组织好正确内容来自己练习输出就可以了，并不需要听众。

对正确输出内容的准备，最有效的练习方式就是写作。英语写作一定要寻求指导，不要自己乱写。网上的英语写作课堂非常多。比如下面普渡大学的写作培训教程，不但辅导大家各种科目的写作体裁，还对英语为外语的学生写作中词汇和句法的应用，以及写作中应该注意的细节都给出了详尽的讲解。截图如下：

> 对正确输出内容的准备，最有效的练习方式就是写作。英语写作一定要寻求指导，不要自己乱写。

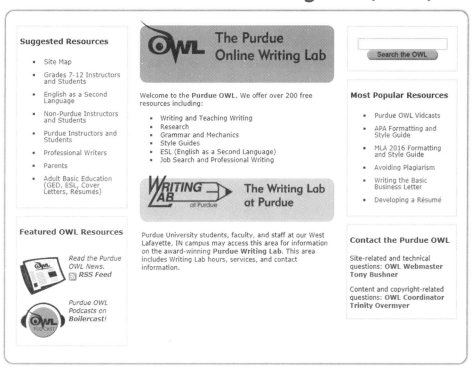

摘自 https://owl.english.purdue.edu/

具体的写作学习过程就不多说了，在此介绍一个非常重要的经验：使用 thesaurus。

作为成年学习第二语言，能认识和能听懂的被动词汇数量超过大部分英语是母语的人并不难，但能够主动输出的词汇量比较低，很难与母语是英语的人相比的。**无准备的口头表达，词汇量明显会比较困乏。有时并非**

想不起一些复杂的词汇，而是使用中对其词义或用法的准确度把握不足，所以在无准备的即兴表达时，只能选择一些自己有把握的简单词汇。但如果有时间准备输出内容，比如演讲或写作，我们是可以做到使用比较复杂的词汇的。最有利的工具，就是应用文字软件中的 thesaurus 功能，或者检索 thesaurus.com。将我们需要含义的简单词输入，软件就会显示出它的各种近义词。作为被动词汇知识比较丰富的高级阶段的同学来说，一般看到这个显示出来的词汇表，基本可以从中选出自己想要的词汇。

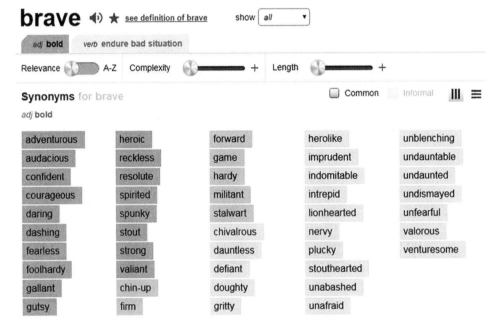

thesaurus.com 查阅 brave 一词的截图。

第六阶段小结：
上易知

　　我们以单词为线索，介绍了从简单到复杂、从高频到低频的全面的多渠道的各种学习策略，以及单词学习各阶段适合的学习方式。此时大家还应该能够领悟到，尽管不同的学习阶段有不同的学习特点，适合采用不同的学习方法，但并不是什么具体学习方法只能限定在某个阶段使用，甚至每个学习阶段之间也没有明确的界限，有的只是在什么条件下适合使用某种方式而已。**越是到了学习的高级阶段，每个人所采用的实际具体学习手段就会越不一致，但取得成功的深层实现方式却都是一致的。而且越是到了高级阶段，越需要大家具备能够透过方法的表面看到学习有效性本质的观察能力和思考习惯。**所以在高级学习阶段的讨论中，我们一方面会把更多样的不同实际操作方法来展现给大家，另一方面则是更深刻地讲解每种具体学习方式起到有效作用的机制，而不是探寻具体选择哪种学习方法更好。

> 尽管不同的学习阶段有不同的学习特点，适合采用不同的学习方法，但并不是什么具体学习方法只能限定在某个阶段使用，甚至每个学习阶段之间也没有明确的界限，有的只是在什么条件下适合使用某种方式而已。

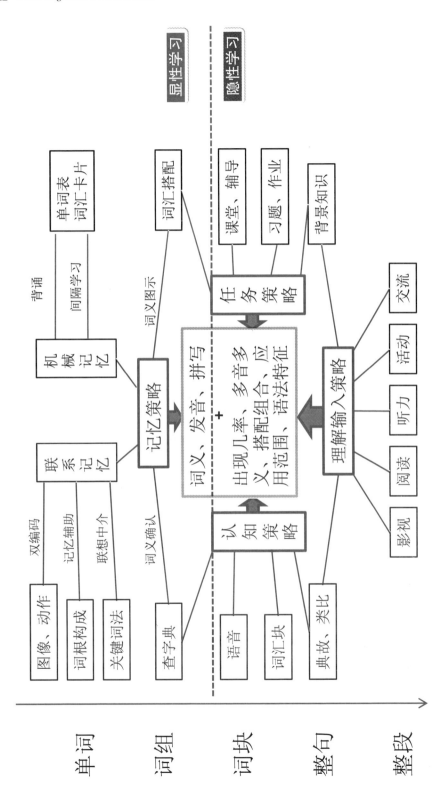

到了最高阶段再回顾各学习阶段,就能清楚地看到整个学习的过程。我们可以简单总结出各阶段的学习特点:

初难知,最开始适合理性学习,主要使用讲解、分析和背诵等学习手段,来克服陌生感。学习特点为阳刚之势的显性学习为主。

二多誉,随后的学习阶段,感性学习效果最佳,所以采用听力输入为主,采取一些图音结合、动作和结合场景、猜测和推测等感性学习手段来建立具象英语单词的头脑印象。学习过程以阴柔的隐性为主。

三多凶,这个阶段学习困难较多,需要再引入理性学习手段,以阅读为主,结合一些主题引导,词汇组合联用等横向联系的学习手段。学习特点再次以阳刚的显性学习为主导。

四多惧,过了中级会感觉迷茫,学习看不到效果。但此时学习方式非常自由。可以用输出为突破手段,以感性地建立英语概念思考为重点。学习特点又回到阴柔为主的隐性学习。

五多功,进入高级学习阶段的高速学习状态。此时以理性学习手段为主,突击记忆词汇和学习短语的效果非常显著。阳刚为主的学习特点非常突出。

上易知,对外语学习的整体过程形成了全面的了解,学会了审时度势,感性中带理性的学习方式,最终实现了一个逐步上升的学习大循环,进入了一个自由的新天地。

最后我们以龚亚夫老师总结的学外语的三个主要作用作为结束语:**外语学习首先是语言交流作用,可以帮助我们学业、事业的发展;其次,是思维认知作用,学外语能帮助我们提高智力和增强思维能力;第三是社会文化作用,能帮助我们获取和吸收世界先进的文化,培养优秀的品格和健康的价值观,同时又培养良好的素质和包容的心态。**

学院词汇表

THE ACADEMIC WORD LIST (AWL) 570 个主词，覆盖全部学院词汇 82% 的出现概率。Group 1 为最常用，Group10 最不常用。

group 1

analyse	approach	area	assess	assume	authority	available
benefit	concept	consist	constitute	context	contract	create
data	define	derive	distribute	economy	environment	establish
estimate	evident	export	factor	finance	formula	function
identify	income	indicate	individual	interpret	involve	issue
labour	legal	legislate	major	method	occur	percent
period	policy	principle	proceed	process	require	research
specific	role	section	sector	significant	similar	source
structure	theory	vary				

group 2

achieve	acquire	administrate	affect	appropriate	aspect	assist
category	chapter	commission	community	complex	compute	conclude
conduct	consequent	construct	consume	credit	culture	design
distinct	element	equate	evaluate	feature	final	focus
impact	injure	institute	invest	item	journal	maintain
normal	obtain	participate	perceive	positive	potential	previous
primary	purchase	range	region	regulate	relevant	reside
survey	restrict	secure	seek	select	site	strategy
text	tradition	transfer				

group 3

alternative	circumstance	comment	compensate	component	consent	considerable
constant	constrain	contribute	convene	coordinate	core	corporate
correspond	criteria	deduce	demonstrate	document	dominate	emphasis
ensure	exclude	framework	fund	illustrate	immigrate	imply
initial	instance	interact	justify	layer	link	locate
maximise	minor	negate	outcome	partner	philosophy	physical
proportion	publish	react	register	rely	remove	scheme
technique	sex	shift	specify	sufficient	task	technical
technology	valid	volume				

group 4

access	adequate	annual	apparent	approximate	attitude	attribute
civil	code	commit	communicate	concentrate	confer	contrast
cycle	debate	despite	dimension	domestic	emerge	error
ethnic	goal	grant	hence	hypothesis	implement	implicate
impose	integrate	internal	investigate	job	label	mechanism
obvious	occupy	option	output	overall	parallel	parameter
phase	predict	principal	prior	professional	project	promote
subsequent	resolve	retain	series	statistic	status	stress
sum	summary	undertake				

group 5

academy	adjust	alter	amend	aware	capacity	challenge
clause	compound	conflict	consult	contact	decline	discrete
draft	enable	energy	enforce	entity	equivalent	evolve
expand	expose	external	facilitate	fundamental	generate	generation
image	liberal	licence	logic	margin	medical	mental
modify	monitor	network	notion	objective	orient	perspective
precise	prime	psychology	pursue	ratio	reject	revenue
trend	style	substitute	sustain	symbol	target	transit
version	welfare	whereas				

group 6

abstract	accurate	acknowledge	aggregate	allocate	assign	attach
author	bond	brief	capable	cite	cooperate	discriminate
display	diverse	domain	edit	enhance	estate	exceed
expert	explicit	federal	fee	flexible	furthermore	gender
ignorant	incentive	incidence	incorporate	index	inhibit	initiate
input	instruct	intelligence	interval	lecture	migrate	minimum
ministry	motive	neutral	nevertheless	overseas	precede	presume
transform	recover	reveal	scope	subsidy	tape	trace
transport	underlie	utilise				

group 7

adapt	adult	advocate	aid	channel	chemical	classic
comprehensive	comprise	confirm	contrary	convert	couple	decade
definite	deny	differentiate	dispose	dynamic	eliminate	empirical
equip	extract	file	finite	foundation	globe	grade
guarantee	hierarchy	identical	ideology	infer	innovate	insert
intervene	isolate	media	mode	paradigm	phenomenon	priority
prohibit	publication	quote	release	reverse	simulate	sole
ultimate	submit	successor	survive	thesis	topic	transmit
unique	visible	voluntary				

group 8

abandon	accompany	accumulate	ambiguous	append	appreciate	arbitrary
automate	bias	chart	clarify	commodity	complement	conform
contemporary	contradict	crucial	currency	denote	detect	deviate
displace	drama	eventual	exhibit	exploit	fluctuate	guideline
highlight	implicit	induce	inevitable	infrastructure	inspect	intense
manipulate	minimise	nuclear	offset	paragraph	plus	practitioner
predominant	prospect	radical	random	reinforce	restore	revise
via	tense	terminate	theme	thereby	uniform	vehicle
virtual	visual	widespread				

group 9

accommodate	analogy	anticipate	assure	attain	behalf	bulk
cease	coherent	coincide	commence	compatible	concurrent	confine
controversy	converse	device	devote	diminish	distort	duration
erode	ethic	format	founded	inherent	insight	integral
intermediate	manual	mature	mediate	medium	military	minimal
mutual	norm	overlap	passive	portion	preliminary	protocol
qualitative	refine	relax	restrain	revolution	rigid	route
trigger	sphere	subordinate	supplement	suspend	team	temporary
unify	violate	vision				

group 10

adjacent	albeit	assemble	collapse	colleague	compile
conceive	convince	depress	encounter	enormous	forthcoming
incline	integrity	intrinsic	invoke	levy	likewise
nonetheless	notwithstanding	odd	ongoing	panel	persist
pose	reluctance	so-called	straightforward	undergo	whereby

附录2

常用固定组合表

Most Frequently Used Idioms Across Three Corpora of Spoken American English (in Order of Frequency)

摘自《TESOL 季刊》2003 年, Vol. 37

Band 1

kind of (meaning *somewhat*)
sort of (meaning *somewhat*)
of course
in terms of
in fact
deal with
at all
as well
make sure
go through
come up
look for
find out
go on (*with* + gerund or present participle)
as well as
in a/some way
go ahead

in order to/that
get into
first of all
come up with
figure out
put on
in other words
end up (*with* + gerund or present participle/adjective)
according to
as/so far as
in a/some sense (of/that)
so far
point out
by the way
take place (of)

pick up
make sense
turn out
as to (+ *wh*- clause/noun phrase)
set up
with respect to/in respect to
be/have (something) in place
used to (verb)
as long as/so long as
work out
have something/nothing to do with
bring up
have/keep in mind
call for
in general

Band 2

take care of
go over
on the other hand
put out
go with
to the/some extent (of/that)
as soon as
put together
show up
get on
get rid of
as if
get out of
give up
no matter (+ any *wh*- clause)
look forward to
once again

in time
get back to
take on
go for
be about to
after all
follow up on
on behalf of
in effect
go along (with)
come on
be used to something/doing something
get through
take out
go off
for sure/certain

call (up)on
make up (of)
back and forth
go after
carry out
make a difference
have/play a part/role (in)
take off
right away
take advantage of
run out (of)
in favor of
all of a sudden
(be) in charge (of)
break down
put up
take over

Band 3

be open to ideas
rule out
as for
fill in something (or someone on something)
be up to somebody/something (meaning *depending on somebody/something*)
hold on
regardless of
account for
in advance
in public
with regard to
break up (transitive/intransitive verb)
in case
in someone's view
take up
in someone's/the interest (of)
take steps
throw out
as of
run into
wind up with/in/gerund (+ participle)
stick (be stuck) with
go/move/be too far
look up something (in)
as a matter of fact
more or less
leave out something/someone
be/keep in touch with
down the road
turn on something
make it

do one's best
turn in something/somebody
all along
on time
turn around (something/someone)
(be) better off
keep up (with)
come by (meaning *to visit*)
get away with
hang out (with)
put forward
take into account
in light of
go wrong
for someone's/the sake (of)
count on
get around (something)
set out
shut down (something)
hand out
live with (meaning *accept/exist with*)
run through (something) (meaning *to go over*)
touch on a topic/issue
in the long/short run/term
hold someone/something accountable
pass out
stick to
in common
(be) under way
come across (meaning *to encounter*)
in turn

up front (about)
at stake
by hand
to the/that/this effect (that/of)
first and foremost
in the/a/some fashion (that)
so to speak
come about (meaning *to happen*)
come off
have/get a clue
bring about (meaning *to make happen*)
hold up (meaning *to endure or stand testing*)
in essence
chances are/were
cut down (meaning *cut down the cost*)
(get) in the/someone's way
pay off
in the wake of
buy into
by and large
out of control
have (something be) on one's mind
keep/be on track
make good on something
throw away something
fall apart
get to the point
in detail
on and off (or off and on)
come/go/bring into effect
(can't) get over something

bring out
crack down (on)
hold on to
turn up
by far
to date
cope with
give someone a break
shut up
up to date
at large
in control
follow through
for that matter
shed/cast light on something
sign off
take part (in)
be/put on hold
(something as) a fair game
after the fact
above all
drop off
up in the air
all out
come to mind
in private
in the (somebody's) eyes of
in the wrong
live up to
as usual
by virtue of
the big picture
on the verge of
ballpark (e.g., figure, estimate)
keep an eye on
on the whole
screw up (something)
at the (somebody's) expense (of)
be in for (meaning to experience)
draw the line

get/grab hold of somebody/ something
be over one's head
get/have a handle on something
go for it
in (good/bad) shape
make fun of
hold up (meaning to delay or hold as hostage)
in line with
in the fore of
in keeping with
(a) level playing field
to the contrary
at issue
call something into question
for good
in good faith
get/have hands on something
off the top of my head
put something to rest
take its toll
all over again
make up one's mind
the ball is in your/their court
in the event of/that
so on and so forth
get something across
in place of/in someone's place
by no means
have/get a say/voice (in something)
give away
leave something/someone alone
on the horizon
take effect
the other way around
to somebody's credit
to the (or somebody's) best knowledge of
at somebody's disposal

hang in there
make up for
put up with
to somebody's advantage
come across as (meaning to appear as)
for the time being
bring forward
give rise to
make out
right off the bat
sell out (meaning to compromise)
something/things are up for grabs
take issue with
a rule of thumb
bits and pieces
do away with something
err on the side of
fall short
for real
in due course
in no way
in practice
in the works
quid pro quo
take something/someone for granted
in order (in need, get/put house in order)
break off/break off (something)
beg the question
from scratch
hit home
in the pipeline
make/catch/hit headlines
once and for all
push the envelope
with (keep) one's eye on something

APPENDIX C

go after
run through (go over)
in the wake of
break up
right away
all of a sudden
come/go into effect
in the long/short run/term
hand out
by and large
have/get a clue
keep on track
in turn
take over
ballpark (e.g., figure)
the ball is in your court
hold on
in good faith
after the fact
to somebody's best knowledge
on and off
stick to
bring about
in essence
for somebody's/the sake (of)
at stake
the big picture
by virtue of
so to speak
in keeping with
live up to
draw the line
to the contrary
in line with
off the top of my head
follow through
up to date
hold up (meaning to delay)
to date
come across
by hand
hold up (to a test)
in common
in somebody's/the way (of)
so on and so forth
come about (happen)
shed/cast light on
in somebody's/the eyes (of)
get/have a handle on
 something
turn in
under way
in the fore of

on behalf of
put together
as soon as
on the other hand
by the way

put something to rest
in due course
bring forward
err on the side of
fall short
turn on
go wrong
have somebody/something on
 one's mind
in detail
pay off
fall apart
go for it
up in the air
in the event of/that
get something across
take part in
by no means
hang out (with)
in the wrong
level playing field
keep an eye on
on the whole
take effect
bring out
chances are
crack down
come to mind
in private
call something into question
to somebody's credit
on the verge of
all out
turn up
by far
get to the point
on the horizon
quid pro quo
screw up
come off
come by (meaning to visit)
cut down
make good on something
throw away
above all
in control
at somebody's/the expense (of)
make up for
in the pipeline
in practice
as usual
be in for (meaning to
 experience)

in the (or somebody's) interest
 (of)
leave out
make up
as of

be over one's head
get/have hands on
cope with
make up one's mind
the other way around
in order (meaning in
 sequence)
push the envelope
once and for all
a rule of thumb
for the time being
(can't) get over something
at large
drop off
look up something (in)
gerund/grab hold of
at issue
all over again
in place of/in somebody's place
have a say/voice in
be/put on hold
leave somebody/something alone
do away with
give rise to
in no way
from scratch
take somebody/something for
 granted
in the works
in (good/bad) shape
come across as (meaning to
 appear as)
bits and pieces
for good
for real
for that matter
at somebody's disposal
hang in there
give somebody a break
right off the bat
put up with
take issue with
beg the question
break off
come across as (meaning to
 appear as)
give away
hold on to
out of control
shut up
make fun of
make/hit headlines
take its toll

make it
a fair game
sign off
be about to
take off

参 考 文 献

专业期刊论文

Adams, S. H. (1996). Statement analysis: What do suspects' words really reveal? F. B. I Law Enforcement Bulletin, (12), 1996.

Allum, P. H., & Wheeldon, L. R. (2007). Planning scope in spoken sentence production: The role of grammatical units. Journal of Experimental Psychology: Learning, Memory, and Cognition, 33, 791-810.

Altmann, G. T. (1998). Ambiguity in sentence processing: Trends in cognitive sciences, 2(4), 146-152.

Anderson, J. R. (1990). Cognitive psychology and its implications. WH Freeman/Times Books/Henry Holt & Co.

Anglin, J. M., Miller, G. A., & Wakefield, P. C. (1993). Vocabulary development: A morphological analysis: Monographs of the society for research in child development, i-186.

Raymond Bertram and R. Harald Baayen and Robert Schreuder (2000). Effects of family size for complex words. Journal of Memory and Language 42, 390-405.

Borovsky, A., Elman, J., Kutas, M. Once is enough: N400 indexes semantic integration of novel word meaning, Language, Learning & Development, 2012, 8:3, pp. 278-302.

Browman, Catherine P.; Goldstein, Louis (1990), Tiers in articulatory phonology, with some implications for casual speech. Kingston, John C.

Beckman, Mary E. Papers in laboratory phonology I: Between the grammar and physics of speech. New York: Cambridge University Press, pp. 341-376.

Brown-Schmidt, S., & Konopka, A. E. (2015). Processes of incremental message planning during conversation. Psychonomic Bulletin & Review, 22, 833-843.

Bush, N. (2001). Palatalization in English: Frequency and the emergence of linguistic structure, 45, 255.

Celce-Murcia, M., Brinton, D. M., & Goodwin, J. M. (1996). Teaching pronunciation: A reference for teachers of English to speakers of other languages. Cambridge University Press.

Chen, J. Y., & Su, J. J. (2011). Differential sensitivity to the gender of a person by English and Chinese speakers. Journal of psycholinguistic research, 40(3), 195-203.

Collins, A. M., & Loftus, E. F. (1975). A spreading-activation theory of semantic processing. Psychological review, 82(6), 407.

Corson, P. (1996). Using English words. Springer Science & Business Media.

Christiansen, M. H., & Chater, N. (2016). The now-or-never bottleneck: A fundamental constraint on language. Behavioral and Brain Sciences, 39, e62.

Crompton, A. (1981). Syllables and segments in speech production. Linguistics, 19(7-8), 663-716.

Dell, G. S., Change, F., and Griffin, Z. M. (1999). Connectionist models of language production: lexical access and grammatical encoding. Cognitive Review. 23:517-542.

Dong, Y., Wen, Y., Zeng, X., & Ji, Y. (2015). Exploring the Cause of English Pronoun Gender Errors by Chinese Learners of English: Evidence from the Self-paced Reading Paradigm. Journal of psycholinguistic research, 44(6), 733-747.

Ellis, N. C. (2003). Constructions, chunking, and connectionism: The emergence of second language structure. The handbook of second language acquisition, 63-103.

Elman, J. L. (2009). On the meaning of words and dinosaur bones: Lexical knowledge without a lexicon. Cognitive science, 33(4), 547-582.

Firth, JR (1930), Speech. London: Benn's Sixpenny Library.

Gass, S. M. (2013). Second language acquisition: An introductory course. Routledge.

Gibbs, Raymond W Jr., (1992). Categorization and metaphor understanding, Psychological Review, 99[3]

Gouin, François. (1892). The art of teaching and studying languages. Longmans, Green & Company.

Guiora, A. Z. (1983). Language and concept formation: A cross-lingual analysis. Cross-Cultural Research, 18(3), 228-256.

Han, Z., & Cadierno, T. (Eds.). (2010). Linguistic relativity in SLA: Thinking for speaking (Vol. 50). Multilingual Matters.

Hardy, J. (2011). Read all about it: Why we have an appetite for gossip. New Scientist, 211(2822), 22-23.

Higgs, T., and Clifford, R. (1982). The push towards communication. Curriculum, Competence, and the Foreign Language Teacher. Skokie, IL: National Textbook Company.

Hinkel, E. (1992). L2 Tense and Time Reference, TESOL QUARTERLY, Vol. 26, No. 3, Autumn.

Hwang, M. O. (1979). A semantic and syntactic analysis of if-conditionals. M. A. thesis, UCLA.

Inoue, K. (1979). An analysis of the English present perfect. Linguistics, 17(7-8), 561-590. DOI: 10.1515/ling.1979.17.7-8.561.

Jenn-Yeu Chen, Jui-Ju Su, Chao-Yang Lee and Padralg G. O'Seaghdha (2012). Linguistically directed attention to the temporal aspect of action events in monolingual English speakers and Chinese-English bilingual speakers with varying English proficiency. Bilingualism: Language and Cognition, 15, pp 413-421.

Jia, G., & Fuse, A. (2007). Acquisition of English grammatical morphology by native Mandarin-speaking children and adolescents: Age-related differences. Journal of Speech, Language, and Hearing Research, 50(5), 1280-1299.

Kempen, G. and Hoenkamp, E. (1987), An incremental procedural grammar for sentence Formulation. Cognitive Science, 11: 201-258.

Knowles, P. L. (1979). Predicate markers: A new look at the English predicate system. Cross Currents, 2, 21-36.

Konopka, A. E. (2012). Planning ahead: How recent experience with structures and words changes the scope of linguistic planning. Journal of Memory and Language, 66(1), 143-162.

Langacker, R. W. (1991). Foundations of cognitive grammar, vol. 2. Descriptive application. Stanford University Press.

Lardiere, D. (1998). Case and tense in the "fossilized" steady state. Second language research, 14(1), 1-26.

Lawler, J., & Selinker, L. (1971). On paradoxes, rules, and research in second language leahning 1. Language Learning, 21(1), 27-43.

Levelt, W. M. (1993). Speaking: From Intention to Articulation. Cambridge, Mass: MIT Press.

Lisker, L., & Abramson, A. S. (1964). A cross-language study of voicing in initial stops: Acoustical measurements. Word, 20(3), 384-422.

Lisker, L. (2002). The voiceless unaspirated stops of English. Amsterdam studies in the theory and history of linguistic science series 4, 233-240.

Maule, D. (1988). "Sorry, but if he comes, I go": teaching conditionals. ELT Journal, 42(2), 117-123.

Niswander-Klement, E., & Pollatsek, A. (2006). The effects of root frequency, word frequency, and length on the processing of prefixed English words during reading. Memory & Cognition, 34(3), 685-702.

O'Grady, W. (2005). Syntactic carpentry: An emergentist approach to syntax. Routledge.

Pawley, A. & Syder, F. H. (1983): Two puzzles for linguistic theory: Nativelike selection and nativelike fluency. In Richards, J. C. /Schmidt, R. W. (eds.), Language and Communication (pp. 191-226). Harlow & London: Longman.

Pinker, S. (1989). Resolving a learnability paradox in the acquisition of the verb lexicon. Paul H. Brookes Publishing.

Pollio, H. R., Smith, M. K., & Pollio, M. R. (1990). Figurative language and cognitive psychology. Language and Cognitive Processes, 5(2), 141-167.

Posner, M. I., & Snyder, C. R. R. (1975). Facilitation and inhibition in the processing of signals. Attention and performance V, 669-682.

Richard, J. C., J. Platt and H. Platt (1992). Dictionary of language teaching & applied linguistics. Malaysia: Longman.

Shin, D., & Nation, P. (2008). Beyond single words: The most frequent collocations in spoken English. ELT journal, 62(4), 339-348.

Silverman, Daniel. 1998. Alveolar stops in American English, and the nature of allophony. NELS 28, Pius Tamanji and Kiyomi Kusumoto, eds., 425-435.

Simpson, R., & Mendis, D. (2003). A corpus-based study of idioms in academic speech. TESOL quarterly, 419-441.

Slobin, D. I. (2003). Language and thought online: Cognitive consequences of linguistic relativity. Language in mind: Advances in the study of language and thought, 157-192.

Slobin, D. (1996). From "thought and language" to "thinking for speaking." J. Gumperz & S. Levinson (Eds.), Rethinking linguistic relativity. Cambridge, MA: Cambridge University Press.

Thiessen, E. (2005), Infant-Directed Speech Facilitates Word Segmentation, Infancy, vol 7: 53-71.

Tomasello, M. and M. Tomasello (2009). Constructing a language: A usage-based theory of language acquisition. Harvard University Press.

Weinstein, N. J. (2001). Whaddaya say? Guided practice in relaxed speech. Allyn & Bacon.

Wray, A. (2002). Formulaic Language and the Lexicon. Cambridge: Cambridge University Press.

范谊. (2011).《面向21世纪外语教学论》第十四章,外语学习中的高原现象。Plateau of EFL learning: A psycholinguistic and pedagogical study.

书 籍

林语堂. (1928). 学习英文要诀,《开明英文读本》,开明书店初版。

Baayen, R. H. (2009). Corpus linguistics in morphology: Morphological productivity. Corpus linguistics: An international handbook: 900-919.

Baddeley, A. D. (1997). Human memory: Theory and practice, Psychology Press.

Ebbinghaus, H. (1913). Memory: A contribution to experimental psychology. Teachers college, Columbia university.

Hardcastle, W. J., Laver, J., & Gibbon, F. E. (Eds.). (2010). The handbook of phonetic sciences (Vol. 1). John Wiley & Sons.

Jackendoff, R. (1995). Languages of the mind: Essays on mental representation. MIT Press.

Krashen, S. D. (1982). Principles and practice in second language acquisition. Oxford: Pergamon.

Lakoff, G. and M. Johnson (2008). Metaphors we live by. University of Chicago press.

Lewis, M. (1993). The lexical approach. Language Teaching Publications Hove.

Lewis, M. (1986). The English verb: An exploration of structure and meaning. Language Teaching Publications.

Pinker, S. (2011). Words and Rules (1999/2011). New York, NY: Harper Perennial.

Pinker, S. (2007). The Language Instinct (1994/2007). New York, NY: Harper Perennial Modern Classics.

Pinker, S. (2007). The Stuff of Thought: Language as a Window Into Human Nature. New York, NY: Viking.

Richards, J. C. (2008). Moving Beyond the Plateau. Cambridge University Press.

Spencer, H. (1895). The principles of psychology, D. Appleton.

Spivey, M. (2007). The continuity of mind, Oxford University Press.

Stevick, E. W. (1982). Teaching and learning languages (Vol. 982). Cambridge: Cambridge University Press.

Thorndike, Edward L. (1932). Teacher's Word Book of 20,000 Words. New York: Bureau of Publications, Teachers College.

新闻发布

McElroy, M. 2014. Babbling babies — responding to one-on-one "baby talk" — master more words. University of Washington News and Information, January 6, 2014

(下册中有些引用的文献被放在上册中发了,这里的都是补充上册中没有的)